普通高等学校"十四五"规划新工科智能建造专业精品教材

智能建筑施工技术与创新管理

申祖武　编著

华中科技大学出版社

中国·武汉

内 容 简 介

本书全面介绍了智能建筑的施工技术及其创新管理。主要内容包括四个部分:一是对智能建筑的基本概念和内容进行详细介绍,帮助读者理解智能建筑的核心理念;二是聚焦于智能建筑新技术,探讨其在施工过程中的应用与创新;三是通过实际案例分析,展示智能建筑施工新技术在不同工程项目中的成功实践与经验;四是针对智能建筑的施工组织与创新管理进行概述与分析,提供切实可行的管理策略。主要可作为建筑类、土木类、工程项目管理类等专业的教材,也可作为相关技术人员的参考用书。

图书在版编目(CIP)数据

智能建筑施工技术与创新管理 / 申祖武编著. -- 武汉 : 华中科技大学出版社,2025. 9. -- ISBN 978-7-5772 -1557-0

Ⅰ. TU745;TU71

中国国家版本馆 CIP 数据核字第 20255FX935 号

智能建筑施工技术与创新管理　　　　　　　　　　　　　　　　　　　　　　　　　申祖武　编著

Zhineng Jianzhu Shigong Jishu yu Chuangxin Guanli

策划编辑:胡天金
责任编辑:胡天金
封面设计:金　刚
责任校对:刘　竣
责任监印:朱　玢
出版发行:华中科技大学出版社(中国·武汉)　　　　电话:(027)81321913
　　　　　武汉市东湖新技术开发区华工科技园　　　　邮编:430223
录　　排:华中科技大学惠友文印中心
印　　刷:武汉市洪林印务有限公司
开　　本:889mm×1194mm　1/16
印　　张:13
字　　数:358 千字
版　　次:2025 年 9 月第 1 版第 1 次印刷
定　　价:49.80 元

前　言

在全球经济转型与科技迅猛发展的时代背景下,智能建筑作为现代建筑行业的重要发展方向,正逐渐成为提升城市功能、改善居住环境和推动可持续发展的关键所在。国家"十四五"规划中明确提出要加快建设以人为本的智能建筑,推动建筑行业的数字化、智能化转型,以适应新时代的要求。智能建筑的核心在于集成化的信息技术与智能化的管理系统。智能建筑通过整合物联网、大数据、人工智能等新兴技术,实现对建筑设施的智能管理,从而优化资源配置,提高运营效率。新兴技术的应用不仅能够实时监测建筑运行状态,及时调整能源使用,实现节能减排,而且能通过数据分析预测用户需求,提供个性化服务,进一步改善人居环境。智能建筑在节能与环保方面具有优势,是推动绿色建筑发展的重要途径,契合国家对绿色、低碳经济的战略目标。

智能建筑的发展不仅依赖于先进技术,而且需要有效的组织管理作为支撑。建筑项目往往涉及多方协作与资源整合,传统的管理模式难以适应快速变化的市场需求和技术进步。通过引入智能建筑理念,企业可以优化施工组织,提升管理效率,降低成本,确保项目按时交付。同时,创新管理还可以提升团队的协作能力,增强项目的灵活性与适应性,从而使企业在复杂多变的市场环境中保持竞争优势。

本书共 4 章,全面介绍智能建筑的施工技术及创新管理。第一章主要对智能建筑的基本概念和内容进行详细介绍,帮助读者理解智能建筑的核心理念。第二章聚焦于智能建筑新技术,探讨其在施工过程中的应用与创新。第三章通过实际案例分析,展示智能建筑施工新技术在不同工程项目中的成功实践与经验。第四章针对智能建筑的施工组织与创新管理进行概述与分析,提供切实可行的管理策略。

本书在撰写时参考了大量智能建筑施工和管理相关的文献资料与技术规范,在此对这些资料的作者致以衷心的感谢。由于编者水平有限,书中如有所疏漏,敬请读者批评指正。希望本书能够为读者提供启示,激发更多对智能建筑领域的思考与探索,共同推动建筑行业的创新与发展。

编　者
2024 年 11 月

目　　录

第一章　智能建筑概论

第一节　智能建筑

一、智能建筑的产生与发展背景

1. 智能建筑的产生

建筑物作为人类生产、生活及其他活动的场所,其设计和功能必须满足人们多样化的使用需求和特殊活动的要求。随着《智能建筑设计标准》(GB 50314—2015)的修订,建筑物被划分为住宅、办公、商业、学校、文化、媒体、体育、医院、交通、工业十种类型,以适应不同功能的需求[1]。人类社会活动的需求推动了建筑的持续发展和进步,现代建筑不再局限于基本的居住功能,而是扩展到了工作、学习、社交等多元化功能,并朝着综合性方向发展。现代社会对建筑提出了更高的要求,包括安全性、舒适度、便捷性、节能环保以及信息交换能力等。现代科学技术的发展为满足这些需求提供了更多的可能性和坚实的技术基础。

1984 年 1 月,位于美国康涅狄格州哈特福德市的一栋旧金融大厦被改建,该大楼竣工后被改名为"City Place"。该大楼主要增添了计算机和数字程控交换机等先进办公设备,完善了通信线路等设施。大楼的客户不必购置设备便可享受语音通信、文字处理、电子邮件、市场行情查询、情报资料检索和科学计算等服务。此外,大楼内的暖通、给排水、防火、防盗、供配电和电梯等建筑系统设施均由计算机控制,实现了自动化综合管理,为用户提供了舒适、方便和安全的建筑环境。这一举动引起了世人的广泛关注。在"City Place"的宣传材料中第一次出现"智能建筑"一词,因此"City Place"被称为世界上第一栋智能建筑。此后智能建筑的概念开始被世界接受。

与此同时,日本在 20 世纪 80 年代也开始了智能建筑的建设,电报电话株式会社智能大厦(Nippo Telegraph and Telephone Intelligent Building,NTT-IB)是该时期日本智能建筑的代表。为加速智能建筑业的发展,日本政府制订了从智能设备、智能家庭到智能建筑、智能城市的发展计划,建设省还成立了国家智能建筑专业委员会和日本智能建筑研究会等相关机构,为智能建筑的发展提供了多方面的支持。

在欧洲,智能建筑的建设几乎与日本同步。到 1989 年,伦敦、巴黎、法兰克福和马德里等主要城市的智能建筑已经取得了重大发展,智能建筑面积在这些城市中占据了相当的比重。新加坡、韩国、印度等亚洲国家也在 20 世纪 90 年代开始了自己的智能建筑建设,推动了地区经济的发展和技术创新[2]。

中国的智能建筑建设始于 1990 年,起步后发展更为迅猛。北京的发展大厦(20F)是我国智能建筑的雏形,随后建成的上海金茂大厦(88F)、深圳地王大厦(81F)、广州中信大厦(80F)、南京金鹰国际商城(58F)等是一批具有较高智能化程度的大厦。目前,各地在建的办公大厦绝大多数为智能建筑,且智能建筑的类型日渐多样化,逐步由办公大厦转向生活住宅和大型公共设施,如大型住宅小区、会展中心、图书馆、体育场馆、文化艺术中心、博物馆、公园等,智能化系统项目投资上亿元屡见不鲜。2016 年后,全世界的智能建筑有一半以上在中国建成。

　　智能建筑的产生和发展,是科技进步和社会发展需求共同孕育的结果。它们不仅极大地提升了建筑的功能性和居住者的生活质量,更成为推动社会进步和改善人们生活质量的重要力量。随着 5G、人工智能(AI)、物联网(IoT)等新技术的不断发展,智能建筑正朝着更加智能化、个性化、集成化的方向发展,预示着建筑行业的未来将更加光明,为人类社会带来更多的可能性和机遇。

2. 智能建筑的发展

　　智能建筑产生的背景是多维度的,根植于全球化的信息革命浪潮之中。随着信息技术的飞速发展,社会各领域都经历了深刻的变革,建筑行业也不例外。智能建筑应运而生,作为信息时代的产物和信息高速公路上的节点,承载着经济、文化、科技交流的重要使命。智能建筑的发展主要受到社会背景、技术背景和经济背景三个方面的影响。

　　1)社会背景

　　智能建筑的发展与社会信息化进程密切相关。20 世纪末至 21 世纪初,信息技术的智能化、信息网络的全球化及国民经济的信息化成为全球范围内的发展趋势。这一信息革命浪潮对中国社会产生了深远的影响,推动了中国社会的信息化进程。

　　我国在这一时期启动了一系列以信息化为导向的工程项目,如"金桥""金关""金卡"等"金字工程"及上海的"信息港"工程等。这些工程项目的目标是建设覆盖全国的信息基础设施,促进信息的交流和共享。智能建筑作为信息高速公路的节点和信息港的码头,在经济、文化、科技等领域发挥着重要作用,为社会信息化提供了物理空间和基础设施。

　　此外,可持续发展理念的兴起也为智能建筑的发展提供了动力。在全球范围内,节能减排和环境保护已成为共识,智能建筑通过采用绿色材料、节能技术和智能化管理系统,有效降低了建筑对环境的影响,实现建筑的可持续发展。

　　随着社会的发展和人们生活水平的提高,人们对居住和工作空间的要求也在不断提升。智能建筑通过提供个性化的居住体验、高效的工作流程和便捷的生活服务,满足了现代人对高品质生活的追求。

　　2)技术背景

　　智能建筑的发展离不开信息技术的进步和支持。20 世纪后半叶,随着计算机技术、通信技术、自动控制技术等飞速发展,人类社会进入了一个以信息化为特征的新时代。

　　首先,电子技术的发展使智能建筑中的传感器、执行器等设备能够实现对建筑环境的实时监测和控制。传感器可以感知建筑内的温度、湿度、光照等环境参数,而执行器则可以根据这些参数的变化来调整相应设备,如空调、照明等。

　　其次,计算机技术的性能提升和成本下降,使得其在建筑领域的应用变得日益普及。计算机系统可以对传感器收集到的数据进行分析和处理,并根据分析结果做出相应的控制决策。同时,计算机系统还可以通过网络与其他设备进行通信和交互,实现建筑内各个设备的互联互通。

　　最后,通信技术和自动控制技术的发展使得智能建筑中的设备能够实现自动控制和远程控制。通过通信技术,建筑内的设备可以与中央控制中心进行通信,接收控制指令并反馈状态信息;而自动控制技术则可以实现设备的自动运行和故障自诊断功能,提高设备的可靠性和安全性。智能建筑通过集成先进的计算机系统,实现对建筑环境的精确控制,提高能源使用效率,创造出更加舒适和安全的居住、工作空间。

　　3)经济背景

　　智能建筑的发展也与经济因素密切相关。随着全球经济的发展和城市化的推进,建筑行业经历了快速的增长和变革。经济的持续增长,尤其是第三产业的快速发展,为智能建筑带来了巨大的市场需求。金融、贸易、保险、房地产等行业对高端办公空间和商业设施的需求不断增加,这些场所不仅需要提供高效的工作环境,以满足企业对生产力和竞争力的要求,而且需要确保安全、便捷和舒适,以吸引和留住人才。

经济全球化也为智能建筑的发展提供了新的机遇。随着全球经济一体化的深入发展,跨国企业和国际机构对智能建筑的需求也日益增加。智能建筑不仅能够提供高效的工作环境和舒适的生活空间,还能够通过智能化的管理和控制,提高建筑的运营效率和服务质量,从而满足跨国企业和国际机构的需求,推动智能建筑的国际化发展。

此外,智能建筑通过提高能源使用效率、降低运营成本等方式,为业主和用户带来经济效益,这进一步推动了智能建筑在商业领域的应用和发展。

二、智能建筑的概念和特点

1. 智能建筑的概念

人们对建筑物的基本要求是防寒避暑,防止外来侵害,保护隐私,提供饮食起居空间和工作环境。但随着人类社会的进步和信息技术的不断发展,如今人们对建筑的要求已不再局限于居住栖息,而是对建筑提出了更高的要求。因此,智能建筑的概念在世界各国应运而生。

智能建筑是当今建筑行业的前沿领域,融合了先进的技术与创新的管理理念,旨在创造更加智能、高效、可持续的建筑环境。其内涵在不断地丰富,至今全球仍没有一个统一的定义能对其进行概述。

美国智能建筑学会认为,智能只是建筑的一种手段,通过为建筑配备智能功能,实现建筑的高效率、低能耗、低污染,实现建筑以人为本与可持续发展相结合。若离开了节能与环保,再"智能"的建筑也将无法存在,每栋建筑的功能必须与由此功能带给用户或业主的经济效益密切相关。在此定义下,智能的概念逐渐被淡化。经过多年的发展,美国的智能建筑建设更加注重环保的理念,进入了绿色建筑的阶段。

欧洲智能建筑集团认为,智能建筑就是要为用户提供最高的效率、最低的维护成本和最有效的管理,为用户提供有力的环境支持,使用户能够高效地完成业务目标。

日本智能建筑研究会认为,智能建筑需要满足以下两方面的要求:一方面,能够为用户提供办公、通信等方面的智能化服务;另一方面,通过智能化管理,为用户提供更安全、舒适、高效的环境。

新加坡政府的公共设施署则认为智能建筑需要满足以下三个方面的条件:一是具有安保、消防与环境控制等自动化控制系统,以及自动调节建筑内的温度、湿度、灯光等参数的各种设施,以创造舒适安全的环境;二是具有良好的通信网络设施,使数据能在建筑物内各区域之间进行流通;三是能够提供足够的对外通信设施与能力。

按照我国于 2015 年 11 月颁布的《智能建筑设计标准》(GB 50314—2015)中的定义,智能建筑(intelligent building,IB)是指以建筑物为平台,基于对各种智能化信息的综合应用,集架构、系统、应用、管理及优化组合为一体,具有感知、传输、记忆、推理、判断和决策的综合智慧能力,形成以人、建筑、环境互为协调的整合体,为人们提供安全、高效、便利及可持续发展功能环境的建筑[3]。

智能建筑的四个基本要素,是实现这一定义的关键。

(1)结构要素:智能建筑的结构是其物理基础,涵盖土建、装饰、建材、空间分隔与承载等方面,确保建筑的稳定性和实用性,同时满足现代使用需求。

(2)系统要素:建筑内部的机电设施,如给水排水、暖通、空调、电梯、照明、通信、办公自动化、综合布线等,构成了智能建筑的系统要素。这些系统通过自动化控制,实现建筑内部环境的舒适性和功能性。

(3)管理要素:智能建筑的管理是对建筑内人、财、物及信息资源的全面管理,追求高效、节能和环保,通过智能化的管理系统,实现资源的最优配置和使用。

(4)服务要素:智能建筑提供的服务涵盖居住、生活、娱乐、工作等全方位的需求,致力于使用户享受到高品质的生活和工作环境。

这四个要素相互依存、相互促进,共同构成了智能建筑的核心价值。智能建筑通过这些要素的综合运用,提升了建筑的使用价值,也推动了建筑行业的技术进步和创新。它们共同形成了一个以人、建筑、环境互为协调的整合体,为人们提供了一个安全、高效、便利及可持续发展的功能环境。

总之,智能建筑作为一个不断发展与更新的概念,其本质是利用系统集成的方法,将现代控制技术、计算机技术、通信技术等先进的技术与建筑技术有机结合,通过感知、决策和执行等功能,实现建筑物的智能化管理与控制,从而提升建筑的舒适性、安全性和可持续性,实现对建筑环境的实时监测、自动调节和优化管理,为用户提供更加舒适、便捷的生活与工作空间。

2. 智能建筑的特点

智能建筑通过采用大量信息技术及设备具有了许多崭新功能,具有安全性、舒适性和便利高效性,可以满足人们在社会信息化新形势下对建筑物提出的更高的功能需求。相对于传统建筑,智能建筑的特点主要体现在以下几个方面。

1)系统高度集成

从技术角度看,智能建筑与传统建筑最大的区别就是智能建筑各智能化系统的高度集成。智能建筑系统集成,是指智能建筑中的各种设备、系统和技术的紧密整合与协同工作。这种高度集成性使得智能建筑能够实现更高水平的自动化、智能化和效率化。智能建筑安全、舒适、便利、节能、节省人工费用的特点必须依赖集成化的建筑智能化系统得以实现。

2)注重能源效率与节能减排

智能建筑通过优化能源利用、减少资源消耗和环境污染,实现对环境的保护与可持续发展的目标。智能建筑的能源管理系统可以实时监测能源使用情况,并采取相应措施来降低能耗。以现代化商厦为例,其空调与照明系统的能耗很大,约占大厦总能耗的70%。在满足使用者对环境要求的前提下,智能大厦通过其"智能",尽可能利用自然光和大气冷量(或热量)来调节室内环境,以最大限度地减少能源消耗。按事先在日历上确定的程序,区分"工作"与"非工作"时间,对室内环境实施不同标准的自动控制,下班后自动降低室内照度与温湿度控制标准,已成为智能大厦的基本功能。

3)节省运行维护的人工费用

智能建筑通过提高设备运行稳定性、降低故障率、减少维护频次和成本等手段,有效地节省了运行维护的人工费用。据相关统计,一座大厦在其生命周期内的维护及营运费用约为建造成本的3倍。大厦的管理费、水电费、煤气费、机械设备及升降梯的维护费,占整个大厦营运费用支出的60%左右;其费用还将以每年4%的速度增加。因此,智能建筑通过自动化和智能化的系统和设备,可以有效地节省运行维护的人工费用。

4)提供安全、舒适和高效便捷的环境

智能建筑首先确保人、财、物的高度安全,同时具有对灾害和突发事件的快速反应能力。智能建筑利用先进的传感器、自动化系统和数据分析技术,实现对建筑环境的智能化管理与控制。传感器可以实时监测环境参数,智能控制系统可以根据监测到的数据自动调节照明、空调、通风等设备,以提供最佳的舒适性和能效性,为人们提供一个高效便捷的工作、学习和生活环境。

三、智能建筑与传统建筑的区别

智能建筑和传统建筑在设计、功能、技术应用和用户体验等方面存在显著的区别。

从设计理念来看,传统建筑主要关注外观、结构、空间布局和建筑材料等基本要素,以满足居住、工作、娱乐等基本使用需求。而智能建筑的设计理念则更具前瞻性,它将建筑视为一个整体系统,通过整合各种技术和设备,实现建筑的高效运行、能源的优化利用和环境的友好保护。这种设计理念的转变,使得智能建筑在满足基本使用需求的同时,还能够提供更多的智能化功能和服务。

在功能实现方面,传统建筑的功能主要通过物理空间的划分和设备的配置来实现,如设置不同的房间来实现居住、工作和娱乐等功能。而智能建筑的功能实现则更加灵活和智能,它通过结合传感器、执行器和智能控制系统,实现对建筑环境的实时监测和自动控制。例如,智能照明系统可以根据环境亮度自动调节照明亮度,从而实现节能和舒适的照明环境。这种智能化的功能实现方式,使得智能建筑能够更好地满足用户的需求,同时提供更加个性化和舒适的使用体验。

从技术应用的角度来看,传统建筑的技术应用主要限于建筑结构、材料和设备等方面,如使用钢筋混凝土结构提高建筑的强度和稳定性。而智能建筑的技术应用则更加广泛和深入,它不仅包括传统的建筑技术,还包括信息技术、自动控制技术、能源管理技术等。这些技术的集成应用使得智能建筑能够实现智能化的监测、控制和管理,从而提高建筑的运行效率和用户的使用体验。

在用户体验方面,传统建筑的用户体验主要依赖于建筑的空间布局、装饰风格和设备配置等方面,用户需要主动适应建筑的环境和设备。而智能建筑的用户体验则更加智能化和个性化,它通过结合智能控制系统和用户界面,实现用户与建筑的互动和控制。用户可以通过智能终端设备(如手机、平板电脑)或语音控制等方式,实现对建筑环境和设备的个性化设置和控制。这种智能化的用户体验方式,使得智能建筑能够更好地满足用户的需求,并提供更加便捷和舒适的使用体验。

智能建筑与传统建筑在以上方面展现出显著的差异,而这些差异的核心在于智能建筑所具备的"智能化特性"。也就是说,它不仅具有传统建筑物的功能,而且具有新的智能(或智慧)特征。智能化可被理解为建筑具有某种"拟人智能",包括感知环境和使用功能变化的能力、传递和处理感知信号的能力、综合分析和判断的能力,以及做出决策和响应的能力。

这种智能化主要基于建筑自动化系统(building automation system,BAS)、通信自动化系统(communication automation system,CAS)和办公自动化系统(office automation system,OAS)三大要素的有机结合和系统集成。智能建筑建立在行为科学、信息科学、环境科学、社会工程学、系统工程学、人类工程学等多种学科相互渗透的基础上,是建筑技术、计算机技术、信息技术、自动控制技术等多种技术彼此交叉、综合运用的结果。因此,智能建筑具有传统建筑无可比拟的优越性,不仅可以提供强大的功能,而且可以最大限度地节约能源,按照用户要求灵活变动、自动适应。

四、智能建筑的类型与效益

1. 智能建筑的类型

智能建筑是将先进的信息技术与建筑工程相结合,以实现智能化管理、节能环保和提升生活品质的一种建筑形态。智能建筑的类型多种多样,根据功能和应用范围的不同,智能建筑可以分为能源管理型智能建筑、环境舒适型智能建筑、安全监控型智能建筑等;根据建筑的使用特征,智能建筑可分为商业型智能建筑、住宅型智能建筑、医疗型智能建筑等。

1)根据功能和应用范围分类

(1)能源管理型智能建筑。

能源管理型智能建筑的重点在于对能源消耗的监测、管理和优化。这类建筑通过先进的传感器、智能控制系统和数据分析技术,实时监测建筑内的能源使用情况,并根据需求进行智能调节和控制。其目标是最大限度地减少能源浪费,降低运营成本,实现节能减排的社会效益。

在能源管理型智能建筑中,智能照明系统可以根据自然光线的变化自动调节亮度,智能空调系统可以基于室内外温度和湿度的差异进行智能调控,太阳能板可以用于发电以减少对传统能源的依赖。此外,建筑管理系统(building management system,BMS)可以整合各种能源设备的数据,进行统一的监测和管理,并提供能源消耗的实时报告和分析,帮助管理者做出更明智的决策。

(2)环境舒适型智能建筑。

环境舒适型智能建筑旨在提供一个舒适、健康的室内环境。这类建筑通过智能化的空调、通风、采光系统等,结合传感器和自动化控制技术,实现对室内环境参数的动态调节。其目标是为居住者或使用者创造一个温度适宜、空气清新、光照充足的舒适空间。

在环境舒适型智能建筑中,智能温控系统可以根据室内外温度自动调节空调的运行状态,智能通风系统可以监测室内空气质量并进行换气,智能窗帘可以根据阳光的强度和方向自动开合。此外,建筑还可以配备智能空气净化器、加湿器等设备,以进一步提升室内环境的舒适度和健康性。

(3)安全监控型智能建筑。

安全监控型智能建筑注重通过各种安全设备和系统来确保建筑内部和周边环境的安全。这类建筑通常配备视频监控系统、入侵检测系统、火灾报警系统等,以实时监测和记录建筑内的安全情况。一旦发生异常情况,如非法入侵、火灾等,系统会及时报警并采取相应的措施,以保障人员和财产的安全。

在安全监控型智能建筑中,视频监控系统可以覆盖建筑的各个角落,并具备人脸识别、行为分析等智能功能;入侵检测系统可以通过传感器和报警装置及时发现非法入侵行为;火灾报警系统可以快速检测到火灾隐患并触发警报,同时联动消防设备进行灭火。

(4)智能交互型智能建筑。

智能交互型智能建筑致力于提供更智能、更便捷的人机交互体验。这类建筑通过语音识别、手势识别、智能手机应用等技术,使居住者或工作人员能够方便地与建筑内的设备和系统进行交互操作。其目标是提高用户的便利性和满意度,增强建筑与人的互动性。

在智能交互型智能建筑中,用户可以使用语音指令来控制灯光、窗帘、空调等设备,无须手动操作;手势识别技术可以实现对设备的无接触控制,如挥手打开门禁;智能手机应用可以提供远程控制功能,使用户在外出时也能随时了解和控制建筑内的情况。

(5)可持续发展型智能建筑。

可持续发展型智能建筑结合了节能减排、资源循环利用等理念,旨在实现建筑的可持续发展。这类建筑在设计和建造过程中充分考虑了环境因素,采用了环保材料和技术,以降低对自然资源的消耗和对环境的负面影响。

在可持续发展型智能建筑中,可再生能源的利用是一个重要方面。建筑可以配备太阳能电池板、风力发电机等设备,将可再生能源转化为电力供建筑使用。此外,建筑还可以采用雨水收集系统、中水回用系统等,实现水资源的循环利用。在建筑结构上,可以采用绿色屋顶、节能玻璃等设计,以减少能源消耗和改善室内环境。

这些建筑类型并不是孤立的,很多智能建筑可能会同时具备多种类型的特征,根据实际需求和应用场景的不同,综合采用各种智能技术和系统,以实现建筑的智能化和可持续发展。

2)根据建筑使用特征分类

(1)办公型智能建筑。

办公型智能建筑,也被称为智能办公建筑,是一种利用先进技术和智能系统来提高办公效率、节约能源和提升安全管理水平的建筑类型。它通过集成各种智能技术,如物联网(Internet of things,IoT)、AI、大数据分析等,实现对建筑内各种设备的智能控制和管理,从而为用户提供更加舒适、高效和安全的工作环境。其建筑智能化系统工程应满足办公业务信息化的应用需求,具有高效办公环境的基础保障,满足办公建筑物业规范化运营管理的需要。

智能办公写字楼是现代城市发展的产物,它通过配备高技术含量的先进设施与设备,为用户提供高度智能化的办公服务。这些服务达到了"5A"级别,具体包括建筑自动化系统、通信网络系统、办公自动化系统、安保自动化系统(Security automation System,SAS)、消防报警系统(fire alarm System,FAS)五个方面。智能办公写字楼通过这些系统的集成应用,为用户提供了一个安全、高效、便捷、节能的办公环境。这些系统不仅提高了办公效率和舒适度,而且通过智能化管理,降低了运营成本,增强了写字楼的市场竞争力,满足了现代企业对办公环境的高标准需求。随着技术的不断进步,智能办公写字楼将更加深入地融入城市发展和企业运营中,成为推动社会进步和创新的重要力量。

(2)旅馆型智能建筑。

旅馆型智能建筑则是利用智能系统来提升客户体验、优化服务流程和提高安全保障水平的建筑类型。通过智能客房管理系统,建筑可以管理客房预订、入住、退房等流程,提供更便捷的客户体验。客人可以通过智能手机或者房间内的面板控制照明、空调等设备,个性化定制房间环境。智能建筑可以通过数据分析了解客人的偏好,提供定制化的服务,如个性化推荐餐厅、景点等。安全保障方面,智能安防系统可以监控酒店各个区域的安全情况,保障客人和酒店资产的安全。其建筑智能化系统工程应满足旅馆业务经营的需求,提升旅馆经营及服务的质量,满足旅馆建筑物业规范化运营管理的需要。

宾馆(酒店)的智能化系统是现代宾馆(酒店)建设和改造的核心,它以计算机信息处理和宽带交互式多媒体网络技术为基础,构成了一个高效的信息网络系统。这种系统不仅是提升宾馆(酒店)服务质量和增强竞争力的关键手段,也是实现高效经营管理的重要工具。智能化系统在宾馆(酒店)中主要体现在客户服务系统、信息管理系统、成本控制与管理系统三个方面。宾馆(酒店)的智能化系统通过集成先进的信息技术,不仅优化了客户服务流程,提升了客户体验,还强化了宾馆(酒店)的内部管理,降低了运营成本,是现代宾馆(酒店)提升竞争力、实现可持续发展的关键因素。随着技术的不断进步,智能化系统将在宾馆(酒店)行业中发挥越来越重要的作用。

(3)住宅型智能建筑。

住宅型智能建筑主要用于居住目的,包括公寓、别墅等。这类建筑的智能化主要关注居民的舒适性和便利性。环境舒适型智能建筑的特点在这里尤为突出,通过智能家居系统,居民可以远程控制家电、安全系统等,提高生活品质。其智能化系统工程应适应生态、环保、健康的绿色居住需求,营造以人为本、安全便利的家居环境,满足住宅建筑物业的规范化运营管理要求。

住宅型智能建筑的建设与管理,依赖于一套综合性的智能化系统,这些系统共同构成了小区的神经网络,提升了居住的安全性、便捷性和舒适性。住宅型智能建筑中关键的智能化系统主要包括综合物业管理系统、安全防范系统、公共机电设备系统、停车场管理系统、四表(水表、电表、气表、热表)系统、小区综合管理系统和"三网合一"的综合通信网络。通过这些智能化系统的有机结合,智能小区不仅为用户提供了一个安全、高效、便利的居住环境,而且通过科技手段提升了居民的生活质量,实现了小区管理的现代化和信息化。随着技术的不断进步,智能小区将更加深入地融入居民的日常生活中,成为现代城市生活的重要组成部分。

(4)医疗型智能建筑。

医疗型智能建筑主要用于医院、诊所等医疗机构。这类建筑的智能化主要关注医疗设备的联网、患者信息管理、医疗废物处理等方面。智能化技术可以提高医疗服务的效率和质量,提升患者的就诊体验。相对于其他智能建筑,医疗型智能建筑除了具有一些通用的智能化系统外,还有一些医院专用的信息管理系统,能使医院的管理更完善,为病人提供的服务更周到。其智能化系统工程应适应医疗业务的信息化需求,为患者提供就医环境的技术保障,满足医疗建筑物业规范化运营管理的需求。

医疗型智能建筑作为现代医疗体系的重要组成部分,通过集成先进的信息技术和智能化系统,极大提升了医疗服务的质量和效率。医疗型智能建筑中关键的智能化系统主要包括门诊与药房排队管理系统、病房呼叫对讲系统、手术室视频示教系统、婴儿保护系统、触摸屏与电子广告牌系统。

(5)教育型智能建筑。

教育型智能建筑用于学校、培训中心等教育场所。这类建筑的智能化主要关注教学设备的更新换代、校园安全管理、学生信息管理等方面。智能化技术可以提高教学效果、加强校园安全,并为教育管理提供数据支持。其智能化系统工程应适应教育教学业务的需求,适应教学和科研的信息化发展,满足教育建筑物业规范化运营管理的需求。教育型智能建筑的系统组成主要包括智能教室系统、校园网络系统、资源管理系统和互动学习系统。

(6)工业型智能建筑。

工业型智能建筑主要用于工厂、仓储等工业场所。这类建筑的智能化主要关注生产设备的自动化、能源管理、安全监控等方面。智能化技术可以提高生产效率、降低能源消耗,并确保工人的安全。其智能化系统工程应满足通用工业建筑实现安全生产、节能环保和降低生产成本的目标需求,为生产组织、业务管理等提供保障业务信息化流程所需的基础条件,实施对通用要求能源供给、作业环境支撑设施的智能化监控及建筑物业的规范化运营管理。工业型智能建筑的系统组成主要包括工业自动化系统、能源管理系统、环境监测与控制系统、安全管理系统、智能物流系统和数据采集与分析系统。

(7)文化型智能建筑。

文化型智能建筑主要用于博物馆、图书馆、剧院等文化场所。这类建筑的智能化主要关注展品保护、文献管理、观众导览等方面。智能化技术可以提高文化活动的效果和体验,同时保护文化遗产和展品。其智能化系统工程应满足文献资料信息的采集、加工、利用和安全防护等要求,具有为公众提供文化服务的能力,满足文化建筑物业规范化运营管理的需要。文化型智能建筑的系统组成主要包括文化展示系统、智能导览系统、环境感知与调控系统、文化活动管理系统、文化资源数据库和互动体验系统。

2. 智能建筑的效益

智能建筑的兴起,标志着建筑行业与信息技术的深度融合,开辟了建筑功能与服务的新纪元。在这一进程中,经济效益、社会效益和环境效益构成了智能建筑价值的三大支柱。

1)经济效益

智能建筑的经济效益首先体现在能源节约上。其核心是高度集成的控制管理中心,该中心利用计算机技术对建筑内各种传感器收集的数据进行分析处理,实现按需控制,从而提高能源使用效率,降低能耗。这种智能化管理不仅提升了建筑的运行效率,还显著降低了运营成本。据研究,智能建筑的运行费用和能耗较传统建筑降低 30%～45%,而其售房率和出租率则高出 15%,显示出智能建筑在市场的高度竞争力。

智能建筑的另一经济效益体现在管理成本的降低。智能系统的引入,使得建筑管理更为高效,投资回收期大约为 3 年,远低于建筑其他部分。此外,智能建筑通过节省设备成本、工程造价和劳动力成本,实现了成本的大幅度降低,推动了建筑业向自动化、智能化的转型。

2)社会效益

智能建筑的社会效益广泛而深远,它不仅改变了传统建筑的建设方式,还促进了建筑行业的规范化和技术进步。智能建筑工程的实施,有助于形成具有中国特色的建筑行业新标准,推动科技进步、行业健康有序发展。

智能建筑的建设还促进了智能化信息网的形成,对于完善城市现代化管理体系、推动建筑学科发展具有重要意义。同时,智能建筑建设过程中产生的工程技术研究成果,为政策制定和法规完善提供了科学依据,进一步提升了社会管理和科技水平。

3)环境效益

智能建筑的环境效益更加突出。内部环境的自动控制为人们提供了安全、舒适的工作环境和生活空间,智能建筑的节能特性减少了能源消耗和环境污染。例如,绿色照明工程的实质就是通过智能控制减少能耗,体现了智能建筑的环保理念,也是美化城市环境、推动可持续发展的有效途径。

智能建筑以其独特的优势,在经济效益、社会效益和环境效益方面展现出巨大潜力。随着技术的不断进步和创新,智能建筑将为建筑业的绿色转型、城市的可持续发展以及居民生活质量的提升做出更大贡献。

五、智能建筑的建筑环境

智能建筑的建筑环境是指通过集成先进技术和系统,优化建筑内部和外部的物理环境、功能环境和生态环境,以提升建筑的能源效率、舒适性、安全性和可持续性。智能建筑的建筑环境是一个综合性的概念,不仅包括物理环境(如温湿度、空气质量和光照条件)优化,也包括功能环境(如建筑的能源效率、空间布局和使用灵活性)优化,还包括生态环境(如建筑与自然环境的协调性和对生态系统的影响)优化。智能建筑不仅关注建筑本身的功能,还注重与环境的和谐共存。

1. 物理环境优化

智能建筑的物理环境优化是实现其高效、健康和舒适居住体验的关键。通过集成先进的技术和系统,智能建筑能够对室内环境进行精准的调节,满足居住者和使用者的需求。

1)温度和湿度控制

智能建筑通过暖通空调(heating, ventilation and air conditioning, HVAC)系统和环境监测系统,实时监测和调节室内温度和湿度。传感器可以监测室内外的温湿度变化,系统根据预设的舒适标准自动调节空调和加湿器的运行,不仅提供了舒适的室内环境,还能有效节约能源。例如,在夏季,系统可以根据室外温度和湿度自动调节空调的运行模式,提供凉爽的室内环境;在冬季,系统可以自动调节供暖设备,保持室内温暖。

温度和湿度的控制不仅是为了提高舒适度,还有利于改善健康状况和生产力。研究表明,适宜的温度和湿度可以减少疾病的传播,提升工作效率。例如,在办公环境中,过高或过低的温度都会影响员工的专注力和工作效率。智能建筑通过精准的温度和湿度控制,提供一个健康和高效的工作环境。

2）照明控制

智能建筑通过智能照明系统，根据自然光水平和使用情况自动调节室内照明。传感器可以监测室内外的光照强度，系统根据需要自动调节灯光的亮度和色温，提供适宜的光照环境。例如，在白天自然光充足时，系统会自动调暗或关闭部分照明设备；在夜间或无人区域，系统会自动降低照明强度或关闭灯光。这不仅节约了能源，还延长了照明设备的使用寿命。

照明控制对人的生理和心理健康有重要影响，适宜的光照可以调节人的生物钟，有利于改善情绪和提高工作效率。例如，在办公环境中，充足的自然光可以减少眼疲劳，提升员工的工作效率和满意度。在居住环境中，智能照明系统可以模拟自然光的变化，提供一个舒适和健康的生活环境。

3）空气质量管理

智能建筑通过空气质量监测系统，实时监测室内空气中的有害气体（如二氧化碳、甲醛等挥发性有机化合物等）和颗粒物（如 $PM_{2.5}$）。系统根据监测数据自动开启通风系统或空气净化设备，确保室内空气清新和健康。例如，在检测到室内二氧化碳浓度过高时，系统会自动增加通风量，降低二氧化碳浓度；在检测到空气中有有害气体或颗粒物时，系统会自动启动空气净化设备，净化空气。

空气质量对人的健康和舒适度有直接影响。良好的空气质量可以减少呼吸系统疾病的发生，提升人的舒适度和工作效率。例如，在学校环境中，良好的空气质量可以提升学生的注意力和学习效果。在办公环境中，良好的空气质量可以减小员工的病假率，提升工作效率和满意度。

4）声学环境控制

智能建筑注重声学环境的优化，可以为用户提供一个安静、舒适的室内环境。通过隔音材料的应用、噪声控制系统的集成及声学模拟和优化等手段，智能建筑能够有效地减少外部噪声的干扰，提高室内的声学质量。

在智能建筑中，声学环境控制主要关注两个方面：一是减少外部噪声的传入，二是降低室内噪声的反射和扩散。为了减少外部噪声的传入，智能建筑在设计中会选择使用隔音性能良好的材料，如隔音墙、隔音门窗等。这些材料能够有效地阻挡和吸收声波，从而降低室内的噪声水平。

为了降低室内噪声的反射和扩散，智能建筑会集成噪声控制系统，如吸音吊顶、吸音墙面、吸音地毯等。通过吸音材料或结构优化，智能建筑能够将声波转化为热能或其他形式的能量，从而降低室内的噪声水平。此外，智能建筑还可以进行声学模拟和优化，以预测和改善室内的声学环境。通过使用专业的声学软件和工具，模拟不同材料、结构和布局对声学环境的影响，从而优化设计参数，提高室内的声学质量。

良好的声学环境控制对于智能建筑的用户体验至关重要。在需要集中注意力的环境中，如办公室、图书馆、实验室等，良好的声学设计可以显著提高工作效率和用户满意度。智能建筑在设计和建设过程中会将声学环境控制作为一项重要的考量因素，以确保为用户提供一个安静、舒适的室内环境。

2. 功能环境优化

1）智能办公环境

智能建筑通过办公自动化系统（OAS）提供高效的办公环境。系统集成了计算机网络、数据传输、视频会议、电子邮件等功能，支持远程办公和协同工作。例如，员工可以通过视频会议系统与远程同事进行实时沟通，通过电子邮件和文件共享系统进行协作，提高工作效率和沟通效果。智能办公环境还可以通过数据分析和决策支持系统，提供管理决策的依据，提升管理水平和决策质量。

智能办公环境不仅提升了工作效率，还提供了灵活的工作方式。例如，远程办公和灵活办公可以帮助员工平衡工作和生活，提升工作满意度和幸福感。在疫情期间，智能办公环境更是发挥了重要作用,确保了企业的正常运营和员工的健康安全。

2)智能家居环境

智能建筑通过物联网技术,实现了对家庭设备的智能控制和管理。用户可以通过手机或电脑远程控制家中的照明、空调、安防设备等,提供便捷和舒适的生活体验。例如,用户可以在回家前通过手机开启空调,调节室内温度;在离家时通过手机关闭照明和开启安防设备,确保家中的安全。智能家居环境还可以根据用户的日常习惯和喜好,自动调整设备设置,提供个性化的服务。

智能家居环境不仅提供了便捷和舒适的生活体验,还提升了家庭的安全性和能源效率。例如,智能安防系统可以实时监控家庭的安全状况,及时发现和处理异常情况;智能能源管理系统可以优化家庭的能源使用,降低能源消耗和成本。

3)智能教育环境

智能建筑通过智能教室系统和校园网络系统,提供现代化的教学环境。智能教室系统集成了智能白板、投影仪、互动屏幕等设备,支持多媒体教学和互动学习;校园网络系统提供高速无线网络和云计算服务,支持在线学习和资源共享。例如,教师可以通过智能白板和投影仪展示多媒体课件,学生可以通过互动屏幕进行实时互动和协作;校园网络系统支持远程教育和混合教学模式,学生可以通过网络参加课程、提交作业和进行考试。

智能教育环境不仅提升了教学质量,还提供了灵活和个性化的学习方式。例如,在线学习和远程教育可以帮助学生在任何时间和地点进行学习,提升学习效率和效果。智能教育环境还可以通过数据分析,提供个性化的学习建议和支持,帮助学生实现最佳的学习效果。

3. 生态环境优化

智能建筑的生态环境优化是实现可持续发展战略的重要组成部分,涉及可再生能源利用、绿色建筑设计及水资源管理等多个方面。

1)可再生能源利用

智能建筑在设计和运营中,充分利用可再生能源,如太阳能、风能等。建筑外墙和屋顶可以安装太阳能板,利用太阳能发电;建筑周围可以安装风力发电设备,利用风能发电。这不仅减少了对传统能源的依赖,还降低了碳排放,提升了建筑的可持续性。例如,太阳能板可以为建筑提供部分电力,降低电网负荷;风力发电设备可以在风力充足时提供额外的电力,补充能源需求。

可再生能源的利用不仅提升了建筑的能源效率,还减少了对环境的负面影响。例如,太阳能和风能的利用可以减少二氧化碳和其他温室气体的排放,减缓气候变化。可再生能源的利用还可以提升能源的自主性和安全性,减少对外部能源供应的依赖。

2)绿色建筑设计

智能建筑在设计中,注重绿色建筑的理念,通过采用高效的隔热材料、节能窗户、绿色屋顶等设计,减少能源消耗和环境负担。例如,高效的隔热材料可以减少建筑的热量损失,降低空调和供暖的能耗;节能窗户可以减少室内外的热量交换,提升能源效率;绿色屋顶可以吸收雨水,减轻城市排水系统的负担,同时提供绿色空间,改善空气质量和微气候。

绿色建筑设计不仅提升了建筑的能源效率,还改善了城市的生态环境。例如,绿色屋顶和垂直绿化可以增加城市的绿地面积,提升城市的生态多样性和环境质量。绿色建筑设计还可以提升建筑的美观性和舒适度,提供一个健康、宜居的生活和工作环境。

3)水资源管理

智能建筑通过水资源管理系统,实现对水资源的高效利用和管理。水资源管理系统可以监测和管理建筑内的用水情况,优化供水和排水系统,减少水资源浪费。例如,系统可以监测建筑内的用水量,及时发现和解决漏水问题;在雨季,系统可以收集和储存雨水,用于灌溉和冲厕,减少自来水的使用;在干旱季节,系统可以优化供水策略,确保水资源的合理利用。

水资源管理不仅提升了建筑水资源利用效率,也减少了对环境的负面影响。例如,雨水收集和再利用可以减轻城市的排水负担,降低洪涝风险;节水设备和技术可以减少水资源的浪费,保证水资源的可持续利用。水资源管理还可以提升建筑的自主性和安全性,在不同季节和气候条件下都能保证稳定的水资源供应。

六、智能建筑发展历程与未来发展趋势

1. 发展历程

智能建筑的发展历程可以追溯到 20 世纪 80 年代,因为计算机技术、通信技术和自动控制技术的发展为建筑领域带来了新的机遇和挑战,人们开始思考如何将这些技术应用于建筑中,以提升建筑的智能化水平,从而提高效率,降低成本,并改善人们的工作和生活环境。根据清华大学王福林教授在《智能建筑的现状及创新发展》中的总结[4],智能建筑的历史发展可以概括为五个阶段。

1)单一功能子系统阶段(1980—1985 年)

智能建筑发展的初期阶段,系统通常由几个单一功能的子系统组成,如安全防范系统、门禁控制系统、空调系统和照明系统等。这些子系统的主要功能是实现对建筑设备的简单控制和监测,以满足基本的安全、舒适和节能需求。各个系统之间缺乏集成和通信能力,每个子系统都是独立运行的,无法与其他子系统共享信息或协同工作。例如,安全防范系统无法与门禁控制系统共享人员进出信息,无法根据实时的人员活动情况自动调整安全策略;空调系统也无法根据实时的人员活动情况自动调整温度和湿度。

这种缺乏集成和通信能力的情况限制了智能建筑系统的功能和效率。为了解决这个问题,智能建筑系统开始发展集成和通信能力,以实现不同子系统之间的协同工作和信息共享。这标志着智能建筑系统从单一功能子系统阶段向更高级的阶段发展。

2)部分子系统集成阶段(1985—1990 年)

智能建筑发展的第二阶段,即部分子系统集成阶段,技术的进步为智能建筑系统带来了新的变革。随着计算机技术、网络技术和自动控制技术的发展,一些具有相似功能的子系统开始实现集成,从而打破了之前各子系统独立运行的局面。例如:在传统的智能建筑系统中,安全防范系统主要负责监控和报警,而门禁控制系统则负责控制人员的进出。这两个系统之间缺乏有效的信息共享和协同工作机制,导致在实际应用中存在一定的局限性。通过集成,安全防范系统和门禁控制系统可以实现数据的共享和联动。当安全防范系统检测到异常情况时,可以立即通知门禁控制系统,从而实现对相关区域的自动封锁或人员疏散。此外,门禁控制系统还可以根据安全防范系统提供的人员信息,实现对进出人员的智能管理,如根据人员的身份和权限自动开启或关闭门禁。这种集成使得不同子系统之间可以共享信息和协同工作,从而提高了系统的效率和功能。

通信设施的网络化也是这一阶段的重要特征。在传统的智能建筑系统中,各个子系统之间的通信主要依赖于专用的通信线路或协议,导致系统的灵活性和扩展性较差。通过实现通信设施的网络化,不同子系统之间可以进行数据交换和远程控制,从而提升了系统的灵活性和便利性。例如,通过网络化的通信设施,建筑管理人员可以实现对智能建筑系统的远程监控和管理。无论身处何地,都可以通过网络连接到智能建筑系统,查看各个子系统的运行状态、接收报警信息或进行远程控制操作。这不仅提高了管理的效率和便利性,也为智能建筑系统的应用提供了更多的可能。通过网络,不同子系统之间可以进行数据交换和远程控制,进一步提升了系统的灵活性和便利性。

3）建筑层次系统集成阶段（1990—1995 年）

建筑层次系统集成阶段，智能建筑系统的发展迈出了重要的一步。这一阶段的核心是将建筑自动化系统和通信自动化系统进行集成，从而实现建筑层次的系统集成。建筑自动化系统是智能建筑中的关键组成部分，它通过各种传感器、执行器和控制器，实现对建筑内各种设备的自动监测和控制。这些设备包括暖通空调系统、照明系统、给排水系统、电梯系统等，它们共同构成了建筑的"神经网络"，使建筑能够感知环境变化并做出相应的调整。

通信自动化系统则是智能建筑的"神经系统"，它负责传输和处理各种数据和指令。通过网络通信技术，如以太网、无线局域网等，能够将建筑内各个子系统连接起来，实现数据的共享和交互。

将建筑自动化系统和通信自动化系统进行集成，使得智能建筑系统能够实现对建筑设备的统一管理和控制。通过中央监控系统，建筑管理人员可以实时监测各个设备的运行状态，并根据需要进行远程控制。例如，当室外温度升高时，中央监控系统可以自动调整空调温度，以保持室内的舒适度；当夜间无人时，中央监控系统可以自动关闭照明设备，以节约能源。

此外，这种集成还使得智能建筑系统具备了远程操作的能力。通过调制解调器和电话网络，建筑管理人员可以在任何时间、任何地点对建筑设备进行远程监测和控制。这种远程操作能力大大提升了智能建筑系统的管理效率和应急响应能力。当发生紧急情况时，如火灾或漏水，建筑管理人员可以通过远程操作迅速关闭相关设备，减少损失。

总之，在建筑层次系统集成阶段，智能建筑系统通过将建筑自动化系统和通信自动化系统进行集成，实现了对建筑设备的统一管理和控制，并通过网络通信技术具备了远程操作的能力。这种集成不仅提升了智能建筑系统的智能化水平，也为建筑的高效运行和管理提供了有力的支持。

4）基于计算机的自动控制阶段（1995—2002 年）

随着计算机技术的发展，智能建筑系统开始采用基于计算机的自动控制技术，实现更高水平的集成和自动化。通过计算机系统，智能建筑系统能够实现对建筑设备的自动监测、控制和优化，从而进一步提升了系统的智能化水平。

基于计算机的自动控制技术使得智能建筑系统能够根据实时的数据和算法进行决策和优化，如根据人员活动情况自动调整照明亮度、根据室外温度自动调整空调温度等。这种智能化的控制和优化能力使得智能建筑系统能够更好地满足人们的需求，并实现节能减排的目标。

5）企业或城市级的系统集成阶段（2002 年至今）

这一阶段，智能建筑系统不再局限于单一建筑，而是在企业或城市级别实现系统集成。智能化系统与其他建筑系统及各种信息系统融合，共同构建了更广泛的智能化生态系统。

这种系统集成使得智能建筑系统能够与其他系统进行数据共享和协同工作，从而实现了更广泛的智能化应用。例如，智能建筑系统可以与智能交通系统集成，实现对建筑内部和周边交通的智能化管理；可以与智能电网系统集成，实现对建筑能源使用的智能化调控；可以与智能家居系统集成，实现对建筑内部环境的智能化控制等。

通过企业或城市级的系统集成，智能建筑系统能够更好地满足人们的需求，提升城市的智能化水平，并实现可持续发展的目标。

随着技术的不断进步和社会需求的变化，智能建筑的未来发展充满了无限可能。智能建筑将继续朝着绿色化、智能化、人性化、集成化和平台化的方向发展，为人们创造更加安全、舒适、高效和可持续的工作和生活环境。同时，智能建筑也将与其他领域的智能化技术深度融合，共同推动社会的智能化转型。

2. 未来发展趋势

随着科技的不断发展,智能建筑的未来也将展现出新的发展趋势。

1)IoT 技术的应用

物联网(IoT)技术是智能建筑发展的重要趋势之一。IoT 是指通过各种信息传感设备,实时采集任何需要监控、连接、互动的物体或过程等各种需要的信息,与互联网结合形成的一个巨大网络。在智能建筑中,IoT 技术可以实现建筑内各种设备的互联互通,从而提高建筑的智能化水平。

IoT 技术可以实现智能建筑的能源管理。通过在建筑内安装各种传感器和智能设备,如智能电表、智能水表、智能温控器等,可以实时监测建筑的能源消耗情况,并根据监测数据进行能源使用的优化和调整。例如,智能建筑可以根据室外温度和室内人员的活动情况,自动调节空调系统的运行状态,以减少能源浪费。IoT 技术也可以提高智能建筑的安全性和舒适性。通过在建筑内安装各种传感器和智能设备(如烟雾传感器、一氧化碳传感器、智能门锁等),可以实时监测建筑内的环境参数和安全状态,并及时采取相应的措施。例如,智能建筑可以在火灾发生时自动关闭电源、打开应急照明,并通过短信、电话等方式通知相关人员。

此外,IoT 技术还可以为智能建筑的用户提供更多的便利和服务。通过在建筑内安装各种智能设备,如智能插座、智能窗帘、智能家电等,用户可以实现对建筑内各种设备的远程控制和智能联动。例如,用户可以在回家的路上通过手机 APP 打开空调、热水器等设备,到家后即可享受到舒适的环境。

未来,IoT 技术在智能建筑中的应用将会逐渐普及,可以实现建筑内各种设备的互联互通和智能管理,提高建筑的智能化水平。通过 IoT 技术,智能建筑可以更好地满足用户的需求,提高用户的满意度和舒适度,同时也可以实现能源的高效利用和环境的保护。

2)大数据和 AI 的应用

大数据和 AI 技术的发展为智能建筑提供了强大的数据分析和决策支持能力。通过收集和分析建筑运行过程中产生的海量数据,智能建筑可以实现对建筑运行状态的实时监测和预测性维护,从而提高建筑的可靠性和可用性。

大数据技术在智能建筑中的应用主要体现在数据的收集、存储和分析上。智能建筑中的各种传感器、设备和系统会产生大量的数据,包括建筑能耗数据、设备运行数据、环境监测数据等。通过使用大数据技术,可以对这些数据进行实时的收集和存储,并进行深入的分析和挖掘。例如,通过分析建筑能耗数据,可以发现能源浪费的环节和原因,并采取相应的措施进行改进。通过分析设备运行数据,可以预测设备的故障风险,并进行预防性的维护和保养。通过分析环境监测数据,可以实时调整建筑的通风、照明等系统,以提供更舒适的室内环境。

AI 技术在智能建筑中的应用主要体现在决策支持和优化上。通过使用机器学习(machine learning,ML)、深度学习等 AI 算法,可以对智能建筑中的海量数据进行分析和学习,从而实现智能决策和优化。例如,通过使用 ML 算法分析建筑的使用模式,可以自动调整设备的运行参数,以降低能耗和提高舒适度。通过使用深度学习算法分析建筑的图像和视频数据,可以实现智能安防和入侵检测。通过使用自然语言处理技术分析用户的需求和反馈,可以实现智能客服和个性化服务。

通过将大数据和 AI 技术应用于智能建筑中,可以实现更高效、更智能的建筑运行和管理,提高建筑的可靠性、可用性和用户体验。同时,也需要注重数据的安全性和隐私保护问题,确保数据的合法合规使用。

3)绿色建筑和可持续发展

在全球气候变化和能源危机的背景下,绿色建筑和可持续发展已成为智能建筑发展的重要趋势。智能建筑通过采用可再生能源、节能技术和智能化系统,不仅能够提高能源利用效率,减少碳排放,还能够降低建筑运营成本,提高用户的舒适度和满意度。

智能建筑可以利用太阳能、风能等可再生能源发电。通过在建筑屋顶或外墙上安装太阳能电池板或风力发电机,智能建筑可以将太阳能或风能转化为电能,用于建筑的照明、空调、电梯等设备的运行。智能建筑还可以通过储能系统实现能源的存储和利用。例如,在太阳能发电量超过建筑需求时,可以将多余的电能存储在电池中,以便在需要时使用。

智能建筑可以采用节能技术和设备。例如,可以采用 LED 照明系统,相比传统的荧光灯或白炽灯,LED 照明系统具有更高的能源利用效率和更长的使用寿命。智能建筑可以采用高效空调系统,通过智能控制和优化运行参数,实现对室内温度和湿度的精确调节,从而降低能源消耗;还可以采用智能节水系统,通过监测和控制用水设备的运行状态,实现对水资源的高效利用。

智能建筑可以通过智能化系统实现对建筑运行状态的实时监测和优化控制。通过在建筑内安装各种传感器和控制器,智能建筑可以实时监测室内外的温度、湿度、光照度等环境参数,以及设备的运行状态和能耗情况。基于这些数据,智能建筑可以自动调整设备的运行参数和控制策略,以实现对能源的高效利用和对环境的最小影响。

通过采用可再生能源、节能技术和智能化系统,智能建筑不仅能够实现对能源的高效利用和对环境的最小影响,还能够为用户提供更舒适、更健康的居住和工作环境。智能建筑的发展将有助于推动建筑行业的绿色转型,为实现可持续发展目标做出积极贡献。

4)建筑信息模型技术的应用

建筑信息模型(building information modeling,BIM)技术是一种应用于工程设计、建造、管理的数据化工具。BIM 技术可以用于智能建筑的设计、施工和运营管理,从而提高建筑的施工质量、运营效率和维护管理水平。

通过 BIM 技术,智能建筑的设计人员可以创建建筑的数字模型,包括建筑的几何形状、材料属性、设备布置等信息。施工人员可以利用 BIM 模型进行施工模拟和碰撞检测,以减少施工错误和材料浪费。运营管理人员可以利用 BIM 模型进行设备管理、能源管理等工作,以提高建筑的运营效率和降低维护成本。

随着智能建筑的不断发展,BIM 技术将迎来更多的应用场景和创新发展。未来,BIM 技术有望与 IoT、大数据、AI 等技术深度融合,实现建筑全生命周期的数字化、智能化管理,从而进一步提高建筑的施工质量、运营效率和维护管理水平。

5)智能家居和智能办公的融合

随着科技的不断进步,智能建筑、智能家居和智能办公正在逐渐走向融合。这种融合趋势将为人们带来更加智能化、便捷化的生活和工作体验。

智能家居系统的发展为智能建筑与智能家居的融合提供了基础。智能家居系统通过 IoT 技术将家庭设备连接在一起,实现对家庭设备的远程控制和智能管理。例如,通过智能家居系统,用户可以在下班前通过手机应用程序提前打开空调、热水器等设备,回到家后即可享受到舒适的环境。智能家居系统还可以实现对家庭设备的智能监测和控制,如智能安防系统可以实时监测家庭的安全情况,智能照明系统可以根据环境亮度自动调节灯光亮度等。

智能办公系统的发展为智能建筑与智能办公的融合提供了条件。智能办公系统通过传感器和自动化技术实现对办公环境的智能监测和控制。例如,智能照明系统可根据人员活动情况自动调节照明亮度,智能温控系统可以根据室内外温度自动调节空调温度等。智能办公系统还可实现对办公设备的智能管理,如智能会议室系统可以自动预订会议室,智能打印系统可以实现打印任务的智能分配等。

通过智能家居和智能办公的融合,智能建筑可实现对家庭和办公环境的统一管理和智能控制。例如,智能建筑可以通过智能家居系统实现对家庭设备的远程控制,通过智能办公系统实现对办公环境的智能监测和控制,通过智能家居和智能办公系统的融合实现更多的智能应用场景,如智能访客管理、智能能源管理等。

随着智能家居和智能办公的发展,智能建筑将逐渐实现与智能家居和智能办公的融合。这种融合将为人们带来更加智能化、便捷化的生活和工作体验,同时也将推动智能建筑行业的进一步发展和创新。

6)安全和隐私保护

随着智能建筑中智能化系统的广泛应用,安全和隐私保护问题日益突出。智能建筑需要建立完善的安全管理体系和隐私保护机制,以应对这些挑战。

智能建筑的安全管理体系需要覆盖物理安全、网络安全和数据安全等方面。物理安全是智能建筑安全的基础,包括门禁系统、入侵报警系统等,用于防止未经授权的人员进入建筑。网络安全是智能建筑安全的关键,包括防火墙、入侵检测系统等,用于防止黑客攻击和网络入侵。数据安全是智能建筑安全的核心,包括数据加密、访问控制等,用于保护建筑中的数据不被泄露或篡改。

智能建筑的隐私保护机制需要包括个人信息保护和数据匿名化等方面。个人信息保护是智能建筑隐私保护的基础,包括对个人信息的采集、使用、存储等方面的规定,以防止个人信息被滥用或泄露。数据匿名化是智能建筑隐私保护的关键,包括对数据进行去标识化处理,以保护个人隐私。例如,在智能建筑的能源管理系统中,可以通过数据匿名化技术对用户的用电数据进行处理,使得无法追溯到具体的用户信息。

此外,智能建筑的安全和隐私保护还需要考虑未来发展趋势。随着 IoT、云计算、大数据等技术的不断发展,智能建筑中设备和系统的互联互通将更加完善,数据的采集和处理也将更加智能化。因此,智能建筑的安全和隐私保护需要与时俱进,采用最新的技术手段和方法,如区块链技术、AI 技术等,以应对不断变化的安全和隐私威胁。

智能建筑的安全和隐私保护是一个复杂的系统工程,需要综合考虑物理安全、网络安全、数据安全、个人信息保护、数据匿名化等方面,并结合未来的发展趋势进行规划和实施。只有建立了完善的安全管理体系和隐私保护机制,智能建筑才能真正实现智能化、安全化和可持续发展。

7)标准化和规范化

智能建筑的发展需要建立统一的标准和规范,以促进不同系统和设备的互联互通和协同工作。目前,国际上已经制定了一些智能建筑的标准和规范,如 ISO/IEC 14519、BACnet 等。这些标准和规范为智能建筑的发展提供了一定的指导和参考,但仍然存在一些问题和挑战。

智能建筑的复杂性和多样性使得目前的标准和规范难以完全满足其发展需求。智能建筑涉及多个系统和设备,包括建筑自动化系统、能源管理系统、安全监控系统等,这些系统和设备来自不同的厂商,采用不同的技术和协议。因此,需要制定统一的标准和规范,以促进不同系统和设备的互联互通和协同工作。

智能建筑的通信协议和数据格式需要统一。目前,智能建筑中的系统和设备采用多种通信协议和数据格式,如 Modbus、LonWorks、BACnet 等。这导致了系统之间的通信困难和数据共享问题。因此,需要制定统一的通信协议和数据格式,以实现系统之间的无缝通信和数据共享。

智能建筑的安全标准需要统一。随着智能化技术的广泛应用,智能建筑面临的安全风险也日益增加。因此,需要制定统一的安全标准,包括物理安全、网络安全和数据安全等方面,以确保智能建筑的安全性和可靠性。

智能建筑的评价体系和认证制度需要建立。目前,智能建筑的发展缺乏统一的评估标准和认证机制,导致智能建筑的质量和性能参差不齐。因此,需要建立智能建筑的评价体系和认证制度,以规范智能建筑的发展和应用。

总之,未来智能建筑的发展需要进一步加强标准化和规范化工作,制定统一的通信协议、数据格式、安全标准等,促进不同系统和设备的互联互通。同时,还需要建立智能建筑的评价体系和认证制度,以规范智能建筑的发展和应用。通过加强标准化和规范化工作,智能建筑将能够更好地实现可持续发展和智慧运营,为人们的生活和工作提供更加优质的环境和服务。

第二节　建筑智能化系统

一、建筑智能化系统的概念

建筑智能化系统,过去通常称为弱电系统。实际上,其内涵和功能远超这一传统称呼所能涵盖的范围。建筑智能化实质上是建筑电气系统的智能化升级,它以楼宇控制为核心,对传统机电系统进行智能化改造,而非仅仅是弱电系统的简单应用。

原国家标准《智能建筑设计标准》(GB/T 50314—2006)对智能建筑的定义为:"以建筑为平台,兼备建筑设备、办公自动化及通信网络系统,集结构、系统、服务、管理及它们之间的最优化组合,向人们提供一个安全、高效、舒适、便利的建筑环境"。

修订版的国家标准《智能建筑设计标准》(GB 50314—2015)对智能建筑的定义为:"以建筑物为平台,兼备信息设施系统、信息化应用系统、建筑设备管理系统、公共安全系统等,集结构、系统、服务、管理及其优化组合为一体,向人们提供安全、高效、便捷、节能、环保、健康的建筑环境"。

建筑智能化系统利用现代通信技术、信息技术、计算机网络技术、监控技术等,通过对建筑和建筑设备的自动监测与优化控制、信息资源的优化管理,实现对建筑物的智能控制与管理,以满足用户对建筑物的监控、管理和信息共享的需求,从而使智能建筑具有安全、舒适、高效和环保的特点,达到投资合理、适应信息社会需要的目标。

二、建筑智能化系统的组成

智能建筑是信息技术与建筑技术相结合的产物。随着建筑技术、计算机技术、通信技术和控制技术的发展和相互渗透,智能建筑的内涵将会越来越丰富。建筑智能化由原来的"5A",即楼宇设备自控系统(BAS)、办公自动化系统(OAS)、通信自动化系统(CAS)、消防自动化系统(FAS)和安防自动化系统(SAS)发展而来。随着电子计算技术的发展,新产品及新技术不断地出现在弱电智能系统中。智能化集成系统分为六大系统:信息设施系统、信息化应用系统、智能化集成系统、建筑设备管理系统、公共安全系统、机房工程。每个系统中又包括若干个子系统,目前大部分的系统均为网络化和 IP 网络化架构。

1. 信息设施系统

信息设施系统(information technology system infrastructure,ITSI),即建筑通信系统,作为建筑智能化系统的核心组成部分,承担着建筑通信的重任。它由一系列关键的子系统构成,包括综合布线系统、计算机网络系统、电话交换系统和卫星通信系统等,共同为建筑物内的信息传输和通信提供坚实的基础设施。

这些系统的集成,不仅确保了信息和数据的快速、稳定传输和共享,而且极大地提升了建筑的智能化水平和使用效率。

在现代智能建筑中,ITSI功能至关重要,ITSI功能应符合下列规定。

(1)应具有对建筑内外相关的语音、数据、图像和多媒体等形式的信息予以接收、交换、传输、处理、存储、检索和显示等功能。

(2)宜融合信息化所需的各类信息设施,并为建筑的使用者及管理者提供信息化应用的基础条件。

2. 信息化应用系统

信息化应用系统(information application system,IAS)是以建筑物ITSI和建筑设备管理系统等为基础,为满足建筑物的各类专业化业务、规范化运营及管理的需要,由多种类信息设施、操作程序和相关应用设备等组合而成的系统。

IAS为建筑内不同领域的专业业务提供信息化支持,IAS包括公共服务、智能卡应用、物业管理、信息设施运行管理、信息安全管理、通用业务和专业业务等系统。其中,公共服务系统具有访客接待管理和公共服务信息发布等功能;智能卡应用系统具有识别身份等功能,并具有消费、计费、票务管理、资料借阅、物品寄存、会议签到等管理功能;物业管理系统具有对建筑的物业经营运行维护进行管理的功能;信息设施运行管理系统具有对建筑物信息设施的运行状态、资源配置、技术性能等进行监测、分析、处理和维护的功能;信息安全管理系统确保信息安全;通用业务系统满足建筑基本业务运行的需求;专业业务系统以建筑通用业务系统为基础,满足专业业务运行的需求。这些系统提供了针对建筑内特定业务需求的信息化解决方案,提高了建筑内部业务的运作效率和管理水平。

IAS功能应符合下列规定。

(1)应满足建筑物运行和管理的信息化需要。

(2)应提供建筑业务运营的支撑和保障。

3. 建筑设备管理系统

建筑设备管理系统(BMS)是对建筑物内的各类设备进行监测、控制和管理的系统,一般包括暖通空调系统、给排水系统、照明系统和电梯系统等。

暖通空调系统通过智能化的监测和控制,实现了建筑物内温度和湿度的调节和控制,提高了室内环境的舒适性。给排水系统通过智能化的监测和控制,实现了建筑物内水资源的合理利用和节约。照明系统通过智能化的监测和控制,实现了建筑物内照明的自动调节和节能。电梯系统通过智能化的监测和控制,实现了建筑物内电梯的高效运行和节能。这些系统能够实现对建筑内各类设备和设施的智能化监控和管理,提高了设备的效率和节能水平。

BMS功能应符合下列规定。

(1)应具有建筑设备运行监控信息互为关联和共享的功能。

(2)宜具有建筑设备能耗监测的功能。

(3)应实现节约资源、优化环境质量管理的功能。

(4)宜与公共安全系统等关联构建建筑设备综合管理模式。

4. 公共安全系统

公共安全系统(public security system,PSS)是为维护公共安全,综合运用现代科学技术,以应对危害社会安全的各类突发事件而构建的技术防范系统或保障体系。

PSS针对建筑内火灾、非法侵入、自然灾害、重大安全事故等危害人们生命和财产安全的各种突发事件,建立应急及长效的技术防范保障体系。PSS主要内容包括火灾自动报警与消防联动系统、安全技术防范系统和应急响应系统等,通过这些系统可以对建筑内的安全进行全方位的监控和保障,保障建筑和人员的安全。

火灾自动报警与消防联动系统由火灾探测器、报警控制器以及联动模块等组成。火灾探测器能够有效探测火灾,报警控制器负责处理火灾信息并进行报警控制,联动模块则用于联动消防装置。

安全技术防范系统包括安全防范综合管理平台和入侵报警、视频安防监控、出入口控制、电子巡查、访客对讲、停车库(场)管理系统等子系统。

应急响应系统是大型建筑物或建筑群体中,以火灾自动报警系统和安全技术防范系统为基础构建的,具备应急技术体系和响应处置功能的应急响应保障机制或执行协调指挥职能的系统。应急响应系统配置以下系统和联动设施:有线/无线通信、指挥、调度系统;紧急报警系统、火灾自动报警系统与安全技术防范系统的联动设施;火灾自动报警系统与BMS的联动设施;紧急广播系统与信息发布和疏散导引系统的联动设施。此外,还可以配置基于BIM的分析决策支持系统、视频会议系统和信息发布系统等。应急响应系统能够对各类危及公共安全的事件进行实时报警,并通过多种通信方式,对自然灾害、重大安全事故、公共卫生事件和社会安全事件进行就地报警和异地报警,实现管辖范围内的应急指挥调度、紧急疏散与逃生呼叫和导引,以及事故现场的紧急处置。

PSS功能应符合下列规定。

(1)应有效地应对建筑内火灾、非法侵入、自然灾害、重大安全事故等危害人们生命和财产安全的各种突发事件,建立长效的技术防范应急保障体系。

(2)应以人为本、主动防范、应急响应、严实可靠。

5. 智能化集成系统

智能化集成系统(intelligent integrated system,IIS)将不同功能的建筑智能化系统,通过统一的信息平台实现集成,以形成具有信息汇集、资源共享及优化管理等综合功能的系统。IIS一般包括系统集成应用软件、智能化系统信息共享平台、系统集成的配置等,主要为建筑内各个智能化系统提供集成管理和协同作用,实现系统之间的信息共享和互联互通。

IIS的主要功能:一是能够保证对建筑内外各类信息资源的监控、共享,以提高管理水平,使建筑更好地发挥其使用功能;二是可根据建筑物的规模、性质、物业管理模式等,建立符合建筑实际特点与需求的信息化系统。

此外,IIS的功能配置还应符合以下要求。

(1)具备对各子系统进行数据收集、通信、处理的能力。

(2)具备综合管理各子系统的能力。

(3)具备支撑集成系统工作的业务系统和物业管理系统。

(4)集成通信协议与接口符合技术标准。

(5)系统具有一定的容错性和可扩展性。

(6)系统维护容易。

6. 机房工程

机房工程(engineering of electronic equipment plant,EEEP)是建筑物内用于放置计算机设备、网络设备、通信设备等的专用房间,主要涉及计算机系统和通信网络的运行环境的建设和管理。根据不同的功能和应用需求,EEEP 一般可以分为监控中心 EEEP 和数据中心 EEEP 两类。

1)监控中心 EEEP

监控中心 EEEP 主要是指用于监控和管理各种信息系统的机房。监控系统包括但不限于安全监控系统、楼宇自动化系统、交通监控系统等。监控中心 EEEP 的目标是提供一个稳定、可靠、安全的运行环境,以确保各种监控系统的正常运行。

监控中心 EEEP 的内容包括机房的装修、电气系统、空调系统、消防系统、安防系统等。在装修方面,需要考虑机房的防尘、防静电、防电磁干扰等因素,以保护设备的安全。电气系统需要提供稳定的电源供应和合理的配电方案,以满足设备的需求。空调系统需要提供合适的温度和湿度控制,以确保设备的正常运行。消防系统需要提供及时的火灾报警和灭火措施,以保护人员和设备的安全。安防系统需要提供入侵检测、视频监控等功能,以确保机房的安全。

2)数据中心 EEEP

数据中心 EEEP 主要是指用于存储、处理和传输大量数据的机房。各类数据包括但不限于企业的数据、互联网上的数据、云计算平台上的数据等。数据中心 EEEP 的目标是提供一个高效、节能、安全的数据运行环境,以满足各种数据应用的需求。

数据中心 EEEP 的内容包括机房的装修、电气系统、空调系统、网络系统、安全系统等。在装修方面,需要考虑机房的承重、防震、防火等因素,以保护设备的安全。电气系统需要提供大功率的电源供应和可靠的备用电源,以满足设备的需求。空调系统需要提供高效的冷却方案和智能的温度控制,以确保设备的正常运行。网络系统需要提供高速的网络连接和可靠的网络安全措施,以满足数据的传输需求。安全系统需要提供物理和逻辑的安全保护措施,以保护数据的安全。

三、建筑智能化系统的设计目的和原则

1. 建筑智能化系统的设计目的

建筑智能化系统设计的目的是推动建筑设计与现代科技的深度融合,以实现更高效、安全、舒适的居住和工作环境。《智能建筑设计标准》(GB 50314—2015)强调,智能化系统工程设计应以科学和务实的技术理念为基础,确保技术方案既创新又实用,避免盲目模仿或简单化处理。这种设计思路旨在通过智能化技术的应用,提升建筑的功能性和居住体验,同时确保技术方案的可实现性和适应性。它要求设计师在确立智能化功能时具有明确的目标性,避免功能前提模糊不清,确保工程技术方案的创新性和有效性。

建筑智能化系统设计应注重优化建筑的能源效率,利用自动化和智能化技术实现节能减排,同时增强建筑的安全性,通过先进的安防系统保障使用者的安全。系统设计过程应促进技术集成,整合各种智能化技术,实现系统间的互联互通,提高建筑整体的技术集成度;适度把握前瞻性和个性化需求,考虑未来技术发展的趋势,确保智能化系统能够适应未来的变化和需求,满足不同用户的特定需求,实现个性化定制。

建筑智能化系统设计通过技术手段提升建筑的性能和价值,同时确保建筑设计和智能化系统集成能够提升使用者的体验,实现建筑的可持续性和市场竞争力。

2. 建筑智能化系统的设计原则

在设计建筑智能化系统时,为确保系统能够满足用户需求,实现高效、可持续和安全运行,需要把握以下重要原则。

1)整体系统思考

在设计建筑智能化系统时,需要从整体角度出发,考虑建筑物不同部分之间的连接与协调,统

筹把握建筑物的结构、功能和使用需求,实现整体高效运行。例如,在设计智能照明系统时,不仅要考虑单个房间或区域的照明需求,还要考虑整个建筑物的照明布局和能源消耗。通过使用传感器和自动化技术,实现根据自然光线和使用模式自动调节照明亮度和开关时间的功能,从而最大限度地减少能源浪费。

整体系统思考注重形成系统之间的互联互通。建筑物中的不同系统,如照明系统、暖通空调系统和安全系统,需要相互通信和协作,以提供更好的用户体验,并提高能源效率。

2)可持续性与能源效率

可持续性和能源效率是建筑智能化系统设计中的关键原则。随着全球气候变化和能源危机的加剧,设计师越来越关注如何减少建筑物对环境的负面影响,并提高能源利用效率。在设计建筑智能化系统时,可持续性和能源效率可以通过多种方式实现。设计师应优先选择低能耗、高效能的设备和技术。例如,使用 LED 照明系统代替传统的荧光灯,可以显著降低能源消耗。建筑物还应具备能源回收和再利用的设计。例如,使用太阳能电池板为建筑物提供电力,或者使用地源热泵系统来加热和冷却建筑物。这些设计可以最大限度地减少能源浪费,并降低对传统能源的依赖。

此外,设计师还应考虑使用智能能源管理系统来监控和优化能源使用。通过使用传感器和数据分析技术,实时监测能源消耗情况,根据使用模式和能源价格自动调整能源使用策略。

3)用户需求导向

建筑智能化系统的设计应以用户需求为出发点,根据用户的习惯和需求,提供更便捷、舒适、安全的使用体验。设计师需要进行充分的用户调研和需求分析,以了解用户的需求和期望。例如,在设计智能办公环境控制系统时,应考虑根据工作人员的位置和习惯采用自动调节温度和照明的设备。通过使用传感器和自动化技术,实现根据工作人员的活动水平和时间表自动调整办公室环境的功能,从而提高工作效率和舒适度。

此外,设计师还应考虑为用户提供个性化的控制选项。通过使用移动应用程序或智能家居设备,用户可以根据自己的喜好和需求自定义系统设置,从而获得更好的用户体验。

4)可靠性与安全性

在设计建筑智能化系统时,必须注重其可靠性和安全性。系统应具备稳定的运行能力,能够应对紧急情况和突发事件,需要进行充分的风险评估和安全设计,以确保系统的安全和稳定运行。例如,智能火灾报警系统应具备快速响应和准确报警的功能,以保障建筑物内人员的安全。系统应能够及时检测到火灾迹象,如烟雾、温度升高或异常气体,并立即向相关人员发送警报。

此外,系统还应具备严格的安全措施,以保护用户的个人信息和数据安全。注重使用加密技术和访问控制措施,保护系统免受未经授权的访问,避免数据泄露的风险。

5)灵活性与可扩展性

建筑智能化系统的设计应具备灵活性和可扩展性。随着科技的不断进步,新的智能化设备和技术不断涌现,应充分考虑系统的未来扩展需求,预留足够的空间和接口,以便后续的升级和改造。例如,在设计智能照明系统时,可以考虑使用可编程的照明控制器,以便后续添加新的照明设备或更改照明布局。通过使用开放的通信协议和标准化的接口,实现不同制造商设备之间的互操作性,从而简化系统的升级和改造过程。

此外,建筑物的功能和使用需求也可能发生变化,系统设计应具备一定的灵活性,以适应不同的需求。注重使用模块化的设计方法,将系统划分为不同的功能模块,以便根据需要进行重新配置或更换。

6）易于操作与维护

建筑智能化系统的设计应坚持易于操作和维护的原则。系统的控制界面应简洁易懂，用户能够轻松掌握操作方法。系统的维护需求应降至最低标准，以减少因系统故障造成的停机时间和经济损失。例如，在设计智能暖通空调系统时，可以考虑使用直观的用户界面和简单的控制选项，以便用户能够轻松调整温度和空气流量。通过使用易于维护的设备和模块化的设计，可以减少系统的维护需求，并降低维护成本。同时，设计时还应考虑为用户提供详细的使用说明和培训材料，以帮助他们正确使用和维护系统。通过提供良好的用户支持和培训，可以提高系统的使用效果和用户满意度。

建筑智能化系统的设计原则涵盖了整体系统思考、可持续性与能源效率、用户需求导向、可靠性与安全性、灵活性与可扩展性及易于操作与维护等方面。只有遵循这些原则，建筑智能化系统才能真正发挥其应有的作用，为人们的生活和工作带来更多的便捷与舒适。建筑设计师和智能化系统工程师应密切合作，共同打造更智能、更可持续、更人性化的建筑环境。

第三节 建筑智能化技术

一、建筑智能化技术的概念

建筑智能化技术，也被称为智能建筑技术或建筑自动化技术，是指利用现代信息技术、控制技术、计算机技术、通信技术和自动化技术等，对建筑物内的各种设备和系统进行智能化控制和管理的一种技术手段。它旨在提高建筑的功能性、安全性、舒适性和节能性，满足人们对居住和工作环境的需求，同时提升建筑的管理效率和资源利用率，实现绿色、节能、环保的目标。

建筑智能化技术的应用范围广泛，涵盖了建筑的设计、施工、运营和维护等各个阶段，涉及的领域包括楼宇自动化、智能家居、智能照明、智能安防、智能能源管理等。通过建筑智能化技术，可以实现对建筑内各种设备的自动监测、控制和优化，提高设备的运行效率和使用寿命；可以实现对建筑环境的智能调节和控制，提供舒适、健康的室内环境；可以实现对建筑能源的高效利用和节能减排，降低建筑的运营成本和对环境的影响。

二、建筑智能化技术的构成

智能建筑是现代建筑技术与信息技术相结合的产物，并随着科学技术的进步而逐渐发展和充实，现代计算机技术、现代控制技术、现代通信技术和现代图形显示技术一起构成了智能建筑发展的技术基础[5]。

1. 现代计算机技术

随着微电子技术的发展，计算机从科学计算、数据处理和实时控制三大功能扩展到图像、自然语言、声音等非数值多媒体信息的处理，出现了能够模拟人类思维活动并具备识别、学习、探索和推理功能的智能型仿真计算机。技术的发展不断增强计算机的硬件和系统处理能力。此外，现代计算机技术的另一个重要的发展方向是多机系统联网，通过统一的分布式系统，将多个数据处理系统中的通用部件合并，形成一个整体功能系统，实现网络中软硬件资源的共享，以及任务和负载的共享，提升多机合作能力。特别是进入 21 世纪后，现代计算机技术的发展速度加快，进入了新的发展阶段,为智能建筑的发展提供了足够的技术支撑。

2. 现代控制技术

现代控制技术主要包括集散型控制系统和分布式控制系统,集中式控制系统是二者发展的基础。现代控制技术主要用于过程控制,能够就地或分散实现对控制的集中显示、处理和分级管理。该技术在现代化生产的控制与管理需求下不断发展,其系统的结构形式通常是多层的、分级的,分为现场级、管理级和决策级。集散型控制系统利用微内核技术,实现多用户、多任务的实时分布式操作,并具备快速响应的任务调度能力。近年来,现场总线技术的广泛应用推动了控制技术的发展。在控制策略上,模糊控制、人工神经网络最优控制、蚁群算法等智能控制技术在智能建筑中得到了广泛应用。

3. 现代通信技术

传统通信技术与现代计算机技术的融合,发展成为现代通信技术。在综合业务数字网(integrated services digital network,ISDN)功能的通信交互系统中尤为明显,其在接口上,除了传统的模拟接口外,还增加了网络接口,通过网络接口,数据、语音、图像等多种信息能够在 ISDN 上实现通信。近年来,以太网技术以其配置灵活、价格低廉、运行可靠的特点,融合了数据、语音与图像的传输功能,逐渐成为现代数字通信的主要方式,也在智能建筑中得到了有效应用。

4. 现代图形显示技术

现代图形显示技术是指以图形化的形式在屏幕上显示计算机操作及信息的技术。例如,在计算机操作系统中应用多媒体技术,使得屏幕操作更加简单便捷,各种信息的状态、参数变化以及模拟量控制等都能以动态图形或视频图像的形式显示。随着科学技术的发展,计算机硬件不断进化,传统的阴极射线管逐渐被液晶显示器所取代。现代图形显示技术不再依赖于阴极射线管,LCD、LED 及 PDP 等显示终端技术逐步成为主流,丰富了显示形式。现代图形显示技术使智能建筑满足更多的个性化需求成为可能。

三、我国建筑智能化技术的发展与现状

1. 我国建筑智能化技术的发展

1)起始阶段

自 1986 年我国对智能建筑的研究起步以来,智能建筑的发展经历了从探索、引入到自主创新的过程。在最初的阶段,智能建筑技术的应用主要集中在一些涉外高档公共建筑或有特殊需求的工业建筑中。这些早期的智能建筑项目,其技术和设备大多依赖国外引进,国内对智能建筑的认识尚处于起步阶段。

在"七五"重点科技攻关项目中,"智能化办公大楼可行性研究"作为研究内容之一,由中国科学院计算技术研究所承担,并在 1991 年完成,这是我国智能建筑研究的一个重要里程碑。研究的完成并通过鉴定,为后续智能建筑的发展奠定了理论和技术基础。

在起始阶段,智能建筑的智能化子系统如有线电视系统、广播系统、计算机网络系统、机电管理控制系统、灾害报警系统、安防系统等,虽然已经出现并投入使用,但这些系统大多是相互独立的,没有形成有效的互联互通。这种独立性限制了智能建筑系统的整体性能和协同效应的发挥。

1987 年,北京发展大厦的建设标志着我国智能建筑实践的开始。该大厦采用了建筑自动化系统(BAS)、通信自动化系统(CAS)和办公自动化系统(CAS),尽管这些系统并未实现统一控制,但它们的集成应用为我国智能建筑的发展提供了宝贵的经验。这一时期的智能建筑在技术和应用上

仍然存在许多不完善之处,智能建筑的普及程度相对较低。

1991 年建成的广东国际大厦是智能建筑发展的又一标志。该大厦不仅配备了较为完善的"3A"系统,还设置了微型装置,能够接收国内外的经济信息,显示出智能建筑在信息获取和处理方面的进步。这一阶段,产品供应商、设计单位和业内专家成为推动智能建筑发展的主要力量。

随着时间的推移,我国智能建筑逐渐从模仿和引入国外技术转向自主创新。国内企业开始研发适应国内市场的智能化技术和产品,智能建筑的标准化、规范化工作也逐步展开。国家相关部门出台了一系列政策和措施,推动智能建筑的发展,并鼓励技术创新和行业应用。

2)普及阶段

20 世纪 90 年代,我国的房地产开发迎来热潮,房地产开发商虽然对智能化建筑的概念和内涵并没有明确、全面的认识,出于商业价值的考虑,他们也将智能化建筑的概念用于房地产的广告和宣传中。虽然在这些房地产商对智能化建筑的宣传中,存在名不副实甚至是商业炒作的现象,但是迅速推广了智能化建筑。20 世纪 90 年代后期,我国沿海地区的新建高层建筑几乎都冠以"智能化建筑"的名号,并且智能化建筑的热潮也由沿海地区向中西部地区拓展。

这一时期的智能化建筑技术除了在建筑内设置各类智能系统外,还强调对各个子系统进行集成并广泛采用综合布线系统。综合布线技术的引入,也给人们在智能化建筑的理解上造成了一定的困扰。有的综合布线厂家为了追求利益,在宣传时称只有采用其产品,才能使大楼实现智能化等,夸大了其作用。其实,综合布线系统仅是智能化建筑设备很小的一部分。但是,综合布线技术的引入,吸引了大量的网络通信行业和 IT 行业的公司进入智能化建筑领域,使得智能化建筑在信息技术领域获得了一定的关注。由于综合布线技术在语音和数据通信等方面的优势,它为建筑内部的语音与数据通信提供一个开放的平台,实现了建筑与信息技术的融合,对智能化建筑的发展起到了积极的作用。同时,政府和有关部门开始重视智能化建筑的规范,加强了对智能化建筑系统的管理。早在 1995 年,上海市就通过了有关智能化建筑的地方标准《智能化建筑设计标准》(DBJ 08-47—1995)。1997 年,国家建设部(现住房和城乡建设部)颁布了《智能化建筑系统工程设计管理暂行规定》,对承担智能化建筑设计和系统集成必须具备的资格进行了规定。2015 年,智能化建筑的国家标准《智能建筑设计标准》(GB 50314—2015)正式出台。此外,我国其他相关部门,如工信部、公安部等对涉及智能化建筑的相关问题也出台了国家标准和规范。

3)发展阶段

进入 21 世纪,我国智能化建筑迎来前所未有的发展浪潮,成为推动智慧城市建设、提升城市竞争力的关键因素。随着技术进步和政策支持,智能化建筑已经从单纯的概念转变为城市发展的重要组成部分,它不仅关乎建筑设计和建造的创新,更是实现绿色、生态、低碳、环保等社会发展要求的具体实践。

住房和城乡建设部对智能化建筑的重视体现在对相关规范和标准的不断更新与完善上。2006年和 2015 年,《智能建筑设计标准》的两次调整,反映了国家对智能化建筑技术发展和创新的积极响应。同样,2007 年和 2016 年对《综合布线系统工程验收规范》的修订,也显示了对智能化系统工程质量的严格要求和对技术细节的精准把控。

智能化建筑在智慧城市建设中的作用日益凸显。智能化建筑通过集成先进的信息技术、自动化控制技术和通信技术,实现了建筑的高效能源管理、环境监控、安全防护和便捷服务。节能和舒适性成为智能化建筑的显著特点,为智慧城市的可持续发展做出了积极贡献,同时也极大地提升了居民的生活质量。

在智慧城市的背景下,智能化建筑不仅仅是城市的基础设施,更是城市独特风貌的体现。在智能化、可持续发展等现代理念的指导下,智能化建筑与城市环境、文化、经济等多方面因素融合,形成了具有地域特色和时代特征的城市景观。智能化建筑的设计理念和建设实践,正在不断地推动城市规划和建设向更高效、更环保、更人性化的方向发展。

未来,我国智能化建筑的建设将更加注重与社会主义强国建设目标相契合,特别是满足绿色、生态、低碳、环保等方面的需求。建筑将更加重视利用自然资源,如太阳能、风能等,减少对传统能源的依赖,实现能源的自给自足。同时,智能化建筑将融入 IoT、云计算等现代科学技术,通过这些技术的深度应用,实现建筑内部系统的智能化管理和服务的个性化定制。

智能化建筑的未来发展还将体现在新应用、新目标、新技术和新方式的探索与创新上。新应用将推动智能化技术在更多领域的应用,如健康建筑、教育建筑等;新目标将引导智能化建筑向更高的能效标准和更好的居住体验发展;新技术将促进智能化建筑在设计、施工、运维等方面的技术革新;新方式将鼓励智能化建筑在建设模式、管理方式和服务模式上的创新。

随着技术的进步、政策的支持和市场的需求,智能化建筑将在我国城市建设和居民生活水平的提高中发挥越来越重要的作用。它们不仅将成为智慧城市建设的重要产业,更将成为推动社会进步和改善人们生活质量的重要力量。

2. 我国建筑智能化技术应用的现状

建筑智能化作为现代建筑行业的重要发展方向,正在我国迅速发展并逐渐成为行业的一个关键组成部分。这一趋势不仅体现在技术层面的创新,更在建筑设计、施工、运维等多个环节中发挥着重要作用,推动着智能楼宇、智能家居、智能社区等多个领域的前进。

智能楼宇在我国的大城市和经济发达地区已经相对成熟,主要体现在智能楼宇装备了先进的楼宇自动化系统,包括智能照明、智能安防、智能空调和通风系统等。这些系统通过传感器和控制器实现自动化管理,不仅提高了楼宇的能源效率,也增强了安全性。IoT 技术的应用,使得楼宇内的数据能够实现实时采集和分析,进一步优化了运营管理。

智能家居市场随着消费者对生活品质要求的提升也在快速增长,智能音箱、智能电视、智能门锁、智能灯泡等智能家居产品逐渐成为家庭的标配。这些产品通过无线网络和云计算技术实现互联,不仅提升了居住的舒适度和便捷性,还在节能环保方面起到了积极作用。智能温控系统可以根据室内外温度自动调节空调的工作状态,节约能源,减少浪费。

智能社区的建设在我国也取得了显著进展,通过集成多种智能化系统,如社区安防系统、停车管理系统、垃圾分类系统和社区服务平台等,实现了社区管理的智能化和精细化。大数据、AI 和 IoT 技术的应用,使得社区能够更高效地进行资源管理和服务提供。智能安防系统利用人脸识别技术和视频监控系统,提高了社区的安全水平。智能停车管理系统有效缓解了停车难的问题,提升了停车资源的利用率。

在建筑施工和运维过程中,智能化技术的应用也越来越广泛。BIM 技术通过数字化建模和信息集成,提高了建筑设计和施工的精度和效率。施工现场的智能传感器和监控系统有助于实时监测施工过程中的安全和质量,降低事故发生率。在建筑运维阶段,智能化设施管理系统实现了对建筑设施的实时监控和维护,提高了建筑的使用寿命和运维效率。

建筑智能化技术在我国的应用已经形成了从设计、施工到运维的全生命周期管理体系。技术应用逐步成熟,市场需求不断增长。然而,建筑智能化技术的推广和应用也面临一些挑战。例如,技术标准不统一、系统兼容性差、数据安全问题等都是当前亟待解决的问题。此外,智能建筑的建设和运营需要跨学科知识和专业人才,人才培养和技术教育也是行业发展的关键。

未来,随着技术的不断进步和政策的支持,我国建筑智能化技术将继续发展,并在智慧城市建设中发挥更加重要的作用。智能建筑将更加注重用户体验,提供更加个性化和人性化的服务。智能建筑也将更加注重与环境的和谐共存,通过采用绿色建筑材料和节能技术,实现可持续发展。随着 5G、AI、IoT 等新技术的发展,智能建筑将迎来更加广阔的应用前景,为人们创造更加智能、舒适和环保的生活、工作环境。

第二章 智能建筑新技术

第一节 智慧工地

一、智慧工地背景

在新的工程全生命周期管理理念中,智慧理念的关注度越来越高,其中,智慧工地概念的提出,为建筑行业的可持续健康发展指明了方向。智慧工地是一种利用先进的信息技术和 IoT 技术,以及传感器、数据分析等技术手段对施工现场进行智能化管理和监控的工地管理模式。它的出现源于对传统建筑施工管理的不断创新和对提高施工效率、减少安全事故的迫切需求。在传统的建筑施工现场,普遍存在管理效率低下、信息流通不畅、安全隐患较多等问题。智慧工地将现代信息技术与建筑施工相结合,实现了对施工过程的全方位监控和管理,极大地提升了施工效率和安全水平。

智慧工地具有高效化、网络化、智能化、集成化的特点。近年来,在政府大力推动绿色化和智能化发展的背景下,智慧工地的建设符合中国政府倡导的绿色发展理念。它通过实时监测和智能化管理,有效地降低能源消耗、减少废物排放,从而达到绿色环保的目的,为保护生态环境做出积极贡献。中国作为世界上最大的建筑市场,施工行业面临着巨大的市场需求和竞争压力。智慧工地利用先进的信息技术和智能化设备,实现施工过程的精细化管理和优化调度,提高施工效率,缩短工期,同时通过数据分析和预警系统,及时发现并解决施工中的问题,提升工程质量,为建设工程的可持续发展奠定坚实的基础。

智慧工地是信息技术和工程管理深度融合的结果,是对施工效率、安全性和可持续性的更高追求。随着科技的不断进步和智能化技术的不断应用,智慧工地将在中国建设领域发挥越来越重要的作用,为推动中国建设行业的现代化进程和可持续发展贡献力量。

二、智慧工地现状

1. 应用现状

在技术方面,智慧工地的应用已经涵盖了多种前沿技术,包括但不限于 IoT、大数据分析、AI、云计算、无人机和虚拟现实(virtual reality,VR)技术等。IoT 技术利用传感器实时采集施工现场的各种数据,如温度、湿度、振动等,实现对施工环境的实时监测。大数据分析技术可以对这些数据进行深度挖掘和分析,帮助管理者更好地了解施工过程的状态和趋势,为决策提供数据支持。AI 技术可以通过模型预测和智能控制,优化施工方案和资源配置,提高施工效率和质量。云计算技术为智慧工地提供了强大的计算和存储能力,支持实时数据处理和远程管理。无人机和 VR 技术则可以实现对施工现场的三维建模和可视化展示,帮助管理者全面了解施工情况,发现问题并及时解决。

在管理方面,智慧工地的应用已经形成了许多完整的管理体系和流程。管理者可以通过智能化平台对施工现场进行实时监控和管控,随时了解施工进度、资源利用情况和安全状况。通过数据分析和预警系统,可以及时发现施工中的问题和风险,并采取相应的应对措施。智慧工地还可以实现施工过程的数字化和自动化管理,例如施工计划的自动生成和优化,材料、设备的自动化调度和控制等。同时,智慧工地也为不同管理层级提供了个性化的管理工具和信息展示界面,使管理者可以根据自己的需求和权限随时随地进行管理和决策。

在实践方面,智慧工地已经在各种建设项目中得到了广泛应用,并取得了显著的效果。在城市基础设施建设、房地产开发及工业园区建设等领域,智慧工地都发挥着重要作用。例如,在大型基础设施建设项目中,智慧工地可以实现对复杂工程的全生命周期管理,从规划设计到施工监管再到运营维护,为项目的顺利实施和运营提供了有力支持。在房地产开发领域,智慧工地可以实现对项目进度、质量和成本的精细化管控,提高了开发效率和项目投资回报率。在工业园区建设中,智慧工地可以实现对各种设施和设备的集中监控和远程控制,提高了工业生产的安全性和效率。

2. 存在的问题

智慧工地迅猛发展的同时也面临一系列问题。例如,技术标准的不统一导致不同厂商生产的智能设备和系统之间的兼容性不够,制约了信息的互通共享;数据安全隐患是一个严峻挑战,大量的数据采集和处理增加了隐私泄露和信息被盗风险;人员技能不足也是智慧工地面临的一大挑战,工程管理人员对信息技术和数据分析方面了解不足,限制了智慧工地的推广和应用;智慧工地的高投入成本、设备维护难度、系统稳定性以及用户体验等也需要持续改进和完善。

三、智慧工地的关键技术

1)IoT 技术

IoT 技术通过无线传感器、射频识别(radio frequency identification,RFID)标签、网络通信等手段,实现施工现场各种设备、机械和工具的信息化连接和互联互通。IoT 应用中有两项关键技术,分别是传感器技术和嵌入式技术,通过这两项技术应用,实现对施工设备的实时监控和远程控制,实现设备的智能化管理和优化调度,提高施工效率和资源利用率。

2)大数据分析技术

大数据分析技术通过收集、存储和分析施工现场产生的海量数据,挖掘数据背后的规律和价值,为施工管理和决策提供科学依据和精准支持。利用大数据分析,可以实现施工进度的预测和优化、资源的合理配置、安全风险的评估和预警等,为工地管理提供更加全面和精准的信息支持。

3)AI 技术

AI 主要内容包括机器学习和知识获取、知识处理系统、智能机器人、自动推理和搜索方法、计算机视觉等。建筑行业中 AI 技术的应用已经比较广泛,比如建筑工程管理中的施工图生成和施工现场安排、建筑工程预算、建筑效益分析等环节。目前基于客户端/服务器(client/server,C/S)环境开发的建筑施工管理系统应用比较广泛,涵盖了施工人员管理、施工进度管理、分包合同管理等方面,使工程管理工作得到了进一步的细化。未来,建筑机器人将成为重要的建造辅助工具,代替人工完成高层作业。AI 技术通过模拟人类的思维和行为,实现对施工现场各项活动和资源的智能化管理和控制。

4)BIM 技术

BIM 技术是以三维数字技术为基础,集成工程设计、建造、运维等项目全过程各种相关信息的工程数据模型,是建筑业从二维向三维、从图形向数据转换的一次重大技术革命。相比传统的设计和施工建造流程,信息化模型能有效控制建设周期,减少错误的发生。从长远利益看,BIM 技术的应用不仅在设计和施工阶段,还会惠及将来的建筑物运行、维护和设施管理等。对工程的各个参与方来说,BIM 技术可减少错误、缩短工期、降低建设成本。目前 BIM 技术主要在施工阶段应用较多,包括渲染三维模型、模拟施工方案、检查错漏碰缺、降低返工率等。未来,BIM 技术将在设计和运维阶段发挥新的作用,BIM 技术与 GIS 技术的集成应用,将为建筑设计带来更丰富的维度信息。

5)云计算技术

云计算技术通过网络实现了对计算资源、存储资源的共享和调度,为施工现场提供了高效、灵活的信息化服务。利用云计算技术,可以实现施工现场数据的集中存储和管理,计算资源的弹性调度,软件和应用的远程访问、更新等,为智慧工地的建设和运行提供可靠的基础和支持。

6)传感器技术

传感器技术通过对施工现场各种参数、状态的实时监测和采集,为施工管理和控制提供实时、准确的数据支持。利用传感器技术,可以实现对施工现场的温度、湿度、压力、振动等物理参数的监测,对设备运行状态、工人活动轨迹等信息的采集,为智慧工地的运行和管理提供重要的数据支持。

7)无人机技术

利用无人机平台进行实时监测、勘测和数据采集,通过搭载高分辨率摄像头、激光雷达等传感器,对施工现场进行全方位、高效率的视觉监测和数据获取。无人机在建筑工程建设中的应用可以实现对工地地形、施工进度、材料运输等方面的快速及精确监测,为工程管理者提供及时的信息反馈和决策支持。此外,利用无人机技术,还可以在施工前期进行地形测绘和规划设计,提高工程规划的精准性和效率;在施工过程中进行安全监测,预防事故发生。

8)VR 和增强现实(augmented reality,AR)技术

VR 和 AR 是基于计算机图形学和人机交互的先进技术手段。VR 通过专用设备,使用户置身于虚拟环境中,提供身临其境的感觉,使工地管理人员能够通过虚拟仿真体验施工场景,检查施工进度,优化工艺流程等。AR 将虚拟信息叠加在现实世界中,通过手机、平板电脑等普通设备显示,使用户可以在真实环境中获取虚拟信息,从而提高施工现场的实时监控、质量检查及安全管理等方面的效率。这两种技术的应用为工地管理者提供了全新的视角和工具,可以帮助他们更加直观地理解和管理工地的各项情况,从而提高施工效率,降低事故风险,实现智慧工地的建设目标。

四、智慧工地的应用

1. 智慧工地在施工现场的应用

1)人员管理

人员管理在智慧工地中扮演着至关重要的角色,其中劳务实名制和人员定位技术是关键。劳务实名制借助门禁道闸技术实现实名登记、考勤工班统计、劳务考评和人员流量统计等功能,实时记录并与政府监管系统在线对接,确保数据的可靠性和可追溯性,为劳务人员的考勤核实提供了便利,有效避免了劳资纠纷,并保障了施工工人的个人权益。人员定位技术用于采集现场工人的位置信息,实时监测人员分布情况,实现对工地作业人员的动态监管和智能化管理。这项技术的应用提高了施工现场管理效率,提升了工地现场安全监管水平和管理效率。

2)机械设备管理

在建筑施工项目中,机械设备管理方面涉及车辆管理和塔吊监测。其中,塔吊作为重要的施工设备,在现代建筑工程中扮演着重要角色。塔吊的高空作业特性使其存在着较大的安全风险,所以,塔吊监测系统的建设尤为重要,可实现对塔吊的实时监测与安全管理。智慧工地能够记录与分析施工过程中的各项数据,及时识别和排除安全隐患,有效预防塔吊事故的发生,还能及时发现内部零部件的损坏,确保设备的正常运行状态。在实施塔吊监测时,应充分利用大数据技术、IoT 信

息技术和传感器技术,实现对整个施工周期的全面监管。

车辆管理是智慧工地建设的重要环节,其包括对车辆进出、类型和时间等信息的实时记录,以实现建筑工地的规范化管理。基于数字化 IoT 管理系统的智慧工地,能够通过大数据和信息技术等先进手段,对车辆运行状态进行实时监测与分析。通过建立智能化的决策体系,实现全过程的动态监管,有效提升施工效率与安全水平。

3)物资管理

物资管理主要包括自动计量系统、物资二维码或 RFID 系统。自动计量系统能够迅速、准确、可靠地完成整个称重流程,实现计量过程中数据信息采集的全自动化,并存储分析生成统计报表。在工程施工过程中,如何管理好进出场的建筑材料?特别是进场的水泥钢材和出场的固体废料,比较难以控制。通过自动计量系统实现自动化称重、磅站打印、报表管理等日常工作,可提高材料管理自动化水平,提升工作效率,达到有效地利用资金、合理地控制材料价格、相对减少仓库存量、降低运输成本费用和管理人员工作强度等目标。物资二维码或 RFID 系统是物资安全、质量信息追踪的有力举措,既可以保证物资计划、采购、到货验收、复检结果、出库等系列数据的可追溯性,又可以保证材料过程管理的可控性,也可以减轻一线材料人员的工作强度,实现物资管理的信息化。

4)现场安全培训

在施工现场,施工安全管理应持续提高工人素质,强化安全意识。加强安全宣传与教育,特别是借助 VR 等现代技术进行安全教育,具有重要意义。智慧工地中的 VR 安全教育,通过 VR 再现施工事故场景,模拟高处坠落、物体打击、机械伤害、坍塌伤害、触电伤害和火灾伤害等典型伤害类型的场景,提供更加直观、身临其境的学习体验。此外,智慧工地通过平台建立法律法规数据库,将相关法规文档上传至平台,为管理人员提供了便捷的法律法规培训资源。通过安全培训教育提升施工队伍的安全素质,增强工人对安全生产的重视,可提升工人遵守规章制度和劳动纪律的自觉性,增强工人的安全技能和事故预防处理能力。智慧工地系统通过平台管理模块,对未经安全教育培训的人员进行审批控制,从根本上解决人员安全培训不足的问题,促进施工人员安全意识的提高,为管理者提供更有效的人员管理和教育手段。

5)现场环境巡检

建筑工程质量和隐患排查贯穿于整个工程中,从施工前立项到验收工作结束,与施工的每一环节紧密相连。传统的现场巡检,易受人为影响且效率较低,缺乏可追溯性和实时性。通过智慧工地的质量巡检和隐患排查双闭环管理,可以有效提高建筑施工质量。巡检人员在现场巡查时,用手机巡检各个质量节点、安全节点及相关设备,进行现场取证和巡检情况登记,有需要可发起整改通知。施工单位人员接到整改通知后进行整改,当整改工作完成向管理人员反馈整改情况时,可用手机拍照对整改情况进行取证,管理人员可通过图片查看对比整改前后变化。同时,巡检信息可实时与参建各方人员共享,从而做到有据可依、有证可查、现场办公、实时反馈,提高了巡查效率,使工程的安全和质量得到有效的保障。施工管理人员可以通过手机智慧工地 APP 或智慧工程管理平台进行信息的录入,通过统一界面实时掌控现场质量和隐患巡检情况并生成所需报表。隐患排查和质量巡检一样具有安全隐患信息实时上报,使安全隐患管理流程化,形成管理闭环。系统具备隐患整改验收、提醒功能,生成整改通知单与整改验收单,实现安全隐患报表统计。

6)远程监控

在建设工地中,由于施工人员众多、交叉作业复杂,问题发生后往往难以溯源。为解决此类管理难题,提高工地安全管理水平,采用视频监控系统对工地重点区域,如出入口、施工作业面及高危区域,实施 24 小时实时高清视频监控。针对各监控点位,通过 GIS 地图、平面布置图、BIM 模型进行标记,管理人员利用 PC、手机等设备随时随地查看实时监控影像,实现远程视频监控,以便对施工现场进行可视化检查,突破时空限制。

通过视频智能分析技术,系统可上传并识别工人佩戴安全帽的照片,通过深度学习算法识别图像特征,监管工人佩戴安全帽的情况。当系统检测到有人员未佩戴安全帽时,自动截取图片并发出报警信息,以完善安全帽佩戴管理,确保工人的安全。

此外,远程视频监控技术也可应用于聚众、电子围栏等特殊场景。通过远程监控设置,可以有效提升施工人员的责任心和工作积极性,提升规范操作意识,便于施工统一管理。施工过程录像存储备份,监控信息随时可查,即使发生意外事件,也能够在第一时间查明事故原因,明确事故责任,从而提高工地安全管理的效率和精准度。

2. 智慧工地在绿色施工中的应用

1）水电管理

在施工项目的各区域安装智能电表,通过监控其用电量,将数据反馈到智慧工地的管理平台,通过系统的汇总和分析,形成可视化的图表。监控区域主要包括施工区域、办公区域和工作人员的生活区域。系统对采集的数据进行综合分析,一旦发现数据异常,报警提醒管理人员,管理人员迅速排查,确定发生异常位置,并找出原因,进而解决用电异常的问题,避免出现无端浪费情况。

2）绿色施工

（1）智能监测。

智能监测设备代替了传统的管理人员巡逻检查模式,通过智慧工地企业级管理系统,对工程现场绿色文明施工情况进行实时在线监管。

以工程现场扬尘浓度、作业产生的噪声分贝等污染指标监测为例,通过安装智能扬尘传感器和噪声检测仪,实时监测现场扬尘浓度及噪声分贝值,在项目数据平台实时显示现场各类指标数据并通过移动互联网将数据上传至企业管理系统后台,根据污染程度不同确定污染评价等级。系统将扬尘污染程度划分为 5 个等级,24 小时记录扬尘的变化趋势,监测现场扬尘浓度及后续降尘处理效果。当污染程度为 1~2 级时,系统会在作业现场通过高音喇叭提示现场专职人员采取降尘措施;当污染程度达到 3~4 级时,系统会记录扬尘超标的时间点和位置信息,提醒现场管理人员合理规划施工方案,降低空气中扬尘浓度;当污染程度达到 5 级时,系统将自动启动现场喷淋降尘设备,进行喷水降尘。企业可通过查询系统后台项目有关绿色施工的评分报表,对相关责任人进行处理。

（2）绿色施工信息化技术特点。

传统的绿色施工技术的信息和数据通常依靠人工进行记录和分析,人工干预对现场环境影响较大。信息化技术的利用有效改善了现场管理效果,应用 BIM 信息技术可实现对项目的设计、施工总体部署、施工进度模拟、现场综合管控的可视化管理;应用现代 IoT 技术与现场工地管理平台相结合,对能耗、现场环境、机械安全、绿色施工等进行管理、监测和管控,可使现场管理更加智能化、自动化;VR 安全体验馆可以模拟工地现场实景,有效解决传统体验馆的内容单调、资源浪费、占地面积大等弊端。

①智慧水、电管理模块。在项目初期,编制临时用水、用电施工方案时,应充分考虑和规划好工程建设各区域。对办公区、生活区规划布置不同类型用水方案,采用节水型设备;施工现场安装智能用电系统等,搭建智能水电网,水、电信息通过网关传输至后台,实现对项目用水、用电全过程监测。当发生水、电使用异常等情况时,后台可以接收告警并实施保护速断、远程控制等,实现对水、电使用的全程管控。

②扬尘、噪声监测模块。扬尘和噪声监测仪器主要通过 LED 显示屏和移动终端、电脑端相结

合,电脑后台可以直接显示监测仪器状态和当前环境情况,并且可以自动分析扬尘、噪声情况。监测仪器由太阳能电池板供电,免除现场布线的烦琐与复杂,环境监测仪器可以为项目管理人员和政府监管部门掌握施工现场环境情况提供真实可靠的数据。

③扬尘监测及自动喷淋模块。施工现场分布式布置环境监测仪器,针对作业现场粉尘浓度高、污染源多、粉尘量大且混杂的特点,实时监测环境中颗粒物浓度,根据环境状况配置喷淋设备和喷雾炮洒水设备以降低环境扬尘。水喷淋系统主要由加压水泵、PPR 管、喷嘴和控制箱组成,对自来水加压后,由喷头进行喷射。现场安装时根据区域地形、扬尘分布等特点,合理分配喷淋点并绘制喷淋水系统路径,然后确定所需各类材料,进行布管和安装喷头。自动喷淋水系统可以根据环境需要自动喷淋除尘,当现场扬尘监测系统监测到空气中颗粒物(particulate matter,PM)浓度达到设定值时,自动启动喷淋水系统,当 PM 浓度合格时,自动关闭喷淋水系统。管理人员还可以从电脑后台和手机后台直接操控喷雾炮和基坑喷淋系统,根据需要解决环境扬尘问题。喷淋系统相比传统的洒水车作业,针对性增强,除尘效果显著,提高了水资源利用率。

④固体废弃物管理模块。施工现场产生的固体废弃物较多,传统的处理方法比较粗放,主要依靠人工随意处置。固体废弃物管理模块通过现场盘点,根据种类对固体废弃物进行过磅,然后进行数据记录和传输,对现场产生的固体垃圾进行精准管控。管理人员可以通过管理后台的固体废弃物管理模块查询到固体废弃物的总量、分类、回收利用量、出场量等数据。

⑤再生资源管理模块。近年来,行业对再生资源使用进行了大量研究。为了计算再生能源设备使用效率,工地可配置专用电表,用来计量再生能源消耗量,结合设备投入成本、资源节约量和可周转次数等内容,统计分析再生资源的经济效益,以便指导建筑工程再生资源使用方案的制订。项目工地使用的热水设备一般采用节能效率更高的空气能热水器,其制热效率是电热水器的 4～6 倍,其年平均热效比是电加热的 4 倍,能效利用率高。

⑥工程污水排放监测模块。项目工地上,生活区、办公区及施工过程中产生的污水经过处理后排放至城市市政管网中。工程污水排放监测模块自动实时在线监测污水水质,工程污水排放水质必须达到《环境管理体系要求及使用指南》(GB/T 24001—2016)和《污水综合排放标准》(GB 8978—1996)的要求,实时监测系统将数据上传至绿色施工管理平台,当水质监测结果不达标时,后台进行报警,督促管理人员采取相关的污水处理措施,有效实现对污水排放的监管。

五、智慧工地的优势

1)工地信息化

通过智慧工地项目实施,可以将施工现场的施工过程、安全管理、人员管理、绿色施工等内容,从传统的定性表达转变为定量表达,实现工地的信息化管理。通过 IoT 技术,将施工现场的塔吊安全、施工升降机安全、现场作业安全、人员安全、人员数量、工地扬尘污染情况等内容进行自动数据采集,危险情况自动反映和自动控制,并进行数据记录,为项目管理和工程信息化管理提供数据支撑。

2)沟通高效化

通过移动办公的实施,可以实现建筑公司与项目部之间、项目部各参建方之间的移动办公、数据记录、文件中转与留存,提高信息交互的及时性和工作效率,减轻人员的工作强度,进一步明确职责,降低管理风险。

3)物的不安全状态管理

智慧工地项目中的塔机监控系统、施工升降机监控系统通过自动化 IoT 系统的实施,能够自动根据设备的工况对现场的超载、超限,特种作业人员合法性,设备定期维保等内容进行自动控制和数据上报,实现对物的不安全状态的全过程监控。深基坑、高支模等自动化监测系统的应用能够监测各重大危险源的安全状况,提前发现安全隐患,提醒项目部给出针对性的技术解决方案,从而规避安全风险,进一步节约成本,减少浪费。

4)环境的不安全因素管理

智监助手、安全移动巡更系统、工地视频监控系统、人员定位系统、危险区管理系统等可以自动对环境的不安全因素进行实时跟踪,提前发现安全风险,规避安全事故。

5)人的不安全行为管理

人员实名制、VR 安全教育、工地进场前的安全教育、无线 Wi-Fi 的安全教育等内容相结合,可以进一步提高项目部工人的安全意识,提高安全技能,规避安全风险,实现对人的不安全行为的管理。

6)平台集中化

智慧工地云平台可以将施工现场应用的各子系统进行系统集成,通过智慧工地云平台集中展现各子系统的信息化数据,让管理人员对施工现场的信息化应用内容一目了然。实现数据穿透性查看,自动搜集和汇总各信息化数据,通过分级管理,自动进行数据筛选,对项目部的安全管理和质量管理等进行综合分析,为项目的信息化管理提供支撑。同时,为公司管理同类项目的设备和人员安排、施工进度安排和资金投入等提供数据支撑。

7)数据集成化

智慧工地建设是一个数据高度集成的过程,可以通过 IoT、云平台、大数据及 Internet 网络,集成各个子系统的应用,实现同步显示、查看、汇总,避免了多账号、多系统的重复登录过程。

六、建设智慧工地的意义

智慧工地的应用,旨在实现对施工全过程的实时质量监测,通过对各项施工参数的综合分析,构建数字化施工管理与质量控制平台,以显著提升工程建设的标准化水平和安全性。通过构建综合信息管理系统,实现对工程施工过程的可视化分析,并据此制定针对性的防治措施,进一步提升施工质量管控水平。总体而言,智慧工地的应用使得施工前、施工中及工程后期养护阶段的全程数字化管理成为可能,有助于施工方及时监测并发现问题,从而保障工程的质量管控。建设智慧工地具有十分重要的现实意义。

(1)在工程施工中采用智慧工地技术进行数据采集与分析,建立数据存储库,确保数据完整性并便于后续审查。这不仅提高了数据利用率,而且有利于养护阶段调取原始数据,包括施工材料、设备参数及工艺等数据。

(2)建设智慧工地可有效提升工程透明度,确保施工数据的真实性。结合 IoT 技术、BIM 技术和传感器,实现数据自动采集与分析,以替代手工填写方式,减少数据填写差错,并实时反馈和记录施工质量数据,使数据更透明,提高工程施工效率。

(3)在工程建设中应用智慧工地技术有助于数据追踪和利用。将施工产生的数据录入数据库,有助于施工单位利用数据,明确工程施工各项参数,如施工工艺、施工进度和施工过程等。

(4)智慧工地技术可提供工程建设的项目进度预警机制和相关报表,有助于施工单位及时了解项目完工情况、实际进度偏差和未完报表等信息,制订详细的工程方案,对各个阶段进行有效管理,以确保工程质量。

(5)在建筑工程项目中推广应用智慧工地技术,采集施工过程中产生的数据,通过实时监控工地情况并做出相应调整,可防止不规范操作导致质量问题。此外,运用施工 APP 软件将工程施工偏差通知给负责人员,及时纠正,可保质保量完成项目施工作业。

(6)应用智慧工地技术可打造全新升级的现代化数据系统,打通建筑工程施工现场网络通道,为施工全过程监控与工程质量控制提供数据支撑。

(7)智慧工地在控制施工成本方面优势明显。通过信息化手段实时监控建筑工程施工过程、进度和质量,并及时纠正不规范操作,优化工料调度,提高资源利用率,避免浪费。利用车载人机交互可视化设备,掌握施工效果和轨迹,有效控制施工质量,减少部分施工成本。

第二节　智能建筑与 BIM 技术

智能建筑与 BIM 技术的结合代表着建筑行业向数字化、智能化转型的重要趋势。智能建筑利用先进的传感器、控制系统和数据分析技术,实现对建筑内部环境、能源利用效率、设备运行状态等方面的智能管理和优化。而 BIM 技术则是一种集成了建筑设计、施工和运营管理的数字化平台,通过模型化的方式实现对建筑全生命周期的信息管理与协同。将智能建筑与 BIM 技术结合,不仅可以实现建筑设计与施工的数字化、信息化,更能够实现建筑运营与维护的智能化、精细化。这种结合不仅可以提高建筑项目的设计效率和施工质量,还能够降低建筑运营成本,提升建筑的可持续性和用户舒适度。

一、BIM 技术概念

BIM 技术是一种基于数字化建模的综合性工程管理方法和技术。BIM 技术通过创建、管理、共享建筑物和基础设施的数字化模型,对建筑生命周期各阶段的信息进行集成、协同和可视化,实现从设计、施工到运营维护及最终拆除或重建的全过程管理。

BIM 技术以三维数字技术为基础,集成建筑工程项目中各式各样的相关信息,对工程项目设施实体和功能特性进行数字化表达。完善的信息模型可以将建筑项目在不同周期的数据、资源及过程连接起来,将完整的工程对象描述出来,方便建筑项目各参与方使用。BIM 信息模型具有单一工程数据源,可解决分布式、异构工程数据之间的一致性和全局共享问题,支持建设项目生命周期中动态的工程信息创建、管理和共享。BIM 也是一种应用于设计、建造、管理的数字化方法,支持建筑工程的集成管理环境,可以使建筑工程在其整个进程中显著提高效率并大大减少风险。

BIM 技术具备可视化、协调性、模拟性、优化性、可出图性、完备性、关联性、一致性的特点,可以更好地进行沟通、讨论与决策,减少方案的不合理变更。

二、BIM 技术在项目全过程管理中的应用现状

目前,BIM 技术应用主要集中在两个方面:一是将其作为单项业务生产工具,例如正向设计、深化设计及利用 BIM 工具对施工组织进行表达;二是将其作为单项业务管理工具,例如多专业的设计管理、多专业的深化设计协调及对多方施工组织的 BIM 成果进行工作统筹等。然而,不论 BIM 技术被用作单项业务生产工具还是管理工具,其应用都尚未真正融入招投标、施工过程管理及竣工交付全过程中。BIM 数据无法在不同阶段流通,导致各阶段的信息传递和业务管理无法有效串联。

造成 BIM 数据割裂不流通的主要因素有两个方面。

一是各阶段对模型所包含数据的要求不同。在设计阶段,BIM 模型旨在提高图纸质量,解决多

专业协同设计问题,因此,输出的数据主要包含模型几何数据、图纸及设计相关的非几何数据。而在施工招投标阶段,输出的数据则主要包含算量模型和工程量清单计价数据,以快速完成报价为目的。在施工阶段,对模型精度的要求、组织方式、目标与设计阶段不同,有些模型可以用,但现场应用仍需要对 BIM 设计进行深化,输出的数据与设计阶段类似,但颗粒度更加精细,例如模型几何数据要考虑施工安排及工艺做法,模型相关的非几何数据要增加各类施工管理信息。至于运维阶段,更关注空间而非构件,运维管理平台通常需要重新建模,因为 BIM 模型的承载能力、展示效果和流畅度受到限制。

二是软件间数据不能互通。设计阶段为 BIM 数据的初始来源,主要使用服务于 BIM 建模的工具类软件,例如 Autodesk 公司的 Revit、AutoCAD、Civil3D,以及 SketchUp、Rhino、Bentley 公司的 MicroStation、Open 系列等软件。施工招投标阶段,主要使用广联达造价系列软件等。施工深化设计阶段,通常采用 Autodesk 公司的 Revit 系列、广联达 BIMMAKE、MagiCAD、Tekla 等软件。运维阶段,可能承接施工阶段的 BIM 数据,或者重新建模。由于软件不同,数据格式不同,包含的业务内容也不相同,软件间数据互通存在较大难度。

三、BIM 技术在建筑智能化工程中的应用

1)规划设计阶段的应用

在建筑智能化工程规划设计阶段,BIM 技术的应用不仅是简单的工具使用,更是一种系统化的方法论,其重点体现于利益相关者之间的沟通与协作。通过 BIM 技术,实现设计单位与管理单位更紧密的信息交流,特别是在成本管控和质量管理方面的部门之间。这种沟通的深化使得项目规划设计方案能够更加精准地体现出各项利益考量的权衡,从而达到最优化的项目价值实现。BIM 技术在这一阶段的应用不仅仅是为了实现碰撞检测和规划方案的改进,更是为了促进各利益主体的协同合作,确保项目的整体目标得以充分实现,与市场需求和规章制度相符合,从而为后续的工程管理工作奠定坚实的基础。

2)施工建设阶段的应用

在建筑智能化工程项目管理中,BIM 技术的应用焦点主要集中在施工建设阶段。在工程项目管理中,不论是成本控制还是质量管理,都在很大程度上体现在施工阶段,该阶段是材料、设备、人员及方案等多方面因素充分结合的过程。当前在工程项目施工规模不断扩大的背景下,积极创新地运用 BIM 技术可以提高工程项目施工建设水平。实践证明,BIM 技术在建筑智能化工程项目施工建设中的应用,是通过动态监测技术手段与工程项目最初规划提供的施工方案相结合的,根据实际施工建设结果进行反馈和对比分析,及时发现施工阶段存在的问题并反馈给管理人员。管理人员在接收问题反馈后,通过 BIM 技术直接定位工程项目问题所在,并针对性地改进,形成相应的改进方案。这种方式极大地改变了传统的建筑智能化工程项目管理模式,提升了问题解决的实效性,对于提高管理效率起到了至关重要的作用。

运用 BIM 技术还能实现项目成本的精细化管理。建立在 BIM 技术之上的施工阶段的 5D 模型,能够实现项目成本的精细分析,准确计算出每个工序及时间节点的具体工程量。通过借助企业定额进行分析,可以及时计算出各个构件的中标价格和施工成本的对应关系,从而实现了项目成本的精细化管理。BIM 技术的应用实现了建设项目施工阶段工程进度、人力、设备、成本及场地布置的 5D 集成管理,同时也提供了施工过程的 4D 可视化模拟。

3)竣工阶段的应用

在建筑市场的发展下,建筑智能化工程项目管理的重要标准是确保工程质量达标,同时将工程

成本控制在最佳范围内,以最大化体现投入产出效益。建筑项目竣工阶段任务繁重,施工人员需要对整体施工质量进行检测,同时全面核查施工材料的使用情况。然而,施工材料核查需要耗费大量人力和财力,若核查不到位,则会影响建筑项目的竣工验收效果。在 BIM 技术的支持下,施工人员可以将施工材料信息储存在资料库中,从而极大提高信息查询效率。在竣工阶段,通过前期专门数据库的建设,实现信息数据的直接调用,避免数据信息在传输过程中出现偏差现象,保证数据信息的真实性和客观性,为成本核算和质量量化处理奠定基础。此外,BIM 技术不仅可以有效结合实际建筑施工与建筑施工模型,动态反映实际施工情况,还能收集重要的建筑资料信息,帮助工作人员及时发现和处理建筑施工过程中的问题,确保建筑项目顺利竣工。

4)运维阶段的应用

在工程的运营维护阶段,BIM 技术的应用具有重要意义。管理人员可以利用 BIM 技术随时监测建筑的使用情况,对材料和工具的使用进行合理安排和处置,从而提高资源利用效率。在物业管理阶段,结合相应软件,通过实时监控 BIM 数据库中的运行参数,对设备的使用情况、运行限度以及维护工作进行评估,进而规划出最合适的经济效益方案,提高设施设备的运行效率和寿命。将设计、施工阶段的 BIM 数据与运维阶段的竣工信息无缝对接,形成完整的竣工模型,便于对工程进行数字化管理,方便查找和分析建造过程中的各项数据,提高信息利用效率。BIM 技术还可以全面地收集与整理有关建筑承租人、装修设计以及承租单位的实际收入等相关信息,并将这些信息存储到数据库中。通过分析这些数据来对建筑本身的实际商业价值进行分析与探究,寻找提升建筑工程商业价值的有效方式。

四、BIM 技术在规划设计阶段的应用

1. 规划和概念方案设计 BIM 技术

基于 BIM 技术的规划和概念方案设计旨在实现高度可视化、协同性和参数化,使建筑师能够在规划和概念设计阶段迅速准确地表达设计思维,并实现与各领域工程师的无障碍信息交流与传递。当业主需求或设计思路发生变化时,基于参数化操作,设计师能够快速实现设计成果的修改,从而加快设计进度。

规划设计是指在建筑项目启动初期,通过对项目需求、周边环境和法规限制等因素进行综合考量,确定建筑布局和整体设计方向的过程。在规划设计阶段,设计团队将与业主充分沟通,了解项目定位、功能需求及可行性要求。通过对土地利用、交通组织、景观布局等进行分析,规划设计能够为后续详细设计提供重要的指导和依据。规划设计不仅包括对建筑形态的初步构思,也涉及对周边环境的考虑,以确保建筑与周边区域的和谐共融。此外,规划设计还要综合考虑未来的可持续发展和环境保护,以确保项目的长期可持续性。

概念方案设计是建筑设计的初步阶段,是在规划设计的基础上进一步细化和发展设计理念的过程。在概念方案设计阶段,设计团队将对建筑的整体理念、风格特色、空间布局等方面概念进行初步表达和探索。设计师将通过手绘、模型、数字化工具等方式,将抽象的设计概念转化为具体的形态和空间体验,以便与业主进行深入的讨论和确认。概念方案设计不仅注重建筑的外观形象和空间感受,还要考虑到功能性、结构性及施工可行性等。这一阶段的设计成果将为后续设计工作奠定基础,是项目成功的关键之一。

BIM 技术的引入能够提供高度可视化的建筑模型,使设计团队能够更清晰地理解和沟通设计意图。同时,BIM 技术能够实现多专业的协同设计,各专业工程师可以在同一平台上进行共同设计,实时交流和协作,提高设计效率和质量。BIM 技术支持参数化操作,快速适应业主需求或设计

思路的变化,降低项目风险。

1)技术内容

(1)空间设计。

空间设计包括空间造型设计和空间功能设计。空间造型设计是将建筑空间流线概念化。复杂结构建筑的空间造型设计中,BIM技术的参数化设计能够实现基于变量的形体生成和调整,避免了传统设计中的重复劳动和设计表达不直观的问题。BIM技术使设计过程更高效、更直观,促进了设计师在空间形态探索中的创造性发挥,有助于实现设计理念的精准表达和实现。

空间功能设计是对建筑空间的功能合理性进行分析和设计的过程。传统方法采用列表分析、图例比较等方式进行空间分析,考虑空间之间的关系、人流量、地位、私密性等因素。而基于BIM技术,可以对建筑空间进行仿真模拟,提供高度可视化的模型,帮助设计师更好地分析空间功能的合理性,进而改进和完善设计。这样的方法能够更有效地利用现有空间,充分发挥其实用性,从而提高建筑设计的质量和效率。

(2)场地规划。

场地规划的技术要点包括场地分析、总体规划、方案比选等。

场地分析是对建筑位置、空间定位、外观与周边环境的关系及未来交通流量等因素进行综合数据分析的过程。场地设计解决建筑竖向设计、出入口位置选择、景观和市政配套等问题,并考虑地貌、植被、气候等因素与景观规划、环境现状、施工配套及交通流量等方面的关系。通过综合数据分析,场地规划能够更好地确定建筑位置、设计要素与周边环境的协调,提高设计质量和效率。

在总体规划阶段,利用BIM技术建立模型能够为项目做出总体规划,并提供大量直观数据支持方案决策。在可行性研究阶段,BIM技术能够帮助提高技术经济可行性论证结果的准确性和可靠性。在规划和概念方案设计阶段,应用BIM技术进行设计方案比选,能够选出最佳方案,并为初步设计提供对应的设计模型,实现项目设计方案决策的可视化与科学化。

2)技术指标

(1)信息模型。

模型精度:参照现行国家标准《建筑信息模型设计交付标准》(GB/T 51301—2018),在方案设计阶段,模型精细度等级不宜低于LOD 1.0。

设计模型:项目设计包括项目新建、改建的各类建筑模型,比如构筑模型、地形模型、地质模型、地貌模型、地物模型、交通道路模型、景观植被模型、各类管道线路模型等。

(2)成果导出。

BIM技术在规划和概念方案模型设计阶段的主要成果包括以下几方面。

建筑日照分析:通过模拟建筑环境,对建筑各个不同角度下的自然光照情况进行评估分析,将其编制成相关数据并保存。

建筑室外风环境分析:借助计算流体动力学(computational fluid dynamics,CFD)软件模拟分析场地风环境相关评价参数,具体参数包括风速、风速放大系数、风速矢量、风压。根据场地分析结果,评估场地风环境的合理性,判断是否需要调整设计方案的总平面布局。

室外环境噪声分析:根据实际需求对BIM模型进行简化后将模型导入噪声模拟分析软件,在软件内完成各类设定,包括声源、边界、计算网格等,相关计算要求可参考《民用建筑绿色性能计算标准》(JGJ/T 449—2018)。

规划主管部门要求或项目相关方之间约定进行基于BIM条件下的各项建筑外观、性能、功能、经济技术指标等技术分析。

其他分析：对于建筑施工环境、造价、施工技术等方面内容均可用 BIM 技术进行分析，以此验证合理性和有效性，找出其中存在的改进空间，使整体建筑设计方案更加合理、科学。

图纸图表：基于技术分析输出各类图纸、图表、报告、文档等信息数据资料。

3）适用范围

适用于各类工业建筑、民用建筑的规划及概念方案设计阶段。

2. 场地设计 BIM 技术

场地设计 BIM 技术是指在场地规划设计和建筑设计过程中，借助场地 BIM 模型及相关模拟技术对不同的场地设计方案进行技术经济比选，以此为依据综合评判各方案的优劣。传统上，在处理复杂场地分析时，设计者通常仅依靠个人经验或传统设计软件，难以对各种因素进行科学量化。而引入 BIM 技术后，可以对原始地形图进行建模，并进行三维观察以排除"粗差点"，从而保证设计的精度。此外，BIM 技术还能够快速准确地分析场地的高程、坡度、坡向等参数，并在原始数据更新时同步更新，显著提升了设计的准确性和效率。在 BIM 场地设计软件中，设定合适的松散、压实系数，可快速准确地计算出土方工程量，进一步提高了工程效率。通过充分利用 BIM 技术对场地进行全面分析，实现场地整体高程控制更加合理、地势走向更为规律、建筑布局更加合理的目标。同时，根据排水分区规律将地面径流排往相应水体及管道中，既满足了场地使用功能的需要，又达到了防洪防涝的要求。

场地设计是对建设项目所需用地进行规划、设计和布局的过程，包括对场地的地形、地貌、植被、气候等自然条件进行分析和评估，同时考虑周边环境、交通状况、土地利用政策等因素，以达到合理利用土地、满足建设需求、保护环境的目的。在场地设计中，设计者需要根据项目的功能和特点，合理布局建筑物、绿化景观、交通道路等要素，确保场地内部的空间利用效率和功能性，并与周边环境相协调。场地设计的目标是实现土地资源的最优配置，打造出适合人们生活、工作和娱乐的场所，为城市的可持续发展和提升居民生活品质做出积极贡献。

在场地设计中引入 BIM 技术，能够创建精确的三维场地模型，将场地的地形、地貌、植被等自然特征，以及建筑物、道路、管线等建设要素进行准确呈现，使设计者能够全面理解场地的实际情况。BIM 技术通过实现对场地设计方案的多维度分析，包括地形分析、视觉分析、气候分析等，帮助设计者充分考虑各种因素对设计的影响，提高设计的科学性和合理性。此外，BIM 技术还可以模拟不同场地设计方案的效果，进行虚拟仿真，帮助设计者直观地感受设计方案的效果，为决策提供科学依据。BIM 技术的应用推动场地设计向数字化、智能化方向发展，为城市规划和建设注入新的活力。

1）技术内容

（1）场地设计。

场地现状分析：分析场地及其周围的自然条件、建筑条件和城市规划的要求等明确影响场地设计的各种因素及问题，并提出初步解决方案。

场地布局：结合场地的现状条件，分析研究建设项目的各种使用功能要求，明确功能分区，合理确定场地内的建筑物、构筑物及其他工程设施的相互空间关系，从而对场地进行平面布置。

交通组织：合理组织场地内的各种交通，避免人流、车流之间的交叉干扰，合理布置人行车行道路、停车场、出入口等交通设施。

竖向布局：结合地形，拟订场地竖向布置方案，有效组织地面排水，核定土方工程量，确定场地各部分的设计标高和建设室内地坪设计标高，合理进行场地竖向设计。

综合管线：协调各种室外管线的敷设，合理进行场地管线的综合布置，并具体确定各种管线在地上和地下的走向、平行敷设顺序、管线间距、架设高度或埋深,避免其相互干扰。

环境设计与保护:合理组织场地内的室外环境空间,综合布置各种环境设施及绿化工程等,有效控制噪声等环境污染,创造优美宜人的场地环境。

(2)基于 BIM 的场地设计。

利用 BIM 技术可视化、模拟性、优化性、协调性的特点,全方位对拟分析场地的地形、地貌、标高、坡度、建筑布局、道路及环境等基础信息进行收集整理、科学分析。

基础信息应包括:地质勘查报告、工程水文资料、现有规划文件、建设地块信息等项目相关的数据和资料;项目所处区域的电子地形图(周边地形、建筑属性、道路用地性质等信息)、地理信息系统(geographic information system,GIS)数据等;场地既有管网信息、周边主干管网信息。

以上数据应能准确反映项目场地内及周边的真实情况。场地分析的主要内容包括以下几点。

BIM 模型:建立相应的场地模型,场地模型应包含场地边界、地形表面、地貌、植被、地坪、场地道路、周边建筑、地理区位、坐标、地质条件、气候条件、基本项目信息等要素。模型精细度应符合《建筑信息模型应用统一标准》(GB/T 51212—2016)、《建筑信息模型施工应用标准》(GB/T 51235—2017)的相关要求。建立的场地模型应体现坐标信息、各类控制线(如用地红线、道路红线、建筑控制线)、原始地形表面、场地初步竖向方案、场地道路、场地范围内既有管网、场地周边主干道路、场地周边主管网、三维地质信息等。模型要素完整,模型精度符合应用要求。

分析要点:对场地的坡度、坡向、高程、纵横断面、填挖量、等高线等数据进行模拟分析。

可行性评估:根据分析结果,评估不同场地设计方案或工程设计方案的可行性。

场地分析报告应体现场地模型图像、场地分析结果,以及对场地设计方案或工程设计方案的场地分析数据对比。

2)技术指标

(1)场地设计技术指标。

场地设计应符合《城乡建设用地竖向规划规范》(CJJ 83—2016)、《城市工程管线综合规划规范》(GB 50289—2016)等现行规范中场地设计的相关条款。

(2)模型指标。

模型应包含坐标信息、用地红线、道路红线、建筑控制线、原始地形表面、场地初步竖向布置、场地道路、场地范围内既有管网、场地周边主干道路、场地周边主管网等信息。

(3)应用指标。

①土方平衡,为最大化利用原有场地,利用 BIM 技术综合考虑建筑布局、场地道路、排水、防洪防涝及地下水等因素,对场地进行必要的土方处理,以使土方量填挖尽量达到平衡。

②基于原始 BIM 场地设计模型及工程的开挖要求,确定第一步开挖的范围、深度,通过三维模型及时反馈开挖的土方数据结果。

③根据场地内施工顺序的组织,挖方的模型可分为各个时序、各个区域,进一步精确地计算出土方开挖量,为下一步土方调配方案优化提供指导性的基础数据。

④基坑开挖后,在场地内寻找回填土的堆放区域,结合工程的建筑标高以及场地设计标高,填方模型和挖方模型可分为各个时序、各个区域,进一步精确地计算出土方挖填方量。

⑤基坑开挖土方量、填场场地所需的土方量、各单体垫层下基坑回填所需的土方量,基于 BIM 场地设计模型分析可知在整个场地土方调配中是将多余的土方运出去还是需额外采购,同时考虑到土质在自然状态和夯实状态下体积的变化,精确规划,得到一个合理的土方调配方案。

⑥通过以上分析指标,精确制订出场地的土方调配方案,用以指导整个场地的土方平衡,实现

土方成本控制。

⑦精准的场地排水设计,利用 BIM 技术使自然水体、人工水体及外部水系相连通,及时导出过剩雨水。

⑧合理的场地道路规划,根据区域市政提供的道路设计标高及地形原始标高,考虑场地排水要求,实现道路纵坡、横坡的合理设计。

⑨拟分析场地内建筑合理的竖向规划及功能分区。

⑩精细的场地管网布置,基于 BIM 场地设计模型,将原始数据(周边市政管网、场地数字地形、设计数字地形)收集录入统一的管理系统平台,进行系统集中管理,使场地数据的出错率大幅减小,数据的一致性和工程质量得到保证,结合三维的设计地形划定场地内的汇水区域,模拟地表雨水流向,计算分区雨水量,从而确定管网直径尺寸和管线的坡降。

(4)结论指标。

场地分析报告应包含至少两个工程设计方案的竖向布置分析对比、土石方平衡数据分析对比,合理精细的 BIM 场地设计将降低效果图成本,呈现最真实的建造成果。

3)适用范围

适用于所有建筑场地的设计,特别是复杂场地设计[6]。

3. AI 图纸审查技术

AI 图纸审查技术是一种利用 AI 技术来辅助进行建筑、工程和设计领域的图纸审查的方法。在传统的图纸审查过程中,往往需要大量人力资源和时间,而且容易受到人为因素的影响,导致审查效率低下和错误率高。而 AI 图纸审查技术利用计算机视觉、机器学习等先进技术,能够快速而准确地识别图纸中的关键信息,进行自动化的审查和分析。

AI 图纸审查技术可以实现对图纸的快速识别和分类,将不同类型的图纸自动归档和分门别类,提高了工作效率。通过深度学习和模式识别等技术,AI 可以自动检测图纸中的错误、缺陷或潜在问题,提前发现并避免可能的施工风险和成本增加。AI 还可以根据历史数据等,进行智能化的建议和优化,帮助设计师和工程师改进设计方案,提高建筑质量和效率。

AI 图纸审查技术在建筑、工程和设计行业具有广泛的应用前景,不仅可以大幅降低审查过程中的人力和时间成本,提高审查的准确性和可靠性,还能够促进建筑行业的数字化转型和智能化发展。随着 AI 技术的不断进步和应用场景的不断拓展,该项技术将在未来发挥越来越重要的作用,为建筑行业带来更多的便利和创新。

1)技术内容

(1)BIM 自动建模。

将 AI 算法能力与建筑行业规范理解相结合,研发基于 AI 的民用建筑专业施工图纸的识别算法及云服务系统。系统摒弃图层提取概念,解决传统软件图层的依赖及设计中图层混乱问题。利用 AI 算法识别、提取图纸中各类构件及文字信息,将数字化后的图纸信息与各类软件结合。

(2)模型导出。

定义自主的、开放的 BIM 交付数据格式。采用基于国家标准《建筑信息模型存储标准》(GB/T 51447—2021)完全自主的数据格式进行审查,保证数据的安全和可控。兼容支持工业基础类(industry foundation classes,IFC)数据标准,打通常用数据标准间的信息壁垒。

(3)模型上传 BIM 智能审查平台。

根据审查类型的不同分为四个审查等级:Ⅰ、Ⅱ、Ⅲ、Ⅳ类等级。Ⅰ类等级是定性和目前尚未实现智能核查的条文;Ⅱ类等级是通过构件属性与量化数据比对完成审查的条文;Ⅲ类等级是在Ⅱ类审查逻辑基础上增加了计算方式完成审查的条文;Ⅳ类等级是在Ⅲ类等级审查方式的基础上引入AI技术完成审查的条文。上传审查文件至 BIM 智能审查平台进行Ⅱ、Ⅲ、Ⅳ类条文审查,然后再进行Ⅰ类条文相关设计信息补充(Ⅰ类条文审查)。

(4)BIM 智能审查。

结合现行的联合审查系统,创新实现施工图审查从二维平面图纸向三维模型的转变,将图纸和BIM 模型精准匹配,通过 AI 技术匹配楼层信息,保证图纸和模型对应,并建立二维(2-dimension,2D)构件和三维(3-dimension,3D)构件的关联关系,为 2D、3D 的关联及交互显示提供 BIM 构件级的数据。

(5)BIM 智能审查成果验收。

审查人员在 BIM 智能审查平台进行 BIM 智能审查结果查看、复核,并及时反馈给设计人员进行修改调整,最终完成成果交付。

2)技术指标

(1)建立统一的科学总体规划和开放通用平台,采用国家标准和国际标准。

(2)应具备分屏查看、构件联动、图纸模型信息对比查看功能,为二维图纸和三维模型联审提供有力支撑。

(3)应具备消防类审查功能,能进行安全疏散距离审查,系统可将审查结果通过疏散路径画线的方式进行展示,更直观可信地展示审查结果。

(4)应提供可视化和数据透明度功能,通过研发引擎的几何计算及统计,将采光通风信息以表格形式呈现。系统遍历各层的套型采光通风指标,可在表格中进行房间和套型的模型关联定位。

(5)应具备 AI 识图建模功能,可将 PDF 格式图纸快速自动转换为 BIM 模型。

(6)应具备 AI 图模一致功能,AI 识图技术与 BIM 施工图智能审查系统结合,自动检查图纸与BIM 模型的一致性,图模一致性检查从上传到处理,精准做到图纸模型匹配,自动化效率高,识别、审查、对比同步进行,审查效率明显提升。

(7)应具备图档数字化功能,能自动识别图纸中图签、说明、表格等内容,效率提升,高质量入库,即扫即出,人工仅做确认即可。

(8)使用图形化和"人性化"界面,使用户能方便地操作本系统。

3)适用范围

适用于工程项目多个参与方的跨组织、跨地域、跨专业 AI 审查管理[6]。

五、BIM 技术在施工建设阶段的应用

1. 基于地层模型的桩基础施工 BIM 技术

基于地层模型的桩基础施工 BIM 技术是一种结合了地质勘探和 BIM 的先进方法,旨在实现桩基础施工过程中的数字化、智能化和精细化管理。该技术通过获取地下地质信息,建立地层模型,利用 BIM 技术实现桩基础施工全过程的数字化建模与仿真,包括设计、施工计划、资源管理、安全预警等,从而提高施工效率,降低施工风险,优化资源配置,保障工程质量,实现施工过程的可视化、协同化和信息化管理。通过地层模型与桩基础的数字化建模相结合,可以更准确地预测地下复杂地层的情况,提前识别潜在风险,为桩基础施工提供科学依据,为工程的安全稳定和可持续发展提供技术支撑。

1）技术内容

地质模型创建：由于 Civil 3D 软件不能够直接识别地质勘查报告中的地层信息，因此，地质柱状图中平面 XY 坐标、素填土、强风化、中风化等每一种地质岩层标高数据需要进行人工处理，编制地质数据 Excel 表格。数据统计过程中，例如遇到岩层分布复杂时，对其中中等风化各类岩层进行归纳合并，减少 Civil 3D 软件地质模型曲面易混乱问题。通过 Civil 3D 软件快速生成地质岩层模型，配合 Civil 3D 曲面处理功能实现地质实体模型的创建。

桩基础模型创建：创建 Dynamo 参数化程序，利用桩芯平面 XY 坐标生成桩基础定位模型，并载入桩基础参变族，通过 Dynamo 与 Excel 数据关联，使数据信息反映到模型尺寸上，包括平面坐标点位、桩径、桩长、桩顶标高等信息。将持力层地质曲面模型与桩基础模型进行耦合计算，得出预估嵌岩长度，并将数据以 Excel 表格的形式批量导出，用于指导桩基础施工。

模型整合：选择 Revit 作为模型整合平台，使用 Revit 材质库功能为地质模型添加真实的材质，进入族编辑模式进行"空心剪切"操作，将桩基模型与地质模型进行重合。通过 Revit 整合后的模型，使用剖切即可任意查看地质与桩基的信息关联，使隐蔽在地下的结构变得更加直观，便于现场施工作业人员在旋挖成孔过程中更好地判断桩基深度。

数据提取：通过 Revit 软件即可提取出每一根桩基所有设计信息、持力层高程、桩底标高、桩基在各地质层中的长度等数据，软件通过自动计算便可得到桩基混凝土体积参数。桩基土石方开挖量是其工程造价的重点，通过模型得到各层地质的开挖量，计算土方与石方开挖量，计算土石比，方便现场合理调配机械设备、安排工期，提高了基坑开挖的施工效率。

2）技术指标

地质数值模型创建：利用 Civil 3D 软件，快速生成场区内各个岩层的地质曲面，快速创建地质模型。

桩基数据生成：通过桩基设计坐标参数数据，导入 Civil 3D 软件中的地质曲面模型，桩基信息与地质曲面模型进行耦合，获取桩基础在各类岩层的曲面高程。

桩基模型创建：通过 Civil 3D 软件生成的数据，利用 Excel Vlookup 函数整合桩基数据，通过 Dynamo 可视化编程技术将桩基数据快速创建为数值模型。

数据提取：通过 Dynamo 编程将地质模型与桩基模型进行整合，通过 Revit 明细表功能快速统计土方分层开挖工程量、桩基工程量，可视化桩基与岩层分布。

3）适用范围

适用于涉及桩基础的建设工程项目[6]。

2. 土方工程施工工艺模拟 BIM 技术

土方工程施工工艺模拟 BIM 技术是指利用 BIM 技术对土方工程施工过程进行数字化建模与仿真的方法。通过将地形数据、工程设计、施工工艺等信息整合到一个三维模型中，实现对土方开挖、填筑、平整等工程施工过程的模拟与预测，有效开展土石方的挖运分析与运算。综合分析土方开挖量、土方开挖顺序、开挖机械数量安排、土方运输车辆运输能力、基坑支护类型对土方开挖要求等因素，优化土方施工工艺。

该项技术可以提高施工效率。通过 BIM 技术建立的三维模型可以直观展现土方工程的设计意图和施工工艺，使施工人员更清晰地了解工程要求，减少施工中的误差和改动，提高施工效率，同时提升施工质量。通过模拟土方工程施工过程，可以在虚拟环境中发现潜在的施工风险和问题，并及时进行调整和优化，从而减少施工中的质量问题和安全事故，保障工程质量。土方工程施工工艺模拟 BIM 技术能够优化资源利用、降低成本、减少环境影响,为土地开发与利用的可持续发展提供了重要支持,具有广泛的应用前景和社会经济效益。

1)技术内容

倾斜摄影技术:利用无人机低空航拍生成的密集点云数据,通过航线规划、像控点测量、航空摄影等步骤获得航片数据,采用软件自动化处理,应用对齐照片、建立密集点、生成网格等流程导出数据。

土方工程量计算:基于场地、土方模型进行工程量计算,提高 BIM 模型的利用率,减少算量人员的投入,提高工程量计算效率,为投资管理、进度管理和移交管理提供工程量数据。

土方平衡分析:运用 BIM 技术模拟土石方开挖与回填,直观有效地开展土石方的挖运分析与运算,做到土方平衡计算的精确化与精细化,节约沟通成本,对项目成本管控发挥重要作用。

施工方案优化:利用 BIM 技术对传统施工方案的可行性进行模拟核验,施工过程中实时监测土方工程的施工状态,根据土质情况对开挖方式和放坡系数进行调整。

土方工程施工模拟:利用土方模型结合土方机械模型(例如挖掘机、运土车等),模拟单位土方机械的土方铺设顺序,结合施工进度模拟现场车辆运行路线、路线交叉等信息,并在此信息基础上不断优化施工方案,解决施工方案中施工交叉、施工冲突等问题。

2)技术指标

土方工程施工工艺模拟指标应符合国家、行业和地方现行标准中的相关规定。

BIM 模型应包含坐标信息、场地设计标高、用地红线、道路红线、建筑控制线、原始地形表面、场地道路、场地范围内既有管网、场地周边主干道路、场地周边主管网、挖填土方工程量等信息。

工程量统计:基于 BIM 模型及工程的设计要求,确定土方工程开挖的范围、深度,通过三维模型及时反馈开挖的土方数据结果。

工艺模拟:综合分析土方开挖量、开挖顺序、机械施工安排、运输车辆运输能力、基坑支护类型对土方开挖的要求、现场道路环境及其他因素,优化土方工程施工工艺,并进行可视化展示或施工交底。

土方平衡:根据施工组织的顺序,利用 BIM 技术综合考虑建筑布局、土方开挖及回填、场地道路等因素,统计各个时序、各个区域的土方挖填量,对场地进行必要的土方处理,以使土方填挖量尽量达到平衡。

场地布置:结合场地周边环境和内外道路运输位置,确定施工区大门、办公区及生活区的布置,根据土方开挖位置完成内部运输道路的转换。

排水模拟:利用 BIM 技术模拟地表雨水流向,计算分区雨水量,使自然水体、人工水体及外部水系相连通,及时导出过剩雨水。

3)适用范围

适用于建筑工程的土方工程中的平场、基坑(槽)开挖、地坪填土、路基填筑及基坑回填土等环节的现场协同动态管理[6]。

3. 模板工程施工工艺模拟 BIM 技术

模板工程施工工艺模拟 BIM 技术是一种高效的建筑施工管理方法,将 BIM 技术与周转材料管控相结合,通过对模板工程进行三维可视化设计、安全验算、施工方案优化等,实现对模板工程施工过程的全面模拟与优化管理。该技术利用 BIM 技术对模板工程进行三维建模,精确呈现各构件的空间位置、尺寸、数量等信息,实现对整个施工过程的可视化设计与规划。通过对构件进行安全验算,并输出计算书,确保施工过程的安全性与稳定性。优化模板专项施工方案,减少模板的切割损耗量,提高模板的周转次数,从而降低施工成本,提高施工效率。结合工程量对施工流水段进行调整,使施工过程更加有序、高效。该技术还对模板数量、类型,支撑系统数量、类型和间距,支设流程和定位及结构预埋件定位等进行优化,从而更好地满足工程施工的需求。对于超过一定规模或危险性较大的模板工程及支撑体系,应进行模拟模架受力情况及方案的可操作性评估,以确保施工过程的安全性和经济性。

1)技术内容

配模方案优化:结合 BIM 结构模型,对模板进行快速配模,对梁、板、柱等尺寸及编号设计出配模图,优先对整块模板进行布置,减少模板的切割,降低模板损耗量,结合周转材料工程量对施工流水段进行调整,提高模板的周转次数和效率,优化资源配置。

工程量计算:根据施工阶段分别创建模板构件明细表,通过阶段的划分与各阶段模型的创建,可形成各阶段周转材料工程量清单,分别统计 BIM 模型中各材料的用量,例如模板面积、钢管长度、木方体积、扣件数量等,实现模板工程的精细化管理。

专项施工方案优化:利用 BIM 模型快速导出支撑体系平面布置图、节点图、剖面图,同时直接导出方案书和计算书,辅助施工方案编制、验证、分析等,为构件安全验算提供数据支撑。

可视化交底:结合 BIM 结构模型,对模板、支撑体系进行快速布置,利用三维可视化模板对重难点及复杂部位进行施工工艺交底,使作业人员对施工工艺流程和质量要求有直观的视觉理解。

工艺模拟:通过对模板工程施工全过程进行模拟,形成交底模型和工艺模拟视频,对模板的配模要求、支模架的搭设方式和搭设间距以及扫地杆、扣件、顶托的设置要求进行详细介绍,从而确定合理的施工方案来指导施工。

2)技术指标

模板工程施工工艺模拟 BIM 技术指标应符合国家、行业和地方现行标准中的相关规定。

BIM 模型应包含模板、木方、紧固件、临时支撑等构件信息,确定模板配模平面布置及支撑布置,标注出不同型号模板尺寸、平面布置规格、模板数量和排列形式及间距。

模板工程施工工艺模拟应确定模板数量、类型、支撑体系搭设顺序和定位等信息。

模板工程应对复杂节点部位进行优化,确定节点与各构件之间的连接方式、空间要求和施工顺序。

模板工程施工工艺应用,应将施工工艺信息与模型关联,输出资源配置计划、施工进度计划等对施工进行指导。

3)适用范围

适用于建筑工程施工阶段的模板加工、安装、支撑及拆除等动态过程管理[6]。

4. 脚手架施工工艺模拟 BIM 技术

脚手架施工工艺模拟 BIM 技术是利用 BIM 技术对脚手架施工过程进行全面模拟、优化和管理的方法。将 BIM 技术应用于脚手架施工领域,可以实现对整个施工过程的数字化建模与仿真,从设计到施工、维护再到拆除,全程实现信息化管理与协同作业。该技术通过获取建筑工程的设计数据,结合脚手架的参数与规格,建立完整的数字化脚手架模型,包括脚手架结构、材料、连接方式等信息。利用模拟软件对脚手架的搭建、拆除、移动等施工过程进行模拟,通过仿真分析可以优化施工方案,提高施工效率,减少安全风险,还能实现对脚手架施工现场的实时监测与管理,包括进度跟踪、材料管理、人员安全等,通过 BIM 模型与实际施工场景的对比,及时发现并解决施工中的问题,确保施工质量与安全。该技术具有可视化、协同性和数据化等特点,能够为项目各方提供直观的施工信息与沟通平台,促进各方的合作与协调,提升整体施工管理水平。

1)技术内容

可视化交底:结合 BIM 模型,对脚手架进行快速布置,利用三维可视化对重难点及复杂部位进行施工工艺交底,使作业人员对施工工艺流程和质量要求有直观的视觉理解。

工程量计算:根据施工流水段分别创建脚手架构件明细表,通过阶段的划分与各阶段模型的创建,分别统计钢管脚手架、扣件、工字钢等构件的用量,形成各阶段工程量清单,实现项目施工的精细化管理。

专项施工方案优化:利用 BIM 模型快速导出脚手架搭设的平面布置图、节点图、剖面图,同时直接导出方案书和计算书,辅助施工方案编制、验证、分析等,为脚手架的安全验算提供数据支撑。

工艺模拟:通过对脚手架施工全过程进行模拟,形成交底模型和工艺模拟视频,对脚手架的搭设方式、搭设间距、扫地杆、扣件及顶托的设置要求进行详细介绍,从而确定合理的施工方案来指导施工。

标准化族库:结合自身企业文化,形成企业标准化模型库,提升周转率,降低损耗率,为建筑施工安全标准化管理提供支持。

2)技术指标

脚手架施工工艺模拟 BIM 技术应符合国家、行业和地方现行标准中的相关规定。

脚手架施工工艺模拟应确定脚手架搭设位置、数量、类型、尺寸和受力信息,有效控制脚手架的施工质量,提高施工效率和质量。

脚手架施工工艺模拟应综合分析脚手架组合形式、搭设顺序、安全网架设、连墙杆搭设和场地障碍物等因素,优化专项施工方案,并进行可视化展示和施工交底。

利用 BIM 模型建立脚手架族库,可对各个脚手架单元节点族以及相关脚手架进行编码,相同的单元完成单个节点族布置之后便可进行模块化布置。

利用 BIM 技术对施工现场脚手架组成材料运输及现场堆放进行模拟,集中堆放,优化劳动量,降低工程成本,提高安全文明绿色施工水平。

3)适用范围

适用于采用脚手架的建筑工程[6]。

5. 复杂节点施工工艺模拟 BIM 技术

复杂节点施工工艺模拟 BIM 技术是指利用 BIM 技术的可视化和模拟特点,对工程项目中存在的复杂节点进行精确建模与仿真。通过将项目中的复杂节点,如连接处、交叉点等,利用 BIM 软件进行建模,根据实际情况进行反复模拟和调整,解决空间上各类构件位置关系和施工工序不易确定的难题。通过 BIM 技术的应用,施工方可以提前发现实际施工过程中可能出现的问题,或者解决已经出现的问题,从而有效辅助项目团队进行复杂节点的问题分析及实施技术方案的选择。这一技术使得施工方案更加明确细化,能够更好地适应现场实际情况,提高施工效率,降低施工风险,确保工程质量。

1)技术内容

复杂节点建模:将复杂节点处每一个构件按照其排布规则建立深化模型,根据施工方案的文件和资料,针对施工中的重难点,把技术、管理等方面的施工过程信息添加至模型中,形成节点施工深化模型。可以生成 VR/AR/MR(mixed reality,混合现实)可执行文件或视频展示文件,也可用于对施工管理人员及操作人员进行可视化技术交底。钢筋部分制作流程大致为:建立复杂节点结构各构件钢筋模型→确定节点处钢筋调整规则→对钢筋放置顺序和钢筋放置位置进行优化→验证钢筋摆放规则可行性→整理调整后验证可行的规则→形成节点深化成果→将节点深化成果编入施工交底书。钢结构部分针对钢结构工程本身的柱脚节点、支座节点、梁柱连接节点、梁梁连接节点、支撑与柱或梁的连接节点、管结构连接节点等复杂节点,应考虑工厂加工工艺和现场安装能力、施工工艺技术要求等内容,尽量在设计单位提供的节点设计基础上进行模型扩展,一般应对各节点进行现场拼接、节点连接计算、焊缝强度验算、螺栓群验算、节点设计的施工可行性复核、结构有限元模型验算、钢构实体各预留构件位置定位。

节点碰撞检查:在复杂节点处往往存在钢筋密集、钢结构复杂的情况,容易出现碰撞。通过软件对节点施工演示模型分专业进行冲突碰撞检测,得出相应的冲突检测报告,列出节点存在的问题,例如图纸错漏、管线与建筑结构碰撞及施工安装空间不足等。

三维图审:通过碰撞检查形成的问题报告,逐个排查筛检,提前模拟,将深化周期前移。通过三维局部审查和剖面间距核实等手段,反复与设计单位沟通和修改调整,并形成书面的修改、优化意见,实现优化构件排布,以保证节点处系统功能,提升后期使用感观效果,避免因相关问题造成的工期延误。

重难点施工方案模拟:结合工程项目的施工工艺流程,在施工图设计模型或深化设计模型的基础上附加施工工艺、施工顺序等信息,充分利用 BIM 对方案进行分析和优化,对施工过程演示模型进行施工模拟、优化,选择最优施工方案,生成模拟演示视频,可实现施工方案的可视化交底,提高方案审核的准确性。制作流程大致为:总体策划→编写解说词→细化动画脚本、材质编辑→动画渲染→录制解说词→后期剪辑合成→保存输出文件→动画验收→整理可复用资源。

2)技术指标

模型应用:三维审图、节点深化后需要进行设计变更的部分应形成书面的设计方案修改、优化意见。

工艺模拟动画:建筑成品的大场景要安排在所有动画之前;可重复利用的场景、模型只制作一次;尽量将连贯的、相似的动画片段分给同一个人,提高效率,减少制作冲突;加强各关联片段制作人员之间的沟通与协调,确保动画的准确性,同一分工人员要注意各成员的特长,分工最小单位不一定是片段,也可能是片段中的某个要素;按照流水作业原理分工,合理安排时间、工序,提高制作效率。

技术方案 VR/AR/MR 呈现:内容应包括但不限于技术方案对应的施工模型元素及信息、几何信息(位置、几何尺寸或轮廓、材质等)、非几何信息(技术规格、力学性能等)。成果应包括但不限于技术方案 BIM 模型场景,VR/AR/MR 可执行文件、链接或视频。

3)适用范围

适用于具有复杂施工节点、重难点施工内容,多专业交叉协调管理的建筑工程项目[6]。

6. 垂直运输施工工艺模拟 BIM 技术

垂直运输施工工艺模拟 BIM 技术利用 BIM 模型,结合项目概况图纸,分析并监控施工所需各类起重机械、升降机等垂直运输设备的性能、适用范围和工期要求等。通过模拟项目各施工阶段的工序特点、分时段运输量及工作区域划分等,综合考虑施工机械的使用效率和工地布置的合理性,最终选择最优的垂直运输体系。该技术可以有效减少施工机械的闲置,提高机械利用率,实现施工过程的数字化管理与优化,为工程施工提供科学支持。

1)技术内容

总平建模:建立场地模型,结合项目施工进度计划安排,提前规划与布置现场办公区、生活区及生产区,对各阶段施工现场主要出入口、临时施工道路、各类起重机械和升降机等垂直运输设备、材料堆场、周转场地等进行布置。

垂直运输设备建模:运用 BIM 技术进行与实际相符的塔式起重机参数化 BIM 模型创建,添加参数信息、型号信息、功能信息,方便塔式起重机调节使用,用于塔式起重机三维设计、布置、施工作业模拟。

垂直运输模拟:估算劳动力及材料,根据施工进度计划,梳理各阶段施工所需劳动力、材料数量及每日运输设备的运输量。根据前期所选垂直运输设备的型号及设备布置数量,结合垂直运输机械设备的功效,在 BIM 软件中将设备运输量参数输入设备。分析模拟,根据进度计划、估算劳动力及材料、所选垂直运输设备的型号及设备布置数量,运用软件对垂直运输进行模拟。通过 BIM 垂直运输分析,得到垂直运输设备是否能完成劳动力及材料的运输,若不能完成,则及时反馈修改调整,直至满足垂直运输要求。

2)技术指标

劳动力及材料清单。根据总平及进度计划算出各阶段的劳动力及材料清单,要注意考虑抢工期、节假日、高温等特殊情况,其中人员需梳理出早、中、晚的施工人流量。

垂直运输设备运输量分析。根据垂直运输设备信息计算出垂直运输设备运输量。

垂直运输设备运输时间。垂直运输设备模拟吊装材料时,需考虑以下几点:结合项目周围交通情况估算出水平运输设备运输材料时长;根据加工厂机器数量得到材料加工的工效,将水平运输时长及加工时长算入垂直运输时长。

3)适用范围

适用于具有垂直运输施工工艺的建筑工程项目[6]。

六、BIM 技术在竣工运维阶段的应用

1. 竣工验收 BIM 技术

竣工验收是建筑工程项目完成之后的一个重要阶段,它标志着项目从施工阶段正式过渡到使用阶段。在这个阶段,需要对建筑物进行全面的检查和评估,以确保其满足设计要求和规范标准,符合安全和功能性的要求。传统的竣工验收主要依赖于纸质图纸、现场检查和人工记录,随着 BIM 技术的发展,竣工验收 BIM 技术应运而生,为竣工验收带来了革命性的变化。

竣工验收 BIM 技术是指在建筑工程竣工验收阶段,利用 BIM 模型来进行建筑物的检查、评估和验收的技术。BIM 模型是一个集成了建筑物所有相关信息的三维数字模型,包括几何结构、材料属性、设备信息、施工过程等。通过 BIM 技术,项目团队可以在虚拟环境中对建筑物进行详尽的审查,从而提高验收的效率和准确性。

1)技术内容

竣工预验收应根据竣工验收模型进行。竣工验收模型应关联各施工阶段和竣工验收阶段的信息,竣工验收模型与文件、成果交付应符合项目各方的合同要求。通过对施工现场与竣工验收模型进行分析对比,辅助进行竣工验收。竣工验收成果包括竣工验收模型、设备关联信息、竣工验收关联信息、模型辅助验收报告、BIM 辅助工程量测算报告等。

竣工交付成果包括模型文件、文档文件、图形文件和动画文件等,交付内容由接收方确定并审核,最后形成竣工交付模型交接单。竣工交付模型应根据交付对象的要求进行审核。

2)技术指标

竣工阶段模型宜根据施工过程模型或施工图及现场条件创建,并应附加或关联相关竣工资料

的信息。竣工模型中涉及的信息内容应符合现行国家、行业标准《建筑工程施工质量验收统一标准》(GB 50300—2013)和《建筑工程资料管理规程》(JGJ/T 185—2009)的规定。

在竣工验收 BIM 应用中,应将竣工预验收与竣工验收合格后形成的验收信息和资料附加或关联到模型中,形成竣工验收模型。

竣工阶段的模型应用包括竣工预验收、验收和交付。

竣工模型信息除几何信息外,主要包括管理资料、技术资料、安全资料、测量记录、物资资料、施工记录、试验资料、过程验收资料等信息。

建设单位应组织设计单位、施工单位、监理单位等相关单位对竣工模型进行验收。

竣工交付对象应包括建设单位、相关政府监管部门、施工单位,宜根据不同的对象要求,在竣工验收模型的基础上制作相应交付成果。

3)适用范围

适用于建筑工程的竣工预验收和竣工验收管理[6]。

2. 数字化档案与电子签名签章技术

BIM 数字化档案与电子签名签章技术是 BIM 技术与现代文档管理技术的结合,共同为建筑行业提供了一种高效、安全且合规的数字化工作流程。

在 BIM 环境中,创建、存储和管理所有建筑项目相关信息的数字化记录。这些档案不仅包括了传统的施工图纸、设计文档、施工日志等,还涵盖了更为广泛的数据,如 3D 模型、模拟分析结果、施工进度跟踪、成本估算、维护记录等。通过将这些信息数字化,项目团队能够实现更高效的信息共享、协作和沟通,同时确保数据的完整性和可追溯性。BIM 数字化档案的使用,不仅提高了项目管理的效率,还有助于在建筑的整个生命周期中保持信息的一致性和准确性。

电子签名签章技术在 BIM 领域的应用,为建筑项目的文档审批、合同签署、变更管理等环节提供了一种快速、安全且具有法律效力的解决方案。在 BIM 项目中,电子签名可以用于确认设计更改、批准施工图纸、验证施工进度报告等。通过使用电子签名,项目团队成员可以远程完成文档的审批和确认,大大提高了工作效率,同时减少了纸质文档的使用和相关的物流成本。

结合 BIM 数字化档案与电子签名签章技术,建筑项目可以实现全面的数字化管理。例如,在设计变更过程中,设计师可以通过电子签名确认变更内容,然后更新 BIM 模型,并将变更信息同步到所有相关人员的数字化档案中。项目的每个参与者都能够实时获取最新的项目信息,并在此基础上进行决策和协作,增强了项目的合规性。BIM 数字化档案记录了项目的所有变更历史和决策过程,而电子签名则为这些记录提供了不可否认的认证。在项目完成后,这些数字化档案和签名记录可以作为项目交付的一部分,为未来的运营和维护提供重要依据。

1)技术内容

工程电子文件形成单位应加强对电子文件归档的管理,将工程电子文件的形成、收集、积累、整理和归档纳入工程建设管理的各个环节和相关人员的职责范围,明确责任岗位,指定专人管理。

工程电子文件应包含有效的、完整的、可读的电子签章,若不存在,应收集签名、盖章后的文件或纸质文件的扫描件。

凡能够提供电子文档的文件应提交电子文档,不能提供电子文档的文件应提供相应纸质文件扫描件。

建设单位应当建立项目电子档案管理系统,管理项目全部电子档案,系统应当具备接收登记、分类组织、鉴定处置、权限控制、检索利用、安全备份、移交输出、系统管理等基本功能。

数字档案编制应与现场施工质量、工序及验收流程保持数据同步,建设工程档案应收集完整,BIM 模型及数字档案内容应符合要求。

2)技术指标

交付工程资料应包括电子文件和相关数据信息,电子文件交付清单、相关数据信息和归档文件应符合各地关于建设工程档案编制、验收的标准的要求。

电子文件形成者应采用可靠的电子签名、电子签章等手段保障归档电子文件的真实性。

数字档案数据、模型应统一格式要求,数字档案应对结构化数据格式、非结构化数据格式及BIM 模型格式提出要求。

电子签名应经过本人识别的活体人像授权,并在项目定位范围内自动判别进行签名,密钥应由国家主管部门认可的认证机构生成。

数字签章应由数字证书中载明的使用人持有的私钥制作,包含公钥的数字证书应在其有效期内,并且没有被中止或撤销,数字证书应在认证机构规定的范围及权限内使用。

3)适用范围

适用于使用数字化档案的建筑工程档案的编制、验收、归档、移交[6]。

3. 运营及维护 BIM 技术

运营及维护 BIM 技术是指在建筑物的运营和维护阶段,利用 BIM 来优化设施管理、提高运营效率和降低维护成本的一系列技术和方法。BIM 技术在建筑物的生命周期中扮演着重要角色,不仅在设计和施工阶段,在建筑物投入使用后的运营、维护阶段也发挥着关键作用。

运营及维护 BIM 技术的核心在于 BIM 模型的持续性使用和更新。这个模型包含了建筑物的详尽信息,如结构、系统、材料、设备等,以及与之相关的性能数据和维护要求。在运营维护阶段,这些信息可以被用来进行资产管理、空间规划、能源管理、故障诊断和预防性维护等。

1)技术内容

业主宜在项目开始时,制订运维信息的收集范围及数据标准,并组织各参与方协商分配运维信息收集工作,各参与方在项目不同阶段按照要求采集运维信息。

从不同源头获取的信息均可保存在数据库中,数据库的设计应和信息模型的信息架构相对应。

运维管理系统可在轻量化模型中漫游浏览,查看设施的相关资料和信息,直观了解隐蔽管线及设备的整体情况,并可通过关键词、组合条件查询相应内容。

运维管理系统以三维的形式直观地对房间使用情况、能耗使用情况、费用开销、各设备的运行情况、维保周期、空间位置等信息进行管理。

运维管理系统一般包含控制、报警、检测等功能,可通过模型的颜色表达设备的运行状态,也可通过模型控制设备。

运维管理系统可提取各类设备的保养维护周期,自动生成运维计划表,检修人员可按计划对设施设备进行维护并更新维护状态。

故障检修时可通过移动端扫描设备上的二维码,进行设备定位,登记故障。

在检修过程中可查看故障构件相关模型、图纸、历史维修信息、维修方法等。

2)技术指标

运维管理系统应从 BIM 中获取构件、空间的基本信息,使用定制的表格填写信息,使用 BIM 管理系统的移动端输入现场信息,使用移动端读取条形码、二维码、RFID 芯片等。

不会变化的数据信息宜存储在模型上,对于变化的数据,需不断记录信息并存储在能够加载到轻量模型上的数据库中。

对于没有数据接口的 BIM 软件,需将信息模型输出给符合信息交换标准的电子表格,再将电子表格中的数据导入运维管理系统。对于有数据接口的 BIM 软件,可通过数据交换模块将信息从信息模型提取到运维管理系统。

3)适用范围

适用于建筑工程的运营及维护管理[6]。

第三节 智能建筑与 GIS 技术

一、GIS 技术概述

1. GIS 技术的概念

GIS 技术是一种用于捕捉、存储、管理、分析和展示地理空间数据的集成技术。GIS 技术结合了地理学、地图学、地理信息科学、计算机科学及其他相关学科的知识,旨在帮助人们理解、解释和利用地理空间数据。通过 GIS 技术,人们可以更好地理解地球表面上的空间分布、地理特征和相互关系,从而支持决策制定、规划设计、资源管理、环境保护等领域的工作。GIS 技术的发展使人们能够更好地理解地球表面的空间关系,并从中获得有用的信息。GIS 不仅被广泛应用于地理学和地图制图领域,还被应用于城市规划、自然资源管理、环境保护、应急响应等众多领域。

GIS 技术主要包含三个方面的内容。

(1)GIS 使用的工具为计算机软硬件系统;

(2)GIS 研究对象为空间物体的地理分布数据及属性;

(3)GIS 数据建立过程包括采集、存储、管理、处理、检索、分析等。

2. GIS 的基本原理

1)空间数据模型

GIS 技术的核心是空间数据模型,它定义了如何表示地理空间数据。空间数据模型主要有以下两种类型。

(1)矢量数据模型:使用点、线、面等几何对象来表示地理实体。矢量数据模型适用于表示离散的地理要素,如道路、河流和土地利用区域。

(2)栅格数据模型:使用规则的像素矩阵(栅格单元)来表示连续的空间现象。栅格数据模型适用于表示地表覆盖、地形、气候等连续变化的空间数据。

2)坐标系统

GIS 使用坐标系统来确定地球上的任何精确位置。常见的坐标系统包括以下两种。

(1)地理坐标系统:使用经纬度(经度和纬度)来表示地球表面上的位置。

(2)投影坐标系统:为了解决地理坐标系统在地图制作和空间分析中的局限性,使用各种地图投影方法将地球表面的三维坐标转换为二维平面坐标。

3)空间关系

GIS 技术能够识别和分析地理空间数据之间的空间关系,包括以下几种。

邻接:两个地理要素相互接触。

包含:一个地理要素完全包含在另一个地理要素内。

相交:两个地理要素有共同的部分。

相离:两个地理要素之间有一定空间距离。

4)空间分析

GIS 提供了多种空间分析工具,用于探索地理空间数据之间的关系和模式。常见的空间分析方法包括以下几种。

缓冲区分析:为地理要素创建一个指定距离的缓冲区,用于分析要素周围的空间影响。

叠加分析:将两个或多个地理要素叠加在一起,以识别它们之间的空间关系。

网络分析:分析网络数据(如道路、水流等)以解决最短路径、服务区域、设施选址等问题。

空间插值:根据已知点的数据,预测未知点的空间分布。

5)数据可视化

GIS 将复杂的空间数据转换为直观的地图和图形,帮助用户更好地理解和解释数据。GIS 的可视化工具包括以下三种。

(1)二维地图:传统的地图表示方法,用于展示地理要素的位置和属性。

(2)三维场景:使用三维模型来展示地形、建筑物等空间数据。

(3)动画:通过时间序列数据展示地理空间数据的变化过程。

3. GIS 技术的应用领域

GIS 技术在多个领域应用广泛。

城市规划与管理:用于城市建设的规划和管理,如土地利用规划、交通规划、城市基础设施管理等。

环境科学:用于环境监测和管理,如森林管理、水资源管理、污染控制等。

公共安全:用于灾害管理、应急响应、犯罪分析等,帮助政府和救援机构更有效地应对突发事件。

商业分析:用于市场分析、选址分析、物流优化等,帮助企业提高运营效率和竞争力。

农业:用于作物规划、土地管理、农业资源评估等,提高农业生产效率和可持续性。

二、GIS 的基本组成和关键功能

1. GIS 的基本组成

一个实用的 GIS 应具有空间数据采集、管理、处理、分析、建模和显示等功能,其基本构成包括四个主要部分:系统硬件、系统软件、数据库系统、系统管理和操作人员。其中,计算机系统软、硬件是核心部分,空间数据反映 GIS 的地理内容,管理人员和用户则决定系统的工作方式和信息表示方式。

(1)系统硬件。由于 GIS 任务的复杂性和特殊性,必须由计算机设备支持计算机硬件系统,系统硬件是计算机系统中的实际物理装置的总称,可以是电子的、电的、磁的、机械的、光的元件或装置,也可以是 GIS 的物理外壳。GIS 系统的规模、精度、速度、功能、形式、使用方法甚至软件都与硬件有极大的关系,受硬件指标的支持和制约。

构成计算机硬件系统的基本组件包括输入/输出设备、中央处理单元(central processing unit,CPU)、存储器(包括主存储器、辅助存储器)等,这些硬件组件协同工作,向计算机系统提供必要的信息,使其完成任务,并将处理得到的结果或信息提供给用户,同时保存数据以备现在或将来使用。

(2)系统软件。GIS 软件是系统的核心,用于执行 GIS 功能的各种操作,包括数据输入和处理、数据库管理、空间分析和图形用户界面等,按照其功能分为 GIS 专业软件、数据库软件和系统管理软件等。

GIS专业软件一般指具有丰富功能的通用GIS软件,包含处理地理信息的各种高级功能,可作为其他应用系统建设的平台。代表产品有Arc/Info、MGE、MapInfo、MapGIS等。它们一般都包含核心模块:数据输入与编辑、空间数据管理、数据处理与分析、数据输出、用户界面系统二次开发功能等。

GIS的数据库软件除在GIS专业软件中用于支持复杂空间数据的管理外,还服务于以非空间属性数据为主的数据库系统,这类软件有Oracle、Sybase、Informix、DB2、SQLserver等。由于这类数据库软件具有快速检索、满足多用户开发和数据安全保障等功能,目前能在这些现成的关系型商业数据库中存储GIS的空间数据。

GIS的系统管理软件主要指计算机操作系统,如Windows XP、Vista、Linux等,它们关系到GIS软件和开发语言使用的有效性,也是GIS软硬件环境的重要组成部分。

(3)数据库系统。数据库系统是GIS的操作对象与管理内容,是指以地球表面空间位置为参照,描述自然、社会和人文经济景观的数据,这些数据可以是数字、文字、表格、图像和图形等,它们由系统建造者通过数字化仪、扫描仪、键盘磁带机或其他输入设备输入GIS中。其相应的区域信息包括位置信息、属性信息和空间关系等,GIS中的数据类型有空间数据和非空间的属性数据两大类。

空间数据用来确定图形和制图特征的位置,以地球表面空间位置为参照。根据地理实体的空间图形表示形式,可将空间数据抽象为点、线、面三类元素。空间数据具体反映两方面信息:①在某个已知坐标系中的位置,也称几何坐标,主要用于标识地理景观在自然界或包含某个区域地图的空间位置,如经纬度、平面直角坐标、极坐标等;②实体间的空间相关性,即拓扑关系,用于表示点、线、网、面等实体之间的空间联系,如边界线与面实体间的构成关系、面实体与岛或内部点的包含关系等。空间拓扑关系对地理空间数据的编码、录入格式转换、存储管理、查询检索和模型分析都有重要意义,是GIS的特色之一。

非空间的属性数据用来反映与几何位置无关的属性,即通常所说的非几何属性,是与地理实体相联系的地理变量或地理意义,一般是经过抽象的概念,通过分类、命名、量算、统计等方法得到。非几何属性分为定性和定量两种,定性属性包括名称、类型、特性等(如岩石类型、土壤种类、土地利用、行政区划等),定量属性则包括数量和等级(如面积、长度、土地等级、人口数量、降雨量、水土流失量等)。任何地理实体至少包含一个属性,而GIS的分析、检索主要是通过对属性的操作运算来实现。

(4)系统管理和操作人员。GIS不同于地图,它是一个动态的地理模型。仅有系统软硬件和数据还不能构成完整的GIS系统,还需要人员进行系统组织、管理、维护和数据更新、系统扩大完善、应用程序开发,并灵活采用地理分析模型提取多种信息,为研究和决策服务。对合格的系统设计、运行和使用来说,GIS专业人员是GIS应用的关键,强有力的组织是系统运行的保障。

一个周密规划的GIS项目应包括负责系统设计和执行的项目经理、信息管理的技术人员、系统用户化的应用工程师及最终运行系统的用户。

2. GIS的关键功能

根据内容、功能和应用目的不同,GIS可以分为工具型GIS和应用型GIS两大类。

工具型GIS也称作GIS开发平台或GIS外壳,可提供一套完整的GIS基础功能。工具型GIS允许开发者或用户进行二次开发,利用这些基础功能可以构建定制化的地理信息解决方案。工具型GIS通常包含数据采集、编辑、存储、管理及可视化等模块,它们构成了GIS操作的核心。

应用型GIS是针对特定应用领域或特定用户需求设计的解决方案,不仅包含GIS的基本功能,还集成特定的应用模型和方法,用以解决实际的地理空间问题。应用型 GIS 专注于特定问题的解决,如城市规划、环境监测、交通管理等,通过集成专业的分析工具和模型,为用户提供深入的决策支持。

GIS 的基本功能可以进一步细分为以下几个关键方面。

数据输入:GIS 支持多种数据源的输入,包括纸质地图的数字化、遥感数据的导入、统计数据的录入及相关文字描述的电子化等。这一过程是 GIS 数据生命周期的起点,确保了地理信息的数字化表示。

数据编辑:数据编辑功能允许用户对 GIS 中的数据进行修改和校正,包括地理要素的几何编辑和属性数据的更新,确保数据的准确性和时效性。

数据存储与管理:GIS 通过高效的数据模型来组织和管理空间与非空间数据,不仅涉及数据的存储结构,还包括数据的索引、查询、检索以及版本控制等,是 GIS 数据库建设的核心环节。

空间查询与空间分析:空间查询与空间分析是 GIS 最为显著的特点之一。空间查询使用户能够根据特定的地理条件检索信息;空间分析通过各种算法揭示地理要素之间的关系和模式,包括但不限于缓冲区分析、叠加分析、网络分析、多标准评价等高级功能。

可视化表达与输出:GIS 的强大可视化工具可以将复杂的空间数据转换为直观的地图和图表,支持用户进行更深入的数据探索和交流;输出功能则允许将分析结果以多种格式导出,以满足不同的应用需求。

三、新兴 GIS 技术

1. 组件式 GIS 技术

组件式软件技术已经成为软件技术的潮流之一,而组件式 GIS(components GIS,Com GIS)就是顺应这一潮流而产生的新一代的 GIS。组件化技术使 GIS 软件更具有可扩展性、可配置性,也更具灵活性、开放性,使二次开发更方便,在与各种专业应用(尤其是非 GIS 领域)的结合中发挥更大的作用。Com GIS 适应了 GIS 集成化、大众化、网络化的发展需要,是面向对象技术和组件式软件技术在 GIS 软件开发中的应用。

传统的基于 GIS 技术的应用系统开发主要有两种方式:一种是自主设计空间数据结构和数据库,利用 VB、VC++等编程语言开发系统;另一种是引进先进的 GIS 软件(如 ARC/INFO、ARCVIEW、MAPINFO 等),利用其提供的二次开发工具,结合自己的应用目标开发。前一种方式开发难度大、效率低;而后一种方式必须借助于原有 GIS 软件提供的二次开发工具和开发语言,开发效率低、成本高。

采用 GIS 组件提供商提供的组件,克服了传统 GIS 应用系统开发的缺点,不需要专门的 GIS 开发语言,只需在通用编程语言环境下即可实现与管理信息系统(management information system,MIS)、OA 系统的集成,提高了开发效率,降低了开发成本和开发难度。GIS 技术的应用也将日益广泛,不再局限于资源开发、数字城市、土地利用、环境监测等由政府部门干预的大型的应用领域,将逐步大众化、产业化、企业化,进入建筑物业管理、智能小区等地理规模较小的应用领域。

2. 网络 GIS 技术

网络 GIS(也称 Web GIS)是基于网络的 GIS,利用 Internet 技术在 Web 上发布空间信息供用户浏览和使用。在全球范围内任意一个 WWW 站点的 Internet 用户,都可以获得 Internet GIS 服务器提供的服务,搜索和浏览空间数据、专题地图和图像,进行空间查询和分析,实现了真正的信息共享,使 GIS 成为一种大众信息交流工具。

Web GIS 利用通用浏览器进行地理信息的发布,并通常使用免费的插件 Active X 或 Java Applet,从而大大地降低了终端客户的昂贵软件费用、培训成本和技术负担。利用组件式技术,用户可以根据实际需要选择组件,大规模降低了系统成本,也最大限度地减轻了用户的经济负担。客户端采用通用浏览器,操作简单,使 GIS 应用系统不再局限于少数经过专业培训的专业用户,而可以被广大的普通用户所接受。

3. 三维 GIS 技术

各种物体都是以三维空间的形式存在的,三维 GIS 技术能够模拟、表示、管理、分析与三维实体相关的信息,并提供决策支持。以前的三维显示只能应用在大型的主机和图形工作站上,且在极少数的部门(如地震预测、石油勘探、航空视景模拟器)得到应用,成本动辄上百万美元。以前的 GIS 大多提供一些较为简单的三维显示和操作功能,与真三维表示和分析有很大差距。随着计算机技术的发展,硬件成本不断地降低,一台普通的 PC 机就可以很轻松地进行真三维显示和分析。三维 GIS 技术可以支持真三维的矢量和栅格数据模型及以此为基础的三维空间数据库,解决了三维空间操作和分析问题。

四、GIS 技术在智能建筑中的重要性

GIS 技术在智能建筑领域的重要性体现在多个层面,GIS 技术的应用不仅提升了建筑设计、施工和管理的效率,而且对实现建筑项目的可持续发展具有深远的影响。

1. 信息集成与数据共享

GIS 技术的核心优势之一是能够集成多种来源的地理空间数据。在智能建筑项目中,这意味着可以将地形、气候、交通流线、社区规划等信息整合到一个统一的平台上。这种集成对于项目的规划和设计至关重要,它允许建筑师和工程师在设计阶段充分考虑环境因素、地理位置的特点,从而做出更加明智的决策。

2. 三维可视化

GIS 结合 BIM 技术,可以创建建筑和周边环境的三维可视化模型,不仅帮助设计团队更好地理解项目的空间关系,还能通过直观的模型展示,促进项目各参与方之间的沟通和协作。三维模型特别适用于分析建筑与周围环境的交互影响,如光照、阴影、风向等。

3. 精细化管理

GIS 技术可以提供精确的地理位置和空间地理信息分析,对智能建筑的精细化管理至关重要。例如,在桥梁、隧道等基础设施的内部信息关联分析中,GIS 技术能够提供关键的地理信息支持,帮助管理者优化维护计划和应急响应策略。

4. 安全风险管理

GIS 技术可以与遥感数据集成,模拟不同的路线规划,进行建模分析和风险预测控制,实现安全风险管理。通过 GIS 技术,可以预测和评估自然灾害对建筑的影响,制定相应的防灾减灾措施。

5. 基础设施规划

GIS 技术与 BIM 技术的结合,扩展了 BIM 技术的应用范围,提升了对公路、隧道、铁路等基础设施项目的管理能力。这种融合使得项目团队能够更好地理解大型工程的地理空间影响,可以优化长线工程和大规模区域性工程的管理。

6. 支持智能建造

智能建造是新一代信息技术与工程建造的融合,GIS技术作为智能建造的关键技术之一,支持工程建造全过程、全要素、全参与方的协同和产业转型。GIS技术的应用可以提高施工现场的生产率、精度和安全性,同时优化资源配置和施工流程。

7. 自主可控技术

GIS技术的发展强调自主可控的关键核心技术,对于推动国产GIS软件的发展,赋能数字中国具有重要意义。通过自主研发GIS技术,可以减少对国外技术的依赖,提升国内建筑行业的竞争力。

8. AI与大数据

GIS技术与AI、大数据的结合,为地理空间的智能时代提供了技术基础。GIS可以处理和分析大量的空间数据,支持复杂的空间分析和预测模型,适应全球动态观测的需求。这为智能建筑的运营和维护提供了数据支持,使得建筑更加智能化和自动化。

9. 推动数字化转型

GIS技术是建筑产业数字化转型的关键基础技术之一。通过应用BIM和GIS技术,可以实现各阶段信息的集成与共享,提高项目管理效率和质量。GIS技术的应用有助于实现建筑项目的全生命周期管理,从规划设计到施工建造、运营维护,GIS技术都能发挥重要作用。

10. 智慧施工管理

GIS技术在智慧施工管理平台中的应用,可支持施工进度、安全、质量等多个方面的智能化管理。通过GIS技术,可实现施工现场的实时监控,提高施工效率和安全性,也有助于环境保护和资源节约。

11. 数字孪生与CIM技术

GIS作为数字孪生和城市信息模型(city information modeling,CIM)的核心技术之一,能够实现城市规划、建设、管理,以及公共服务的数字化和智能化。数字孪生技术可以创建建筑和城市的虚拟模型,用于模拟、分析和优化现实世界中的复杂系统。CIM技术则为智慧城市建设提供了基础数据和分析工具。

12. 跨领域融合

GIS与BIM技术的融合,不仅在建筑工程领域发挥作用,还向水利、电力、公共服务等其他领域扩展,推动跨领域的信息化管理。这种跨领域的融合有助于实现不同行业之间的数据共享和业务协同,提升整个社会的运行效率。

13. 政策支持与市场潜力

国家政策的支持和市场的需求推动了GIS技术在智能建筑领域的应用。随着城市化进程的加快和建筑行业的发展,GIS技术将在智能建筑领域继续发挥重要作用,并展现出巨大的市场潜力。

五、GIS＋BIM技术的应用与挑战

1. GIS与BIM技术的结合

GIS技术以地理空间数据为基础,实时提供多种空间和动态的地理信息,从宏观的角度去关注整个世界。BIM技术使用富含信息的三维模型作为中心库,通过数字信息仿真技术模拟建筑物的

真实信息,专门处理建筑内部信息。BIM 和 GIS 技术的结合,可以更好地研究建筑内部和建筑外部的信息结合问题。

1)信息数据共享

BIM 与 GIS 的集成应用,有利于提高对长线工程和大规模区域性工程的管理和规划能力。通过 BIM 技术生成的建筑模型,可以在项目中的各个阶段实现信息共享、实时更新,从而保证项目数据的准确性和及时性。

2)三维可视化

BIM 技术可视化能够得到建筑物的精确外观尺寸和内部空间信息等,使模型呈现更为直观,帮助评估项目的施工准确性。通过 BIM+GIS 技术应用,可以共享建筑空间信息和周围地理环境信息,进而降低建筑空间信息成本。

3)精细化管理

BIM 技术可以在内部信息关联分析中发挥重要作用,但其在精确地理位置、空间地理信息分析和构筑周边环境方面存在较大的缺陷,而 GIS 正好能够解决这些问题,进一步提高 BIM 模型建筑信息的完整性。

4)安全风险管理

BIM 技术对建筑项目实施过程进行数据监控和施工模拟,提高了项目的安全性,大幅降低了项目风险。GIS 综合考虑遥感数据集成和多维数据,模拟出不同的路线规划,通过建模分析和风险预测控制,实现安全风险管理。因此,BIM+GIS 技术可以很好地解决项目的安全风险管理问题。

2. BIM+GIS 技术的应用领域

1)市政领域

通过 GIS 技术,可以创建城市的三维模型,但这些模型往往缺乏建筑内部的详细信息。BIM 技术的应用,可以为建筑物创建详细的三维数据模型,这些模型不仅包含建筑外观,还包括内部结构和功能区域。将 BIM 模型与 GIS 数据集成,可以构建一个包含室内外信息的全面城市模型,极大地提升了模型的实用性和分析能力。此外,通过结合 BIM 和 GIS 技术,市政工程师能够模拟市政设施的运行情况,如供暖系统的热传导效率,以及其对周边环境的影响,从而优化设计,避免潜在的工程问题。

2)交通领域

在交通领域,BIM 技术用于精细构建道路和交通设施的三维模型,而 GIS 技术则负责实时监控交通流量、拥堵状况和事故信息。这种集成系统为交通管理提供了强有力的工具,使管理者能够迅速响应交通事件,优化公共交通调度和道路管理。同时,BIM 和 GIS 的融合还能提高事故响应效率,精确定位事故地点,并利用大数据分析提出有效的救援方案,确保救援行动的及时性和准确性。

3)基础设施建设领域

BIM 技术在单个建设项目中的应用已经相当成熟,而 GIS 技术则在更宏观的层面上发挥作用。两者的结合,使得 BIM 的应用可以扩展到更广泛的基础设施项目中,从而有效提升对大型工程和区域性基础设施项目的管理能力,使得规划和建设工作更加高效和精确。

3. BIM+GIS 技术面临的挑战

BIM 与 GIS 技术的跨界融合,使微观领域的 BIM 信息与宏观领域的 GIS 信息实现交换和互操作,提升了 BIM 技术应用深度,将 BIM 的应用从单体延伸到建筑群甚至城市级,为 GIS 行业发展带来了新的契机,同时也带来了一些新的挑战。

1)将 BIM 数据接入 GIS 平台

BIM 建模软件的多样性导致数据存储方式和格式不一致,加之数据格式的封闭性,给 BIM 数据集成到 GIS 平台带来挑战。BIM 数据的完整性依赖于其原生软件,例如 Revit 的 rvt 文件需要 Revit 软件才能完整读取。为了实现 BIM 数据到 GIS 的转换,通常需要专门的数据格式转换工具或插件,这些工具基于 BIM 软件的原生支持,将数据进行转换并导入 GIS 数据库。

SuperMap 开发了适用于多种主流 BIM 设计软件的转换插件和工具,支持 Autodesk 的 Revit、AutoCAD、Civil 3D,Bentley 的 MicroStation CONNECT Edition 及达索的 CATIA 软件。这些工具能够将 BIM 数据的顶点和属性信息完整导出,并进行有效分类。转换后的数据不仅保留了 BIM 的实例化特性,还生成了多个细节层次,从而优化了三维 GIS 平台中的加载和浏览性能。此外,SuperMap 还提供了支持行业标准格式 IFC 的转换工具,以促进数据的互操作和共享。

2)BIM 模型轻量化

BIM 建模软件主要用于创建和管理单个建筑的详细信息,而 GIS 则负责处理更大范围的区域,如城市级别的建筑数据。GIS 不能在性能较低的设备上运行,如个人电脑、平板电脑或智能手机,这使得 GIS 在处理大量 BIM 数据时面临较大的挑战。

为了解决这一问题,除将 BIM 数据转换为 GIS 可用的格式外,还需要对数据进行轻量化和优化,以适应不同的性能环境。SuperMap 提供的转换插件具备智能轻量化功能,能够减轻数据的负担。其关键技术之一是原生 LOD 技术,它允许将 BIM 软件中的参数化三维对象(如使用圆心、半径和高度定义的圆柱体)转换为 GIS 系统所需的三角网时,生成具有不同细节层次的多个模型版本。这意味着可以根据用户的需求和设备的性能,提供不同精度的模型,从而优化 BIM 模型在三维 GIS 平台中的加载和浏览效率。

3)在 GIS 平台展示 BIM 模型

GIS 中的对象模型是用于描述离散空间要素的空间数据模型,涵盖了从二维到三维的点、线、面及三维体对象。三维体对象模型利用拓扑闭合和高精度三角网来精确表示现实世界中的实体,如建筑物和桥梁。为了将 GIS 应用扩展到室内环境,需要借助 BIM 技术来获取室内数据。BIM 模型与通常所见的 3D 模型不同,BIM 模型具有完整拓扑和闭合性的体对象,可以用 GIS 中的三维体对象模型来表示。这样的表示方法允许 BIM 模型在 GIS 平台上执行查询、统计和分析等操作。经过三角化处理的 BIM 模型转化为 GIS 的三维体对象模型后,可以进行复杂的三维空间关系判断和运算,如判断空间的包含、相交或相离关系,执行布尔运算(交、并、差),并计算对象的表面积和体积,还能够进行多种三维空间分析,包括控高分析和构建三维缓冲区等,这些功能为城市规划和设计提供了灵活的技术支撑。

4)BIM 单体之间连接网络表示

网络模型是 GIS 中用于表示空间对象之间连接关系的数据模型,分为二维和三维两种形式。三维网络模型特别适用于表达诸如道路、管廊、管线等基础设施的立体连接和交互关系。BIM 技术主要针对单一建筑体的详细设计,GIS 的集成应用可以扩展 BIM 模型的使用范围,使之适用于管理更广泛的区域性对象,如地下管线、铁路、隧道和港口等。

通过将 BIM 模型与三维网络模型结合,可以创建出表达建筑单体之间相互联系的网络结构。例如,利用道路数据,可以生成具有拓扑连接属性的三维点和线对象,进而构建出三维网络数据模型。这样的模型能够应用于众多复杂的工程领域,提高管理效率和问题响应速度。在紧急情况下,如市政水网、供热管网或天然气管道的地下管线爆裂,基于三维网络数据模型的拓扑关系分析,可以迅速确定需要关闭的阀门和受影响的管线段,从而有效协调资源,快速解决问题。这种应用展示了 GIS 技术在城市基础设施管理、维护,特别是提升应急响应能力和优化城市运营方面的重要价值。

5)三维数据坐标转换

BIM 技术多采用特定的坐标系统,如本地坐标系,而 GIS 则需整合多样化来源和采集方式的数据,这些数据可能采用不同的坐标系统。因此,BIM 与 GIS 集成时会遭遇坐标系统不匹配的问题。尽管 GIS 技术在二维点、线、面的坐标转换上已相当成熟,但将这一技术应用到三维模型数据中,尤其是 BIM 模型的转换上,对 GIS 平台来说仍是一个挑战。

SuperMap 软件已经解决了这一挑战,实现了对三维模型的坐标转换。该软件支持 BIM 模型和 GIS 数据在平面坐标系与地理坐标系间的转换,确保了即使在考虑地球曲率的情况下,也能实现 BIM 与 GIS 数据的精确匹配,从而有效避免了三维渲染过程中的裂缝和漏洞现象,满足了桥梁、道路、水利大坝等工程项目在建设、运营和管理阶段对数据精度的高标准要求。

6)BIM 与多源数据的融合匹配

GIS 的核心能力之一是整合和处理多种来源的大量数据,包括地形影像、倾斜摄影模型、激光点云、精细模型、水体、地下管线和现场数据等。实现 BIM 与这些多源 GIS 数据的融合、匹配,是提升数据价值的关键。为了融合 BIM 与多源数据,首先执行坐标转换和数据配准,确保 BIM 模型与包括倾斜摄影模型、地形数据在内的其他数据源在同一个坐标系中对齐,实现信息的一致性。其次是对数据执行进一步的操作和处理,如镶嵌、压平和裁剪,以确保不同数据源之间的平滑过渡和自然衔接。简而言之,GIS 通过集成多源数据并实现 BIM 与这些数据的精确融合、匹配,提升了数据的应用价值。

7)三维空间数据标准缺乏

三维 GIS 应用的关键领域之一是三维空间数据的高效发布、共享以及标准化。BIM 与 GIS 的结合应用日益广泛,但目前缺乏统一的三维数据标准和规范,限制了 BIM＋GIS 应用的进一步深入。为了解决这一问题,业界已经推出了多种数据标准和格式,如 S3M、I3S、3D Tiles 等,旨在促进三维数据的标准化和共享。SuperMap 公司开发的 S3M 标准特别适用于处理网络和离线环境下的海量多源三维空间数据,支持数据的传输、交换和高性能可视化。S3M 标准的实施,使得 BIM 与 GIS 数据能够在浏览器/服务器(browser/server,B/S)架构下进行发布和共享,也支持在桌面端、浏览器端和移动端的应用。这些进展为三维空间数据的互操作性、开放性和广泛应用奠定了基础。

8)多终端支持 BIM＋GIS 应用

IT 技术的迅猛发展,深刻而长远地影响了 BIM 与 GIS 两个领域。其中,VR/AR 及 WebGL 等 IT 新技术,为 BIM＋GIS 应用注入了强劲的动力。为了实现这些 IT 新技术与 BIM、GIS 的集成应用,需要多终端支持 BIM＋GIS 应用。

六、GIS 系统的应用与开发

1. 资源清查与管理

GIS 技术在资源清查和管理领域发挥着关键作用,其核心职责涵盖土地、森林和矿产等资源的调查与监管等工作。GIS 的主要目标是整合来自不同渠道的数据和信息,利用 GIS 软件创建一个统一、无缝且功能丰富的大型地理数据库。该数据库支持多种应用的集成,包括 GIS 的统计和叠加分析功能,可根据不同的边界和属性条件,提供资源统计和状况分析。用户可以直接通过 GIS 客户端软件对数据库进行查询、展示、统计、制图和资源分析,以多种条件组合的形式获取信息,为资源的合理开发、利用和规划决策提供科学依据。以土地利用类型为例,GIS可以展示不同类型土地利用的分布和面积,根据不同的地形带划分土地利用类型,分析不同坡度区域的土地利用现状,监测土地利用类型的变化。

2. 区域规划

区域规划是一项涉及多个维度和要素的复杂任务,它要求规划者综合考虑资源、环境、人口、交通、经济、教育、文化、通信和金融等多方面因素。在这一过程中,将这些复杂信息进行有效筛选并转化为可操作的数据,对规划者来说是一个不小的挑战。GIS技术的出现,为这一挑战提供了强有力的解决方案。它不仅能够提供实时性强、切实可行的技术支持和信息,还能帮助规划者进行深入的数据分析和决策制定。

通过GIS技术,规划者能够对关键数据如交通流量、土地使用和人口统计数据进行详尽分析,从而预测城市未来的交通发展和道路规划。同时,工程技术人员也能利用GIS整合地质、水文和人文信息,以支持工程设计和路线规划。GIS软件的高级功能,包括空间搜索算法、多源信息叠加处理、空间分析方法和网络分析等,为政府部门在多个城市规划领域提供了科学的分析工具。这些领域涵盖道路交通规划、公共设施布局、城市建设用地评估、商业区位分析、地址选择、总体规划、分区规划、土地利用现状分析、开发区规划以及设施选址等。

在中国,大中型城市众多,城市规划的科学性和现代化对于确保城市的可持续发展至关重要。GIS作为一种先进的城市规划和管理工具,对于提高规划的科学性和现代化水平、提升管理决策的质量和效率具有不可替代的作用。它不仅帮助城市规划者进行更科学的规划和管理,还促进了城市的健康发展和均衡布局。

3. 灾害监测

GIS技术在灾害管理领域发挥着至关重要的作用,为森林火灾预测、洪水监测、损失评估及抗震救灾等活动提供了强有力的支持。以中国大兴安岭地区为例,通过分析森林火灾的现场情况和大量气象数据,结合模糊数学方法,建立了一个包含气象要素和植被生长情况等14个因子的森林火险预报模型,能够以高达73%的准确率预测火险等级。此外,黄河三角洲地区的防洪减灾信息系统,利用Arc/InfoGIS软件和数字高程模型,结合土地利用、水系、居民点等专门地图,通过图形分析,计算出最优的泄洪区域,并规划出人员疏散和物资运输的最佳路线。在抗震救灾方面,遥感和GIS技术的应用同样广泛。面对地震多发的国情,中国基于GIS技术,依托地震重点监视防御区的综合信息数据库,建立了地震应急快速响应信息系统。一旦发生地震,可以迅速利用遥感和GIS技术获取震区信息,实现快速响应,生成应急对策,并通过可视化图形展示震情和灾情信息,为救灾部署和措施实施提供决策支持。GIS技术在地震应急中的具体应用包括应急指挥、灾害评估、辅助决策和灾害预测等多个方面,极大地提高了救灾效率,减少了地震带来的损失。

4. 土地调查和地籍管理

土地调查是一项涵盖土地位置、界限、名称、面积、分类、等级、所有权、品质、价值、税务、地理及相关设施等详细信息的全面工作,是地籍管理的核心环节,对土地资源的合理分配和有效利用至关重要。随着经济的持续发展,土地管理任务日益繁重,传统的手工操作方式已无法满足当前的需求,GIS的应用提供了有效的解决方案。GIS不仅能够高效地管理与更新地籍数据,还能进行土地的品质和经济价值评估,生成地籍图,为不同用户群体提供定制化的信息支持。通过GIS技术,土地管理变得更加科学和精确,确保了土地资源的合理规划与使用,为地籍管理的现代化贡献了重要力量。

5.环境管理

随着经济的快速增长,环境问题逐渐成为公众关注的焦点,环境污染和环境质量的下降已经成为限制区域经济发展的关键因素。环境管理涉及人类社会和经济活动的各个领域,传统的管理方法已经不能满足当前经济发展的需求,正面临着严峻的挑战。GIS 技术为环境评价和规划管理提供了先进的工具,能够支持环境监测、数据收集,建立基础和动态的环境数据库,构建环境污染模型,提供环境管理所需的统计数据和报表,进行环境影响分析和环境质量评估,以及传输环境信息和制作环境地图等。为了提升我国环境管理的现代化水平,许多新型的环境管理信息系统正在不断建立和完善。自 1994 年下半年以来,在国家环保总局的统筹下,我国启动了省级环境信息系统(PEIS)的建设工作,该项目覆盖了全国 27 个省、自治区、直辖市,标志着我国环境管理向现代化迈出了重要一步。

6.城市管理

城市管理是一项复杂、多元的任务,需要政府各层级之间有效协调,不同部门之间加强合作。城市管理还涉及对大量统计数据和信息的分析处理,以及对与空间位置紧密相关的多种信息的深入研究,例如城市自然要素的空间布局、基础设施管线的规划、公共设施的建设和布局、流动人口的动态、社会治安状况、社区服务设施的分布等。GIS 作为一项关键技术,能够专门处理这些空间数据并进行空间分析,为城市管理提供强有力的技术支持。GIS 技术能够在城市公共基础设施管理中帮助追踪管线和管网的分布及运行状态,在公共事业管理中分析设施分布和特殊人群的服务需求,在资源与生态环境管理中发挥资源清查、土地调查、地籍管理和灾害监测的作用。在城市经济空间结构管理方面,GIS 技术可用于处理经济要素的空间分布,评估其与城市扩张规律的一致性。在社会管理领域,GIS 技术可用于人口分布管理、社区服务设施布局、社会治安因素分析以及犯罪嫌疑人追踪等,从而提高城市管理的效率和质量。

7.辅助决策

GIS 通过其独特的数据库和决策模型的构建,可以为国家宏观决策提供强有力的支持。例如,在土地承载力研究中,GIS 系统能够有效地规划土地资源与人口容量的关系。在我国三峡库区,GIS 结合计算机辅助制图技术所建立的环境监测系统,为该地区在建库前后的环境变化提供了详尽的数据,包括变化的数量、速度和趋势,从而辅助制定宏观决策。在美国伊利诺伊州,煤矿公司通过分析 GIS 数据库中的岩性、构造和开采数据,并运用图形叠加技术,对地面沉陷的分布和塌陷规律进行深入分析和预测,成功识别建筑物的安全与危险区域,为地面建筑的合理规划提供了科学依据,实现了经济效益的最大化。此外,GIS 结合数据库技术和互联网传输,已经在电子商务领域引发了一场革命,满足了企业决策的多维需求。在全球化商业合作的背景下,超过 90% 的企业决策与地理数据紧密相关,这些数据包括企业位置、客户与货源地、市场分布规律、原料来源、运输路线及跨国生产和销售等。GIS 技术能够迅速而有效地管理这些空间数据,进行空间可视化分析,帮助确定商业中心的最佳位置和潜在市场的分布,探索商业地理的规律,研究商机在时空上的演变趋势,从而为企业不断创造新的商业机会。GIS 和互联网的结合已经成为企业决策支持系统中不可或缺的工具,也是商业竞争中的强大武器。

七、GIS 技术与建筑管理规划

GIS 技术与建筑管理规划的结合,为城市规划、建设和管理提供了一种全新的方法。GIS 通过集成多种空间数据,为建筑项目的选址、设计、施工和后期管理提供决策支持。在建筑管理规划中,GIS不仅能够处理地形、土地利用、交通流量等传统地理信息,还能够整合建筑的三维模型、建筑材料、能耗等多维度数据,实现对建筑项目的全面分析和管理。

1.GIS技术在建筑项目选址中的应用

建筑项目选址是建筑管理规划的首要步骤,GIS技术可以有效地评估不同地点的地理环境、交通可达性、周边土地利用状况等,帮助决策者选择最优的建筑位置。通过GIS的空间分析功能,可以快速识别出符合规划要求的潜在建筑地块,同时预测建筑项目对周边环境的潜在影响。

2.GIS技术辅助建筑设计与评估

在建筑设计阶段,GIS技术可以辅助设计师进行方案的构思和评估。通过GIS软件,能够在真实地理环境中模拟建筑模型,评估建筑与周围环境的关系,如日照、阴影、视线等。此外,GIS还可以分析建筑的微气候,如风向、温度分布等,为创造舒适的室内外环境提供科学依据。

3.GIS技术在建筑施工管理中的应用

建筑施工过程中,GIS技术可以用于施工现场的管理和监控。通过GIS,能够实现对施工进度的实时跟踪,监控施工资源的分配和使用,及时调整施工计划。此外,GIS还可以辅助施工安全管理,通过分析施工现场的地理环境和施工设备的空间分布,预测和防范潜在的安全风险。

4.GIS技术在建筑维护与运营管理中的应用

建筑竣工后,GIS技术在建筑的维护和运营管理中同样发挥着重要作用。GIS可以用于建筑设施的管理,如监控建筑的结构健康、能耗管理、安全巡检等。通过GIS,管理者能够快速定位建筑内部的设施位置,优化维护和巡查路线,提高运维效率。

八、我国GIS技术的未来发展趋势

我国GIS技术的未来发展是一个多维度、跨领域的进程,涉及技术创新、行业应用、数据安全、公共服务等多个方面。

1.技术体系创新

GIS软件技术体系将进一步完善,大数据GIS技术体系的发展将不断提升空间大数据的存储、管理、分析和处理能力。

2.实景三维建设

加快推进实景三维中国建设,实现对全国陆地及主要岛屿的地形级实景三维覆盖,以及对地级以上城市城镇开发边界范围的城市级实景三维覆盖。

3.新型基础测绘体系

建立以现代测绘基准、实景三维中国、时空大数据平台为主要内容的新型基础测绘业务格局,促进基础测绘产品、技术体系、生产组织和服务方式的现代化转型。

4.数据共享与供给

加强地理信息数据的共享与利用,推进经济社会信息关联融合,丰富测绘地理信息数据资源体系,鼓励社会资本依法依规投入测绘地理信息工作。

5.公共服务平台建设

建设新一代国家地理信息公共服务平台("天地图"),提升在线地理信息公共服务能力,支持企业开发基于时空大数据的新型服务模式,服务百姓生活。

6. 数字经济融合

推动 GIS 数据与其他生产要素的耦合协同,支撑数字经济新业态发展,如位置服务、精准农业、智能网联汽车等。

7. 安全监管强化

加强地理信息安全监管,建立数据分类分级保护制度,推进保密处理技术的研发应用,确保测绘地理信息的安全使用。

8. 行业监管与服务能力提升

完善测绘地理信息质量管理制度,构建以信用为基础的行业新型监管体系,加强安全生产管理和重要地理信息数据的规范使用监管。

9. 多元投入与合作

探索多元化投入模式,鼓励社会资本投入,同时加强组织实施保障,推进测绘地理信息事业转型升级,支撑经济社会高质量发展。

10. 全球地理信息公共产品建设

提升全球地理信息融合应用与服务能力,推进全球地理信息公共产品建设,增强国际合作与交流。

第四节　智能建筑与 IoT 技术

一、IoT 技术概述

IoT 技术是一种革命性的网络技术,它将物理设备与互联网相连接,实现设备间的信息交换和通信。IoT 技术的核心在于"物物相连,万物互联",通过各种信息传感设备,如传感器、射频识别(RFID)、全球定位系统(GPS)、红外感应器、激光扫描器等,实时采集物体或过程中的声、光、热、电、力学、化学、生物、位置等信息,这些信息通过网络接入,实现物与物、物与人的泛在连接,完成智能化的感知、识别、定位、跟踪、监控和管理功能。

IoT 技术的发展,正推动着社会进入一个智能化的时代。IoT 技术的基础是互联网,它是互联网的延伸和扩展,能够将用户端延伸至任何物品与物品之间的信息交换和通信。IoT 系统通常由感知层、网络层和应用层三个主要层次构成,使得各种设备不仅能够相互连接,还能够通过分析收集到的数据来预测和响应环境变化,从而提高效率、降低成本、增强安全性和提升用户体验。随着技术的不断进步,IoT 将在更多领域得到应用,深刻改变人们的生活和工作方式。

2020 年 7 月,住房和城乡建设部与国家发展和改革委员会等 13 部门联合出台《关于推动智能建造与建筑工业化协同发展的指导意见》,致力于促进建筑产业互联网的发展,并加速建筑业向工业化、数字化及智能化方向的转型升级。IoT 技术作为建筑智能化发展的关键组成部分,在建筑业的应用日益增多。特别是 IoT 平台的建设,在 IoT 技术应用中扮演着核心角色。针对建筑行业的特殊需求,构建一个适合建筑企业的 IoT 平台,是当前建筑行业在 IoT 技术应用过程中需要重点解决的关键问题。

二、IoT 技术的基础与架构

IoT 的架构一般分为三层或四层。三层之架构由底层至上层分别为感知层、网络层与应用层；四层之架构由底层至上层分别为感知设备层（或称感知层）、网络连接层（或称网络层）、平台工具层与应用服务层。三层与四层架构之差异，在于四层将三层之"应用层"拆分成"平台工具层"与"应用服务层"，对软件应用进行更细致的区分。

1. 感知层

感知层是 IoT 的基础，相当于 IoT 的"感官"。其主要功能是识别物体和采集信息，通过各种传感器、RFID 标签、摄像头等设备实时监测和收集数据，如温度、湿度、压力、光照、声音等。传感器能够将物理量转化为电信号，进而被计算机处理。在感知层，传感器的性能直接影响着 IoT 系统的可靠性和准确性。

感知层的关键技术包括以下五种。

（1）传感器技术：传感器是 IoT 感知层的重要组件，能够监测各种环境参数。

（2）RFID 技术：通过无线电信号识别特定目标并读写相关数据。

（3）无线通信技术：如蓝牙、Wi-Fi、ZigBee 等，支持数据的无线传输。

（4）嵌入式系统技术：集成计算机硬件和软件，用于处理来自各种传感器的数据。

（5）GPS 技术：提供精确的位置信息，用于跟踪和定位物体。

2. 网络层

网络层位于感知层和应用层之间，主要负责数据的传输和处理。通过各种无线网络和有线网络，将数据从一个节点传输到另一个节点，直到数据到达目的地。网络层需要采用高效的数据传输协议和通信技术，以确保数据的可靠传输；还需要考虑数据的安全性和隐私保护问题，采取相应的加密和认证措施来保证数据的安全。

网络层的关键技术包括以下三种。

（1）通信技术：确保数据传输的稳定性和实时性。

（2）网络协议：支持不同类型的网络连接和数据交换。

（3）数据传输技术：保障数据在传输过程中的完整性和安全性。

3. 平台工具层

平台工具层是 IoT 的中间件，负责数据的进一步分析、处理和存储，通常包括云平台、IoT 平台等，提供设备管理、数据管理、应用开发等功能。平台工具层将感知层和网络层的数据进行整合，为应用服务层提供必要的数据支持和服务。

平台工具层的关键技术包括以下三种。

（1）云计算技术：提供数据存储和处理服务。

（2）大数据技术：进行数据挖掘和分析，提取有价值的信息。

（3）数据管理技术：管理和控制数据，提供数据查询、远程控制等服务。

4. 应用服务层

应用服务层是 IoT 的顶层，主要负责将感知层和网络层的数据应用于具体的场景中，实现智能化和自动化。应用服务层的核心是各种应用程序和服务，通过分析和处理感知层获取的数据，为用户提供智能化的解决方案。在应用服务层，AI 技术是最为重要的技术之一，通过 AI 算法，应用服务层能够实现对数据的自动分析和处理，进而为用户提供智能化的决策建议。

应用服务层的关键技术包括以下两种。

(1)AI 技术:提高数据的应用效果和管理效率。

(2)ML 技术:使应用能够从数据中学习和改进,提高预测和决策准确性。

IoT 的四层架构是一个复杂而精细的系统,每一层都承担着独特的职责,共同协作以实现物与物、物与人、人与信息之间的无缝连接。从感知层的数据采集,到网络层的数据传输,再到平台工具层的数据处理和分析,最后到应用服务层的服务提供,四层之间相互协作,共同推动 IoT 技术的发展和应用。随着技术的不断进步,IoT 技术将在智能制造、智慧城市、健康医疗、环境保护等多个领域发挥更大的作用,为人们的生活带来更多的便利和智能化体验。

三、IoT 技术的特征与优势

IoT 技术具有互联性,允许各种设备和系统无论在何处都能互相连接和通信,通过标准化的网络协议,如 HTTP、MQTT、CoAP 等,实现无缝的数据交换。IoT 技术具有高度的智能化特征,集成了智能算法和数据处理能力,使得设备能够自主做出决策,响应环境变化,甚至预测未来的需求。通过自动化的流程和系统,可以减少人工干预,提高效率和准确性,实现更加流畅和高效的工作流程。此外,IoT 技术还具有可扩展性、集成性、实时性等。

1. IoT 技术的特征

IoT 技术是一种革命性的创新,通过将物理设备连接到互联网,实现设备间的互联互通和智能化管理,具有多方面的特征。

(1)互联性:允许各种设备和系统通过网络连接到一起。无论是家庭中的智能家电,还是工业中的自动化设备,甚至是城市基础设施,都可以通过 IoT 技术实现互联。

(2)自动化:IoT 技术使得自动化成为可能。通过传感器和执行器,设备能够自动收集数据,做出决策并执行任务,无须人工干预。这种自动化不仅提高了效率,还减少了人为错误。

(3)智能化:IoT 设备通常具备一定的智能,能够根据收集到的数据进行分析和学习。设备可以自我优化,甚至预测未来的行为或需求,从而提供更加个性化和高效的服务。

(4)感知能力:IoT 设备通常配备有各种传感器,如温度、湿度、光线、运动等传感器,这些传感器能够感知环境变化并实时收集数据,这些数据是 IoT 智能化决策的基础。

(5)可扩展性:IoT 系统设计为可扩展的,可以轻松地添加更多的设备和服务。随着技术的发展和需求的增长,IoT 系统可以灵活地扩展其功能和覆盖范围。

(6)集成性:IoT 技术强调不同设备和平台之间的集成性。通过标准化的通信协议和接口,不同的设备和系统可以无缝地协同工作,为用户提供统一的体验。

(7)远程管理:IoT 技术允许用户远程管理设备。无论是通过智能手机应用还是网页界面,用户都可以在任何地方监控和管理连接的设备。

此外,IoT 技术还具有安全性、环境适应性等特征。

2. IoT 技术的优势

IoT 技术在建筑业的应用,覆盖了人员、机械、材料、方法和环境等各个关键环节,涉及项目监控、设备管理、人员调度等各个方面,能够显著提升建筑项目的管理效率和智能化水平。随着建筑业对 IoT 技术的规模化和平台化需求日益增长,IoT 平台作为生态链中的核心,为设备的全生命周期管理提供全面支持,包括设备接入、管理、协议适配和数据收集等。这一平台能够实现建筑项目各环节的实时状态感知、信息整合和业务协同,为建筑业的数字化转型提供了强有力的支撑。其技术优势体现在如下方面。

(1)高效的数据采集:IoT 技术能够实时、精确地收集物理对象的数据,不仅提高了服务的性价比,还通过实时分析物理性能,增强了对物理对象的控制能力。这种能力的提升有助于提高建筑项目的运行效率、准确性、灵活性和自动化水平,从而优化现有的生产流程。

(2)先进的智能控制与决策:IoT 技术通过数据库存储数据,能够对数据变化进行智能判断和优化。利用嵌入式系统,IoT 技术能够实现智能决策,例如在智能库存管理中,可以追踪货物清单,实时监控货物数量和质量,并在发现问题时发出预警。随着信息技术的发展,IoT 技术将实现更高程度的智能化和自动化。此外,将 AI 技术与 IoT 技术结合,可以赋予 IoT 设备一定的自主能力,使其能够识别信息并根据信息自主执行或处理任务,从而解决传统网络技术运维效果差和缺乏灵活性的问题。

(3)高度的信息技术融合:IoT 技术基于互联网,实现了人与物、物与物之间的有效通信。作为互联网的扩展,IoT 通过有线和无线网络与互联网融合,确保物体信息的实时准确传递。互联网与IoT 的高度融合将带来许多创新的有益效果,推动整个生态系统向高度智能化和智慧地球的方向发展。

四、IoT 技术在智能建筑中的应用场景

1. 智能照明系统

IoT 技术在智能照明系统中的应用显著提升了照明的效率、舒适性和管理便捷性。智能照明系统通过嵌入传感器、无线通信模块和数据处理单元,实现了灯具与互联网的无缝连接,能够实时监控和调节光照强度、颜色及开关状态。其核心概念是利用 IoT 的互联互通特性,将传统的照明设备转变为智能化、自动化的系统。

智能照明系统的功能多种多样,涵盖了自动调节光强、色温控制、远程操作、能耗监测、环境感知等方面。自动调节光强功能依赖于光照传感器和运动传感器,当环境光线变化或有人进入房间时,系统可以自动调整灯光亮度,确保室内光线始终处于最舒适的水平。这不仅提高了用户体验,还能有效节省能源。色温控制功能允许用户根据不同场景需求,调节灯光的色温,从冷白光到暖白光,实现多样化的照明效果,适应工作、休闲、睡眠等不同状态。远程操作功能使用户可以通过智能手机应用或语音助手,在任何地点控制家中的照明设备。无论是回家前提前开灯,还是在外出时检查并关闭忘记关掉的灯具,都能通过网络轻松实现。能耗监测功能使用户能够实时了解每个照明设备的能耗情况,通过数据分析优化使用习惯,进一步降低电费开支。

智能照明系统的实现原理基于 IoT 技术的传感器、通信技术、数据处理单元和云平台等几大核心要素。传感器是系统的前端设备,负责采集环境光线、运动、人流等信息;通信技术包括 Wi-Fi、ZigBee、蓝牙等,确保设备间、设备与互联网的可靠连接;数据处理单元通过边缘计算或云计算,将采集到的数据进行分析处理,生成控制指令;云平台则是系统的大脑,存储和管理所有数据,并提供用户界面和应用程序的支持。

典型的智能照明系统通常包括智能灯具、传感器网络、控制网关和用户终端等部分。智能灯具内置 LED 光源、驱动电路和无线通信模块,可以接收和执行控制指令。传感器网络分布在各个房间,负责实时监控环境变化。控制网关是系统的核心枢纽,连接所有传感器和灯具,并与互联网进行通信。用户终端(如智能手机、平板电脑或语音助手)通过应用程序与系统交互,实现远程控制和数据监控。

通过 IoT 技术的应用,智能照明系统不仅在家庭中得到了广泛应用,在办公楼、商业场所、公共

设施等领域也展现出巨大的潜力。在办公室环境中,智能照明系统可以根据员工的作息时间和自然光变化,自动调整灯光,提供最舒适的工作环境。在商业场所,如购物中心和酒店,智能照明系统可以根据客流量和时间段变化,动态调整照明效果,营造理想的购物和住宿氛围。在公共设施(如街道和公园),智能路灯系统可以根据实时车流和人流数据,自动调节亮度,提高公共安全和能源利用效率。

2. 能源管理系统

IoT 技术在能源管理系统中的应用不仅革新了能源的使用和分配方式,还大幅提升了能源利用的效率和可持续性。能源管理系统通过嵌入各种传感器、智能电表、数据采集和分析平台,将能源生产、传输、分配和消费的各个环节连接起来,形成一个高度集成的智能网络。这个网络能够实时监测和优化能源的流动和使用,减少浪费,提高能源利用率,同时降低运营成本和环境影响。

IoT 在能源管理系统中的核心概念是通过实时数据的采集和分析,实现能源流的智能控制和优化配置。系统的主要功能包括能源监测、预测分析、负荷管理、设备控制、需求响应和故障诊断等。通过部署在各个关键点的传感器,能源管理系统可以实时采集电力、水、气、热等各种能源的使用数据。这些数据通过无线通信技术传输到中央数据处理平台,进行实时分析和处理。

能源监测功能使得用户和运营商能够实时了解能源的使用情况,识别高能耗设备和异常能耗模式。预测分析功能通过历史数据和实时数据的结合,利用 ML 和 AI 算法,预测未来的能源需求和供给情况。这不仅可以帮助能源供应商优化生产和储存策略,还可以帮助用户制订更高效的用能计划。负荷管理功能则通过对用电高峰和低谷的精确预测和控制,实现电力系统的平衡和稳定,避免电力浪费和不必要的设备损耗。

设备控制功能使得能源管理系统可以根据实时数据自动调节能源使用设备的运行状态。在建筑领域,系统可以根据室内外温度、湿度和人员活动情况,自动调节空调和照明设备的运行状态,达到最佳的能源使用效果。需求响应功能通过与用户的互动,在电力需求高峰期或能源供应紧张时,激励用户调整用电时间和方式,从而实现能源系统的整体优化和稳定运行。

故障诊断功能通过对设备运行状态和能耗数据的实时监控,能够迅速识别和定位设备故障和异常情况。系统可以提前预警并指导维修人员及时处理,从而减少因设备故障导致的能源浪费和生产停工。IoT 技术的这一功能极大地提高了能源系统的可靠性和安全性。

IoT 能源管理系统通常包括智能电表、环境传感器、能源网关和中央数据平台。智能电表安装在各个用能设备和区域,实时监测电能的使用情况,并将数据传输到能源网关。环境传感器监测温度、湿度、光照等环境参数,提供优化能耗控制的基础数据。能源网关作为系统的核心枢纽,连接所有传感器和智能电表,并与中央数据平台进行通信。中央数据平台则负责数据的存储、处理和分析,并生成优化控制策略,通过能源网关下发到各个用能设备,实现智能控制。

在家庭、商业和工业等不同应用场景中,IoT 能源管理系统展现出了显著的优势。在智能家居中,系统可以根据家庭成员的生活习惯和实时环境数据,自动调节家电的运行状态,实现个性化的节能效果。在商业建筑中,系统通过对空调、照明、电梯等设备的智能控制,不仅提高了能效,还提升了用户的舒适度和满意度。在工业领域,系统通过对生产线和动力设备的精细化管理,不仅减少了能耗,还提高了生产效率和设备的使用寿命。

3. 环境质量监测与控制

IoT 技术在环境质量监测与控制中通过在空气、水、土壤等环境介质中部署各种高灵敏度的传感器,实时采集大量的环境数据,通过无线通信网络传输到云端平台进行分析处理,从而实现对环境质量的全面监测和智能控制。

IoT 在环境质量监测中的核心是通过传感器网络和数据处理平台的结合,实现对环境参数的实时监控、数据分析、预警和反馈控制。系统的主要功能包括环境数据采集、实时监测、数据分析、预警提示、自动控制和决策支持等。通过部署在各个环境监测点的传感器,系统可以采集空气中的 $PM_{2.5}$、PM_{10}、二氧化碳、臭氧、二氧化硫、氮氧化物等污染物浓度,以及水质中的 pH、溶解氧、浊度、重金属含量等关键指标。这些传感器采集的数据通过无线通信技术,如远距离无线电技术(long range radio,LoRa)、窄带物联网(narrow band Internet of things,NB-IoT)、5G 等,传输到云端数据处理平台。

环境数据采集功能使得系统能够实时捕捉环境变化,形成详细的数据记录,为后续的分析和决策提供基础。实时监测功能确保了环境参数的连续性和即时性,使得环境管理者能够及时了解环境质量的变化情况。数据分析功能利用大数据分析和 ML 算法,对采集到的大量数据进行处理,识别环境变化的趋势和潜在风险。通过历史数据和实时数据的结合,系统可以建立预测模型,提前预警可能的环境污染事件,帮助管理者采取预防措施。

预警提示功能通过对监测数据的实时分析,当环境参数超出预设的安全阈值时,系统会自动生成警报,并通过短信、邮件、移动应用等方式通知相关人员。这一功能确保了环境问题能够在早期被发现和处理,减少对公众健康和生态系统的影响。自动控制功能在某些应用场景中尤为重要,如智能城市和工业园区。系统可以根据实时监测数据,自动调节环境控制设备的运行状态,例如调节空气净化设备、水处理装置的运行,以维持环境参数在安全范围内。

决策支持功能通过对环境数据的综合分析,为环境管理者提供科学的决策依据。系统可以生成详细的环境质量报告,评估各种环境治理措施的效果,并提供优化建议。IoT 技术的这一功能极大地提升了环境管理的科学性和效率。

IoT 环境质量监测系统包括环境传感器、数据采集终端、无线通信模块、数据处理平台和用户终端。环境传感器分布在各个监测点,实时采集环境参数。数据采集终端负责收集传感器数据,并通过无线通信模块传输到数据处理平台。数据处理平台对接收到的数据进行存储、分析和处理,并生成预警和控制指令。用户终端(如智能手机、平板电脑、电脑)通过应用程序与系统交互,实时查看环境质量数据和预警信息,并进行必要的管理操作。

在城市环境监测中,系统可以部署在空气质量监测站、交通路口、工业区等关键点,实时监测空气污染物的浓度,提供城市空气质量的整体状况和趋势分析。在水环境监测中,系统可以部署在河流、湖泊、水库等重要水体中,监测水质参数,确保饮用水安全和水生态环境的健康。在工业环境监测中,系统可以安装在工厂排放口、生产车间,监控废气、废水、噪声等排放情况,确保符合环保标准。

通过 IoT 技术的应用,环境质量监测系统不仅提高了环境监测的精度和效率,还实现了对环境问题的及时发现和处理,推动了环境保护工作的智能化和科学化。IoT 环境监测系统的广泛应用,有助于构建智慧城市、智慧园区,提升环境管理水平,促进社会的可持续发展和生态文明建设。随着技术的不断进步和应用的深入,IoT 环境质量监测与控制系统将发挥越来越重要的作用,为建设绿色、健康的生活环境提供强有力的技术支持。

4. 安全与监控系统的集成

IoT 安全与监控系统的主要功能包括实时视频监控、入侵检测、环境监测、远程控制、数据分析和智能报警。实时视频监控功能依赖于高分辨率摄像头和视频传输技术,能够对关键区域进行全天候监控,确保无死角覆盖。入侵检测功能通过安装在门窗、围栏等处的红外传感器、门磁传感器等,实时监测非法入侵行为,并立即触发报警机制。环境监测功能则通过温度、湿度、烟雾、气体等传感器,对监控区域的环境状况进行实时监测,当检测到异常情况时,系统会自动发出警报,并通知相关人员进行处理。

远程控制功能使用户可以通过智能手机、平板电脑或电脑,随时随地访问和控制监控系统。例如,用户可以远程查看实时监控视频,调整摄像头角度,开启或关闭报警系统等。数据分析功能通过大数据技术和 AI 算法,对采集到的监控数据进行深度分析,识别潜在的安全威胁,并提供预防建议。智能报警功能则结合了多种传感器的数据,当系统检测到异常情况时,可以通过短信、邮件、电话等多种方式,及时通知用户和安全管理人员,确保安全事件得到快速响应和处理。

IoT 安全与监控系统包括摄像头、各种传感器、智能网关和中央数据平台。摄像头安装在关键区域,实时采集视频数据;各种传感器分布在监控区域内,实时监测环境和设备状态;智能网关作为系统的核心枢纽,连接所有传感器和摄像头,并与中央数据平台进行通信;中央数据平台负责数据的存储、处理和分析,并生成报警信息和控制策略,通过智能网关下发到各个监控设备,实现智能控制和快速响应。

在家庭、商业和公共安全等不同应用场景中,IoT 安全与监控系统展现出了显著的优势。在家庭中,系统可以实时监控家庭成员的安全,检测非法入侵和火灾等紧急情况,提高家庭安全水平。在商业建筑中,系统通过对出入口、停车场、电梯等区域的监控,确保人员和财产的安全,防范盗窃和破坏行为。在公共安全领域,系统通过对城市街道、交通枢纽、公共场所的监控,实现全方位的安全管理,提升城市安全水平。

五. IoT 技术的发展趋势

随着 IoT 技术在建筑领域的广泛应用,结合 BIM 技术,建筑工程管理正在进入一个智能化、高效化、信息化的新时代。IoT 市场快速增长,从 2013 年的 5 000 亿元到 2020 年的 22 165 亿元,标志着 IoT 已成为智慧城市和信息化解决方案的核心。IoT 与 BIM 技术的融合,不仅弥补了 BIM 在数据实时采集和预判性方面的不足,还通过前端感知和终端执行能力,为智能化建造和管理提供了坚实的基础。在智慧城市和信息化建设的推动下,建筑业正迅速融入大数据和信息化时代,"BIM＋IoT"的思维成为把握发展先机的关键。建筑工业化作为可持续发展的新趋势,正推动着我国建筑业的转型升级。尽管建筑工业化在我国已取得稳步进展,但项目协同问题仍是实现规模化、智慧化发展的关键。智能建造技术的发展,通过联动开发、设计、生产、施工等环节,能够满足不同功能和个性需求,构建协同智慧环境,促进技术创新和管理创新,推动建筑项目全生命周期的有效改进和管理,为建筑工业化的良性发展提供动力。

IoT 技术在建筑领域的应用呈现出良好的发展趋势。

(1)基础设施的持续扩展。随着 5G 网络的广泛部署,IoT 的基础设施得到了显著加强。5G 的高速度、大带宽、低延迟特性极大地促进了 IoT 设备的广泛应用和高效运行。IoT 基础设施的持续扩展,不仅为 IoT 技术的广泛应用提供了坚实的基础,也为 IoT 产业的快速发展注入了新的活力。随着技术的不断进步和创新,IoT 基础设施将变得更加完善和强大,为构建万物互联的智能世界提供更加广阔的空间。

(2)政策支持与投资增加。我国高度重视 IoT 产业的发展,通过制定《IoT 新型基础设施建设三年行动计划(2021—2023 年)》等政策文件,明确了 IoT 产业的发展方向,提供了政策指导和支持。这些政策不仅为 IoT 技术的研发和应用提供了法律和规范基础,还通过财政补贴、税收优惠等措施激励企业和研究机构增加对 IoT 技术的投资。随着市场规模的持续扩大,国内外投资者对 IoT 领域的关注和投入也在不断增长,资本市场对 IoT 相关企业的投资活动日益活跃。政府的政策支持和资本市场的投资增加,共同构成了 IoT 产业发展的双重保障,预示着 IoT 技术将在未来发挥更加重要的作用。

（3）技术创新与突破。IoT 技术的未来发展集中在技术创新和突破上。边缘计算、AI、低功耗广域网（low power wide area network,LPWAN）技术,以及 5G 网络的引入,正在提升 IoT 的性能,并扩大其应用范围。这些技术的进步提高了数据处理速度和决策质量,提高了设备的连接能力和能源效率。IoT 安全技术的提升,如数据加密和安全协议,确保了设备和数据的安全。这些创新将推动 IoT 解决方案向更智能、更高效和更安全的方向发展,为社会带来广泛的变革。

（4）跨行业应用的深化与扩展。IoT 技术正促进跨行业应用的深化与扩展,提升工业自动化、精准农业、智能交通、远程医疗、智能电网和环境监测等领域的智能化和个性化服务。通过实时数据监控和分析,优化生产流程,提升效率与安全性,并支持资源的高效分配与利用。这不仅极大提高了各行业的运作水平,还为定制化服务和可持续发展目标的实现提供了技术支撑,推动了社会经济的整体发展和进步。

未来,AI 和 5G 技术的深度融合将作为重要基础设施,为人类生活带来长期变化。区块链技术与 AI、云计算和大数据的结合,尤其是智能合约的应用,预示着多种技术呈现融合的大趋势。IoT 的发展,得益于 5G 的高速和低延迟特性,将使得万物互联成为现实,推动终端设备智能化。智能芯片市场将迎来新的增长,边缘设备如工业网关和传感器等将蕴藏巨大的市场和投资机会。大数据与 AI 的结合将进一步推动数字经济的发展,数据智能将成为新热点。中国的新经济增长将依赖于新信息技术、新能源技术、智能制造等领域的创新,企业家和投资者需不断学习以把握新时代的机遇。

第五节　智能建筑与大数据技术

一、大数据技术基础

我国政府高度重视大数据在建筑行业的应用,住房和城乡建设部、国家发展改革委、科技部等十三部门联合印发的《关于推动智能建造与建筑工业化协同发展的指导意见》中明确提出要加快建筑工业化、数字化、智能化升级,推进新一代信息技术与建筑工业化技术的协同发展,加大 BIM、互联网、IoT、大数据、云计算、移动通信、AI、区块链等新技术的集成与创新应用,其中大数据技术的应用是重要内容和基础支撑。

鼓励加快打造建筑产业互联网平台,推广应用钢结构构件智能制造生产线和预制混凝土构件智能生产线,需要大数据技术的支持来提升数据资源的利用水平和信息服务能力,加快传感器、高速移动通信、无线射频、近场通信及二维码识别等建筑 IoT 技术应用,进一步提升数据采集与分析能力。

"十四五"建筑业发展规划提出完善智能建造政策和产业体系,实施智能建造试点示范创建行动,发展一批试点城市,建设一批示范项目,总结推广可复制政策机制。要注重智能建造标准化体系的顶层设计,构建先进适用的智能建造及建筑工业化标准体系,开展基础共性标准、关键技术标准、行业应用标准研究。这些政策和导向表明大数据应用在智能建造领域具有基础性、支撑性、前瞻性地位,也为大数据在建筑业的应用提供了规范和指导。

1. 大数据技术的基本概念

大数据技术是一种处理和分析大规模、多样化数据集的先进方法,通过收集、存储、管理和分析数据来揭示模式、趋势和关联,从而为决策提供支持。与传统数据处理方法相比,大数据技术能够处理的数据量更大、数据类型更复杂，并且能够实时或近实时地进行分析和处理。

大数据的核心特征可以概括为"5V"：体量（volume）、速度（velocity）、多样性（variety）、真实性（veracity）和价值（value）。体量是指数据的规模，大数据技术能够处理从 TB 到 PB 级别的数据；速度描述了数据生成和处理的速度，大数据技术能够实时或近实时地分析数据流；多样性涉及数据类型的广泛性，包括结构化数据、半结构化数据和非结构化数据；真实性强调数据的准确性和可信度，大数据技术通过数据清洗和验证来确保数据质量；价值是指从数据中提取的洞察力和知识，这是大数据技术应用的最终目标。

在技术层面，大数据技术包括了一系列的组件和工具，如分布式存储系统 Hadoop HDFS、大数据处理框架 Apache Spark、NoSQL 数据库等，使得数据的存储、处理和分析更加高效和可扩展。例如，Hadoop 能够将大规模数据集分布式存储在多个节点上，而 Spark 则提供了快速的数据处理能力，支持批处理和流处理。

数据采集是大数据技术的起点，智能建筑中的传感器、监控设备、用户交互界面等都是数据的来源。数据被收集后，需要通过数据清洗、转换和加载（ETL）过程进行预处理，以便于后续分析。数据存储解决方案，如分布式文件系统和云存储，为大数据提供了灵活和可扩展的存储能力。

数据挖掘和分析是大数据技术的核心环节，通过应用统计分析、ML、模式识别等技术，可以从数据中发现有价值的信息。分析结果可以帮助智能建筑优化能源使用、提高运营效率、增强安全性和提升居住者的舒适度。

2. 大数据的计算模式

1）大数据查询分析计算模式与技术

随着数据规模的激增，传统关系数据库在承载和处理能力上已显得捉襟见肘，分布式数据存储和并行计算方法逐渐成为大数据处理的关键技术。这些技术通过优化存储管理和计算过程，提供了强大的大数据分析能力，可满足企业对实时或准实时数据查询分析的迫切需求。在这一领域，Hadoop 生态系统中的 HBase 和 Hive、Facebook 的 Cassandra、Google 的 Dremel 及 Cloudera 的 Impala 等系统，以其高效的数据处理能力，已成为大数据查询分析的典型代表。为了进一步提升性能，基于内存的分布式系统，如 Spark 的 Shark 和 SAP 的 Hana 也应运而生，它们通过减少数据访问延迟，提高了查询分析的速度。这些技术的快速发展，不仅推动了大数据查询分析计算模式的演进，也为各行各业的数字化转型提供了强有力的技术支持，确保了企业能够在数据量极大的情况下，实现秒级响应，从而在激烈的市场竞争中保持领先地位。

2）批处理计算模式与技术

MapReduce 作为专为大数据批处理设计的计算模式，以其单输入、双阶段（map 和 reduce）的处理流程，实现了大规模数据的高效并行处理。它采用分而治之的策略，将复杂数据集分解为易于管理的小任务，并通过抽象的 map 和 reduce 操作简化了数据处理过程。这种设计不仅减轻了程序员在并行化程序设计上的负担，而且通过统一的计算框架，隐藏了并行计算的系统层细节。得益于开源社区的推动，Hadoop 系统，内嵌 MapReduce，已经成长为一个成熟的大数据处理平台，拥有完整的生态系统，集成了多种数据处理工具。如今，全球众多 IT 企业正利用 Hadoop 平台的强大功能，进行着企业级的大数据计算和分析，推动着大数据技术的广泛应用和创新发展。

3）流式计算模式与技术

流式计算作为一项关键的实时数据处理技术，对需要快速响应的行业（如电信、电力、道路监控及互联网日志分析）至关重要，它能够在极短的时间内处理源源不断的新数据，防止数据积压和丢失。这种计算模式要求数据在流动中完成实时的计算，而运算过程则固定在特定的服务器上，确保了计算的高效率和低延迟。目前,市场上的流式计算系统,如 Facebook 的 Scribe 和 Apache 的 Flume 专注于日志数据流的处理,而 Twitter 的 Storm 和 Berkeley AMPLab 的 Spark Streaming 则提供了更为通用和强大的流式计算解决方案,不仅能够处理高流量的实时数据,还能与历史数据结合,为企业提供深入的洞察和即时的决策支持。

4)迭代计算模式与技术

迭代计算模式是大数据处理中针对需要反复执行以逐步优化结果的算法而设计的关键技术,尤其对于 ML、图算法和数据挖掘等场景至关重要。Hadoop MapReduce 虽然在大数据处理中占据重要地位,但其在迭代计算上的效率受限于频繁的磁盘 I/O 操作。为了提升效率,通过优化 MapReduce 框架,实现迭代控制的内嵌和循环敏感调度,减少数据传输开销,并通过任务持久性减少启动和调度开销。项目在此基础上引入可缓存的 Map 和 Reduce 对象,利用内存计算和高效的网络传输机制加速迭代过程。Berkeley AMPLab 的 Spark 系统则通过基于内存弹性数据集模型,提供更快速灵活的迭代计算能力,显著提高了数据处理性能,推动了大数据技术在数据分析和 ML 等领域的应用和发展。

5)图计算模式与技术

图计算模式是大数据处理中用于分析和处理图形数据结构的一种计算范式,适用于社交网络分析、推荐系统、网络安全和生物信息学等领域,这些领域中的实体和关系通常以图的形式表示。图计算的核心挑战在于高效地处理大规模图数据及执行复杂的图算法,如最短路径、社区检测和图的遍历。传统的计算模型在处理大规模图数据时面临扩展性和性能瓶颈,而图计算技术采用 Pregel 模型,基于消息传递机制,模拟了图算法的迭代执行过程。Apache Giraph 是 Hadoop 生态系统中的一个图处理系统,实现了 Pregel 模型,允许用户在大规模集群上进行高效的图处理。另外,还有一些系统如 Apache Spark 的 GraphX 库提供了更高级的图抽象和优化的图处理操作,支持更广泛的图算法和应用场景。这些技术的进展极大地推动了图计算模式的发展,为处理和分析复杂的图数据提供了强大的工具和框架。

6)内存计算模式与技术

内存计算模式是一种高效的数据处理技术,通过将数据直接存储在内存中而非传统的磁盘上,显著提高了数据访问速度和计算效率。这种模式特别适合于需要快速响应和处理大量数据的实时分析和事务处理系统。由于内存的读写速度远远超过磁盘,内存计算能够大幅减少 I/O 操作的延迟,使得数据查询和分析任务几乎可以实时完成。在大数据时代,内存计算技术尤为重要,它能够应对数据量的爆炸性增长和对即时数据处理的需求。例如,SAP HANA 和 Apache Spark 等系统都采用了内存计算技术,其中 Spark 利用其弹性分布式数据集(RDD)和内存计算框架,优化了迭代计算和数据流处理的性能。这些技术的发展不仅提升了数据处理的速度,还为 ML 和实时数据分析等复杂计算任务提供了强大的支持,推动了大数据技术在各个行业的广泛应用。

3. 大数据的应用

大数据技术在众多关键领域得到应用,包括客户需求理解、业务流程优化、金融交易、智能医疗研发、实时交通监控、日常生活监控及智能汽车研发等。这些应用实例,突出了大数据技术在提升业务洞察、优化操作流程、增强金融服务、推动医疗创新、改善交通管理和日常生活质量及加速智能汽车技术发展方面的重要性和影响力。

(1)智慧医疗:智慧医疗通过医疗信息化与大数据、云计算的融合,实现医疗服务的智能化,提高医疗服务效率和质量。

(2)智慧农业:大数据在农业中用于预测市场需求、天气,指导种植和放牧,优化农产品种植结构和销售,提高产值。

（3）银行大数据：银行利用大数据进行客户画像、精准营销、风险控制和运营优化,提升业务运营效率。

（4）保险行业大数据：保险行业通过大数据细分客户群体,进行精细化营销,分析欺诈行为,优化产品设计和运营。

（5）证券行业大数据：证券行业应用大数据进行股价预测、客户关系管理,通过客户数据分析提升服务质量和市场竞争力。

（6）零售行业大数据：零售行业利用大数据了解消费趋势,进行精准营销,优化库存管理,减少产能过剩。

（7）电子商务大数据：电商通过大数据进行精准营销、消费趋势预测,提升物流效率,为商户提供信贷支持。

（8）电子政务大数据：政府利用大数据实现精细化管理,提高资源配置效率和宏观调控能力,优化治理结构。

4. 大数据的发展历程

大数据的发展历程是一个跨越数十年的演变过程,与计算机技术、存储能力和网络基础设施的发展紧密相关。

起源阶段（20世纪50—80年代）：在计算机技术的早期,数据量相对较小,处理主要依赖于传统的关系型数据库管理系统（relational database management system,RDBMS）。20世纪50年代,随着计算机的发展,数据存储和处理的需求开始增长。到了70至80年代,数据库技术开始成熟,但数据量还未达到"大"数据的规模。

互联网的兴起（20世纪90年代）：20世纪90年代,随着互联网的普及,数据量开始爆炸性增长。网页、用户交互和在线交易开始产生大量数据。这一时期,数据仓库和数据挖掘技术应运而生,为处理和分析大规模数据集提供了可能。

搜索引擎的发展（21世纪初）：21世纪初,随着谷歌等搜索引擎的兴起,对大数据的处理需求进一步增加。搜索引擎需要索引和分析海量的网页数据,这推动了分布式计算技术的发展,如谷歌文件系统（google file system,GFS）和MapReduce编程模型。

Hadoop的诞生（2006年）：2006年,Apache Hadoop项目的诞生标志着大数据技术的一个重要里程碑。Hadoop提供了一个开源的分布式存储和计算框架,能够处理结构化和非结构化数据。Hadoop的出现极大地降低了处理大数据的成本和技术门槛。

NoSQL数据库的兴起（2007年）：随着非结构化数据的增多,传统的关系型数据库在扩展性和灵活性方面的局限性开始显现。NoSQL数据库应运而生,提供了一种灵活、可扩展的存储解决方案,适用于处理大规模、多样化的数据。

云计算与大数据（21世纪10年代）：进入21世纪10年代,云计算技术的成熟为大数据提供了新的平台。云服务提供商如亚马逊AWS、微软Azure和谷歌Cloud Platform提供了按需的计算资源和存储服务,使得企业和开发者能够更加便捷地处理和分析大数据。

大数据技术生态系统的成熟（21世纪10年代后期）：随着大数据技术的不断成熟,一个完整的生态系统逐渐形成,包括数据采集、数据存储、数据清洗、数据挖掘、数据分析和数据可视化等各个环节。Apache Spark、HBase、Cassandra等技术成为这一生态系统中的重要组成部分。

AI与大数据的融合（21世纪10年代末至今）：近年来,AI和ML技术与大数据的融合,进一步推动了数据分析技术的发展。深度学习等AI技术能够从大数据中提取更深层次的模式和见解,为各行各业带来了革命性的变化。

数据治理与隐私保护（现在与未来）：随着大数据应用的深入，数据治理和隐私保护成为越来越重要的议题。欧盟的通用数据保护条例（general data protection regulation，GDPR）等法规的出台，要求企业和组织更加重视数据的合规性和安全性。

二、大数据技术在智能建筑中的应用价值

智能建筑作为建筑行业的一个重要分支，通过将信息技术、自动化技术、IoT 技术等与现代建筑相结合，实现了建筑的智能化管理和运营。而大数据技术作为智能建筑的核心支撑技术之一，对智能建筑的发展起到了关键性的作用。

1. 提高建筑能效

实时监测与分析。大数据技术能够实现对建筑能耗的实时监测和分析。通过安装各种传感器，如温度、湿度、光照传感器等，可以实时获取建筑内的环境数据；通过智能电表、水表等设备，可以实时获取建筑内的能源消耗数据；将数据上传至大数据平台，利用大数据分析技术，可以对建筑内的能耗情况进行实时监测和分析，找出能源浪费的环节，进而制订针对性的节能措施。

能源需求预测与优化配置。大数据技术能够结合 AI 算法，如 ML、深度学习等，对建筑的历史能耗数据进行挖掘和分析，预测建筑未来的能耗需求。根据预测结果，可以实现能源的优化配置，如调整能源供应计划、优化设备运行策略等，从而降低能源消耗，提高建筑能效。

2. 优化空间利用

人员分布与设施使用分析。智能建筑通过安装传感器、摄像头等设备，可以实时获取建筑内的人员分布、设施使用等情况。大数据技术能够对这些数据进行挖掘和分析，为建筑的空间布局和功能划分提供依据。例如，通过对办公区域内人员流动数据的分析，可以合理调整工位布局，提高办公空间的利用率。此外，通过对会议室使用数据的分析，可以合理安排会议室的使用，避免资源浪费。

智能调控与优化。大数据技术可以结合 IoT 技术，实现建筑内设施的智能调控，进一步提高空间利用效率。例如，通过分析室内环境数据，可以自动调节空调、照明等设备，为用户提供舒适的居住环境。同时，通过对室内外环境数据的分析，可以自动调节窗帘、遮阳篷等设备，实现能源的节约。

3. 提升安全保障

安全监控与异常行为识别。智能建筑中的大数据技术应用于安全监控领域，通过对建筑内的视频监控数据进行实时分析，实现对异常行为的自动识别和预警。例如，通过人脸识别技术，对进入建筑的人员进行身份识别，防止非法入侵；通过行为识别技术，对异常行为进行识别和预警，提高建筑的安全防范能力。

消防安全监测与预警。大数据技术应用于建筑的消防安全领域，通过对火灾报警、烟雾探测器等设备的数据进行实时监测和分析，实现对火灾隐患的及时发现和处置。例如，通过对烟雾探测器数据的实时分析，可以判断火灾的发生，并及时发出报警信号，通知人员进行疏散。

4. 改善居住体验

室内环境监测与调节。智能建筑中的大数据技术可以应用于室内环境监测，实时获取室内温度、湿度、光照等数据，并结合用户的个性化需求，自动调节空调、照明等设备，为用户提供舒适的居住环境。例如，当室内温度过高时，大数据平台可以自动调节空调温度，保持室内舒适度。

智能家居控制与管理。大数据技术可以结合智能家居设备,实现对家电的远程控制和管理,提高用户的生活品质。例如,用户可以通过手机 APP 实时查看家中电器的工作状态,并进行远程操控,实现家居设备的智能化升级。

5.促进建筑产业升级

建筑设计优化。通过对建筑全生命周期的数据进行分析,为建筑设计提供科学依据,实现建筑设计的优化。例如,通过对建筑能耗数据的分析,可以为建筑设计提供节能方案,降低建筑能耗;通过对室内环境数据的分析,可以为建筑设计提供舒适的室内环境方案,提高居住舒适度。

建筑施工管理优化。大数据技术应用于建筑施工管理,通过对施工过程中的数据进行实时监测和分析,实现对施工进度、质量、安全等方面的优化管理。例如,通过对施工现场的视频监控数据进行实时分析,及时发现施工现场的安全隐患,提高施工安全性。

建筑运营管理优化。大数据技术应用于建筑运营管理,通过对建筑运营过程中的数据进行实时监测和分析,实现对建筑运营的优化管理。例如,通过对建筑能耗数据的实时分析,找出能源浪费的环节,制订针对性的节能措施,降低运营成本。

三、智能建筑的软件开发与利用

1.相关背景

随着全球经济的快速发展和科技的不断进步,我们已步入工业 4.0 时代,这是一个以信息化技术为主导并推动产业变革的智能化时代。在这个时代背景下,装配式建筑与智能建造的概念应运而生,成为建筑行业转型升级的重要方向,也是实现可持续发展的关键途径。

国家层面对新型建筑工业的重视程度不断加深,通过发布《国家新型城镇化规划(2014—2020年)》、国家"十四五"规划以及《关于促进智慧城市健康发展的指导意见》等政策文件,明确了建筑业转型升级的目标和路径。这些政策的出台,旨在通过去产能、降成本等措施,推动建筑业向更加高效、环保、智能化的方向发展。

在这样的大背景下,智能建筑的软件开发与利用应运而生。智能建筑软件开发的核心是利用互联网、大数据、AI 等前沿技术,实现建筑项目的全生命周期管理,包括但不限于设计、施工、运营和维护等各个环节。智能建筑软件的开发和应用能大大提高建筑项目的管理效率,降低成本,提升建筑质量和安全性,也能够更好地满足用户的需求。

智能建筑软件开发的一个重要方面是 BIM 技术的应用。BIM 技术能够实现建筑项目的三维数字化,为设计、施工和运营管理提供直观、准确的数据支持。通过 BIM 技术,可以实现设计方案的快速迭代,优化施工流程,提高资源利用率,减少浪费。

此外,智能建筑软件开发还包括 IoT 技术的应用,通过传感器和网络技术,实现建筑内部环境的实时监控和智能控制,不仅能够提高建筑的能源利用效率,降低运营成本,还能够为建筑使用者提供更加舒适、安全的环境。

在智慧城市建设的大潮中,智能建筑软件开发与利用显得尤为重要。智慧城市强调城市各个系统和组成部分的互联互通和智能化管理,智能建筑作为城市的基本单元,其软件开发和利用能够为智慧城市的建设提供强有力的支撑。

2.软件开发所需条件

在智能建造与大数据融合的研究与发展过程中,软件开发成为实现这一目标的关键工具。智能建筑的软件开发不是一个单一的软件产品,而是一个或多个具备功能多样性的软件集合,能够充分利用大数据的优势,将智能建造的潜力发挥到极致。智能建筑软件开发需要注重以下几个方面。

1)机器操纵与智能加工能力

智能建筑软件开发的首要条件是具备操纵机器和智能加工的能力,能够控制自动化生产线,实现构件的精确加工,进一步优化生产流程,减少制作误差,确保构件的一致性和可靠性。这种方式可以减少对人力的依赖,解决劳动力短缺问题,同时提高工作效率和构件的质量。

2)强大的数据处理与分析技术

大数据是智能建造的基石,软件开发必须包含强大的数据处理和分析技术。软件开发要处理和分析海量的数据集,包括但不限于设计参数、施工进度、材料使用情况等,通过高效的数据处理能力,为决策者提供准确的信息,支持更明智的决策制订。

3)模拟评估技术

智能建筑软件开发需要集成模拟评估技术,对建筑项目的三维模型进行信息管理,集成尺寸、材料、力学、热工等各种信息,进行综合运算和分析。通过模拟施工过程,软件可以在项目实施前预测可能出现的问题,优化施工方案,减少浪费和返工,提高施工效率。

4)资料采集与持续改进

软件开发需要具备资料采集和持续改进的能力,不仅要在项目初期收集和分析数据,还需要在整个建筑生命周期中不断采集新的数据,以优化生产工艺流程并提高生产效率。通过这种方式,帮助操作者更好地理解需求,优化用户体验,推动智能建造技术的持续进步。

5)AI集成

随着AI技术的快速发展,智能建筑软件开发需要集成AI技术,以实现更高级的自动化和智能化。AI技术可以帮助软件进行自我学习和优化,提高决策的准确性和效率;还可以用于预测性维护,通过分析设备和构件的使用情况,预测潜在的问题并提前进行维护。

6)用户界面与体验

软件开发需要关注用户界面和用户体验,能够提供直观、易用的用户界面,确保用户轻松地与系统交互,根据用户的反馈不断优化,提供更加个性化和高效的服务。

7)安全性与可靠性

在智能建筑软件开发中,安全性和可靠性是不可忽视的重要因素。软件需要具备强大的安全机制,保护数据不被未授权访问或篡改;还应具备高可靠性,确保在各种环境下都能稳定运行。

8)可扩展性与兼容性

智能建筑软件开发需要考虑可扩展性和兼容性。随着技术的发展和用户需求的变化,软件应能够轻松地扩展新功能和集成新的技术,并与其他系统和设备兼容,以实现更广泛的应用。

智能建筑的软件开发是一个复杂的过程,需要综合考虑多个方面的因素。通过满足多种需求和相应条件,软件开发能够为智能建造提供强大的技术支持,推动建筑行业的创新和发展。

3. 应用场景

1)大数据协同设计

在智能建筑的快速发展中,软件开发与大数据协同设计的应用正发挥着至关重要的作用,推动着整个行业向技术优势转型。当前,制造产业面临着从成本优势向技术优势转变的巨大压力,开发高技术含量、拥有自主知识产权的新产品已成为制造业的核心竞争力。然而,传统的产品研发采用按顺序作业的工程方法,企业的设计、工艺、检验和制造等活动相互独立,组织和管理也各自为政。这种分离的方式使得设计人员往往难以全面考虑制造工艺方面的问题,导致设计与制造工艺环节的脱节,进而影响产品质量的保证。通过大数据提供的强大建模和仿真环境,产品的零部件从设计到工艺再到生产及装配的全过程都可以在数据平台上实现仿真和优化。大数据的应用使得产品研发的信息能够在各环节之间充分共享,消除了信息孤岛,确保了设计与制造过程的无缝衔接和高效协同。以大数据为核心的产品协同设计彻底改变了传统的设计研发模式,转变为单一数据源的协同设计,保证了设计和制造流程中数据的一致性和唯一性。

在智能建筑领域,大数据协同设计的应用尤为突出。通过大数据分析和处理,智能建筑的设计软件能够实时获取和整合建筑各个系统的运行数据,进行精准的建模和仿真。例如,暖通空调系统、照明系统、安全系统和能源管理系统等,通过大数据的协同设计,可以实现集成化设计和优化管理,提高建筑的能源效率和运行安全性。智能建筑的各个子系统之间可以通过大数据平台实现信息共享和联动控制,从而实现建筑整体的智能化管理和运营。大数据协同设计不仅提升了智能建筑的设计效率和质量,还为其后续的运维提供了强有力的支持,通过数据分析和预测,提前发现和解决潜在问题,延长设备寿命,降低维护成本。因此,大数据协同设计在智能建筑的软件开发与应用中,不仅是技术进步的体现,更是实现智慧城市和绿色建筑的重要保障,为行业的可持续发展注入了新的动能。

2)大数据辅助装配

大数据技术为建筑项目提供了从设计、施工到装配的全方位支持,显著提升了建筑质量、效率和安全性。通过收集、分析和处理大量的施工和设计数据,实现了装配过程的智能化和精细化管理,优化资源配置,缩短施工周期,降低施工成本,提升建筑物的整体性能和质量。

大数据辅助装配解决了传统装配过程中存在的诸多问题。传统的装配方式依赖于刚性自动化,需要大量的人工操作来找正位置,确保装配的准确性。生产现场的装配工艺传达不到位,复杂工艺的施工难度高,且施工过程及结果缺乏有效的核对手段,使得装配质量难以保障。此外,装配顺序和工艺参数的查阅不便,增加了施工的难度和出错的可能性。大数据技术通过实时监控和分析装配过程中的各项数据,提供全过程的作业指导,避免了人为失误和无关人员操作,提高了装配的品质和效率。

大数据技术的高速特点能够实现多个智能装配台之间的协同工作。由于传统网络传输带宽和速度的限制,视频等信息的传输有时会卡顿,影响装配过程的实时性和准确性。而大数据技术通过高速数据传输,确保了对装配过程的实时监控和指挥,使得各个装配台能够同步工作,形成一套成熟的智能装配方案,不仅提高了装配的效率和质量,还增强了装配过程的可控性和灵活性,能够及时应对和解决施工过程中出现的问题。

在大数据的控制下装配过程变得更加智能化和自动化。大数据通过对装配过程的实时监控和分析,优化装配方案,确保每个环节的精准执行。智能装配设备根据大数据提供的指导信息,自动调整操作参数,避免了人工操作的误差,提高了装配的准确性和效率。同时,大数据技术还可以通过模拟装配过程,辅助确定相关的工艺信息,为实际施工提供可靠的参考和指导。模拟仿真技术不仅降低了实际施工中的试错成本,还可以提前发现和解决潜在的问题,确保装配过程的顺利进行。大数据技术在装配过程中的应用,还能够实现全过程的质量控制和追溯。通过对装配过程中的各项数据进行实时采集和存储,大数据技术对每一个装配环节进行详细记录和分析。一旦出现问题,可以快速追溯到具体环节,找出问题根源,并及时进行调整和优化。这种全过程的质量控制和追溯机制,不仅提高了装配的质量和可靠性,还增强了产品的可维护性和安全性。

3)大数据透明工厂

大数据在智能建造中的应用不局限于生产过程的优化,还涉及整个工厂的智能化管理和安全保障。通过全云化网络平台,智能工厂可以实现物流、上料、仓储等方案的精确判断和决策,同时采集生产数据和监测车间工况与环境变化,为生产决策、调度和运维提供可靠依据。精密传感技术的应用使得大量工业级数据通过大数据平台进行实时收集和分析,形成庞大的数据库,结合云计算的强大计算能力,工业机器人可以自主学习和做出精确判断,实现生产过程的全面可视化和透明化管理。

深度学习和数据分析在智能建造中的角色尤为关键,通过质量检测、行为识别和轨迹追踪,大数据技术能够优化资源配置,提高工人操作水平和工作效率。例如,通过智能算法对生产过程中可能出现的伤害行为进行预判和安全预警,实现整个生产过程的安全管理,确保工人和设备在安全和高效的环境中工作。这些技术的结合不仅提升了生产线的整体效率,也极大地改善了生产过程中的安全性和可控性,推动了智能建造领域向更高水平发展。

四、智能建筑中大数据和 AI 的应用分析

1. 大数据技术与 AI 技术的关系

大数据和 AI 技术在智能建筑中的关系紧密且相辅相成,相互结合的优势在于推动建筑领域向智能化、高效化和可持续化方向迈进。

在智能建筑中,大数据和 AI 技术之间的关系体现了数据驱动与智能决策的紧密结合。大数据通过各类传感器、监测设备等实时采集大量建筑运行数据,包括环境参数如温度、湿度、光照强度及能源消耗情况等多维度信息。这些数据作为 AI 算法的主要输入,极大丰富了智能系统的数据基础,使得其能够精确分析、预测建筑运行状态,并基于数据驱动的智能决策优化建筑的管理和用户体验。

大数据的实时采集和存储能力为智能建筑的运行提供了全面的数据支持。传感器和监测设备持续不断地收集大量环境和能耗数据,这些数据被集成到大数据平台中进行存储和处理,构建起建筑运行的详尽数据框架。这种全面性和实时性使得 AI 能够基于最新的数据状态进行快速响应和决策。

大数据还为 AI 提供丰富的数据资源和多维度的分析可能性。通过对历史数据和实时数据的深入分析,AI 算法可识别出潜在的运行问题,优化能源利用方式,甚至预测未来的建筑需求。例如,智能系统可以根据大数据分析推断出最佳的照明和空调调节方案,以实现能源效率的最大化,同时保证室内环境的舒适度。

最重要的是,大数据的实时监测和 AI 的智能决策相结合,提升了建筑运行的智能化水平和用户体验。智能系统不仅可以自动化地调整设备运行参数,还能够根据实时数据变化进行预测性维护和故障预警,及时处理潜在的设备问题,避免因设备故障带来的不必要的停工和维修成本。

2. 大数据技术与 AI 技术的结合应用

1)智能设计和规划

利用 AI 对大数据进行分析,可以帮助建筑师在设计阶段就预测和解决潜在问题,实现更加高效和精确的设计。AI 能够处理大量的历史项目数据,包括用户偏好、环境因素、建筑材料等,从而生成多个设计方案,并评估它们的可行性和成本效益。此外,AI 还能够模拟建筑物的性能,预测其在不同环境条件下的表现,从而优化设计方案。这种智能化的设计流程不仅提高了设计效率,还确保了建筑的可持续性和环境适应性。

2)能源管理

能源管理在智能建筑中至关重要,直接关系到建筑的运行成本和环境影响。通过安装的传感

器收集能源使用数据,AI 系统分析这些数据,优化能源分配,实现节能减排。例如,智能建筑可以根据室内外温度、湿度和光照强度自动调节空调和照明系统,在满足舒适度要求的同时减少能源消耗。此外,AI 还可以预测能源需求和供应,实现能源的智能调度和存储,进一步提高能源使用效率。

3)设施维护和预测性维护

设施维护是确保智能建筑长期稳定运行的关键。利用大数据和 AI 技术,智能建筑可以实现预测性维护,即在设备出现故障前进行维护。通过持续监测设备的状态和性能,AI 系统可以分析数据,预测潜在的故障和维护需求,减少意外停机时间,降低维护成本。此外,预测性维护还可以提高建筑的安全性,避免因设备故障导致的安全事故。

4)安全监控

AI 驱动的视频监控系统可以实时分析视频流,识别异常行为或潜在的安全威胁。例如,AI 可以识别未授权的入侵、火灾或其他紧急情况,并及时通知安全人员;通过面部识别技术进行访问控制,确保只有授权人员才能进入特定区域。这种智能化的安全监控系统大大提高了建筑的安全性和响应速度。

5)决策支持

在智能建筑的管理和运营中,决策支持是一个关键的应用领域。大数据和 AI 的结合为管理人员提供了强大的决策支持工具,通过深入分析各种数据,AI 可以帮助管理人员全面了解建设项目的现场情况,预测潜在的问题,并提出解决方案。例如,AI 可以分析施工进度数据,预测项目是否能按时完成,并提出加快进度的建议;还可以分析能源使用数据,为管理人员提供节能的建议。这种决策支持不仅提高了管理效率,还帮助管理人员做出更加科学和合理的决策。

3. 大数据技术与 AI 技术结合应用的重要意义

智能建筑中大数据与 AI 的结合应用,是推动建筑业转型升级、实现高质量发展的关键动力。这一融合不仅代表了建筑业与信息化、工业化深度融合的重大变革,而且对于提升建筑业的数字化、智能化水平具有决定性作用。通过集成 5G、AI、IoT 等新技术,智能建筑能够构建起一个全产业链融合的智能建造产业体系,覆盖科研、设计、生产加工、施工装配、运营维护等各个环节,实现内涵集约式的发展。

在智能建筑领域,大数据提供了丰富的信息资源,为 AI 的分析和决策提供基础数据支撑。AI 则利用其强大的算法,对这些数据进行深度分析和智能处理,从而在设计、施工、运维等环节实现自动化和智能化,提高效率、降低成本、优化资源配置。例如,智能建筑设计可通过大数据分析优化方案,施工阶段利用 AI 进行安全监控和质量控制,运维阶段通过数据收集和智能分析实现能源管理和设备维护。大数据与 AI 的结合还能够促进绿色建造和可持续发展,通过智能分析建筑的能源使用情况,优化能源管理,减少能源浪费,实现节能减排。同时,智能建筑可以更好地适应环境变化和用户需求,提高建筑的舒适性和健康性。

在全球范围内,随着新一轮科技革命和产业变革的不断深入,智能建筑已经成为提升国家竞争力的重要领域。我国在推动智能建造与建筑工业化协同发展方面,正通过政策引导和技术创新,加快缩小与发达国家的差距,打造"中国建造"升级版,提升企业核心竞争力,迈入智能建造世界强国行列。大数据与 AI 在智能建筑中的融合,不仅能够推动建筑业的技术进步和管理创新,还能够促进经济社会的可持续发展,对于实现建筑业的现代化和高质量发展具有重要的战略意义。

五、基于大数据模式发展智慧城市

1. 智慧城市的概念

智慧城市是利用先进的信息技术,包括 IoT、云计算、大数据分析、AI 等,来提高城市管理效率、优化资源配置、改善居民生活质量、促进可持续发展的现代城市发展模式。其核心在于通过数据的收集、整合和智能分析,实现城市管理和服务的自动化、智能化,从而提高城市运行的效率和响应速度。

智慧城市通过技术的高度集成,实现城市设施和服务的互联互通,利用智能算法和自动化系统进行城市运营的智能化管理;依托大数据驱动决策,提升城市管理的效率和精准度;倡导居民参与,通过智能设备和应用提高市民的互动性和满意度。其目标是促进可持续发展,优化资源利用,减少环境影响,为居民创造一个更加便捷、安全、健康的城市生活环境。

智慧城市的概念自 2008 年提出以来,在全球范围内引发了广泛关注与快速发展的热潮。智慧城市被视为推进城市化、提升城市治理水平、解决大城市问题、提高公共服务质量、发展数字经济的关键战略,通过信息技术和通信技术的应用,使城市管理、教育、医疗、房地产、交通运输等关键基础设施和服务变得更加互联、高效和智能。智慧城市的发展不仅提升了居民的生活质量,还为企业创造了有利的商业环境,并为政府提供了更高效的运营管理机制。

中国高度重视智慧城市的建设,从早期的试点探索,到 2014 年国家发展改革委等八部委联合发布的《关于促进智慧城市健康发展的指导意见》,再到党的二十大提出提高城市规划、建设、治理水平,打造宜居、韧性、智慧城市的目标,国家层面陆续出台了一系列政策文件,为智慧城市建设指明了发展方向。智慧城市作为落实数字中国战略的重要载体,通过技术融合、业务融合、数据融合,促进城市规划、建设、管理和服务智慧化,是提升国家治理能力、激发数字经济活力、优化美好生活供给的有效途径。随着数字化转型的加速,智慧城市的建设不仅关注基础设施的智能化,还着眼于产业的数字化升级和公共服务的信息化,展现出一个系统全面、协调一致的发展蓝图。

2. 大数据模式下智慧城市的智能选址

1)选址

选址是一项复杂而细致的工作,涉及在一定空间范围内为特定目标选择最合适的位置,以确保目标功能的最佳实现。这一过程通常包含两个层面的含义:选址和定址。首先是"选址",决定在何种大的地理或行政区域内进行选址,可能具体到某个城市,或者基于某些特定位置特征的区域。在全球化和经济一体化日益加深的今天,选址的视野也可拓展到国外,考虑国际因素对选址决策的影响。其次是"定址",在已经选定的区域内,进一步细化选择具体的地点,从多个符合要求的地块中筛选出最优的地址。

选址的对象范围极为广泛,可以是关系到国防建设的国家重大项目,也可以是与日常生活紧密相关的商铺、餐馆等商业设施。合理的选址布局对于政府部门来说,能够高效利用土地资源,节约成本,实现资金的合理分配。对社会而言,良好的选址布局能够提升交通和出行的便利性,促进社会的高效运行和经济的繁荣发展。

不合理的选址布局,不仅可能导致项目建设的成本增加,还可能带来操作上的不便,甚至可能引发一系列棘手的问题,进而影响到整个城市的规划和发展。例如,选址不当可能导致交通拥堵、服务设施分布不均、环境压力增大等问题,最终影响居民的生活质量和城市的可持续发展。

选址不是一个简单的地点选择问题,而是一个需要综合考虑经济、社会、环境等多方面因素的系统工程。随着大数据和 AI 等技术的发展,现代选址越来越依赖于数据分析和模型预测,以期找到最科学、最合理的解决方案。这些技术的应用不仅提高了选址的效率和准确性,也为城市规划和管理提供了更加有力的支持。总之,选址是一项关乎多方利益、影响深远的重要决策,需要综合考虑各种因素,精心规划,以实现社会资源的最优配置和社会福利的最大化。

2)影响因素

在大数据时代背景下,智慧城市的选址受到多种因素的影响,这些因素共同决定了选址的合理性和有效性。

容量因素是智慧城市选址的基础条件之一。容量指的是在一定空间范围内,该空间能够承载的目标的最大规模。例如,对于一个公共停车场,其容量直接关系到能够容纳的车辆数目,通常取决于停车场的有效面积。在智慧城市的背景下,容量的考量需要结合大数据分析,模拟和预测不同规模和形状的场地对于未来城市发展的需求满足程度,确保选址能够适应不断变化的城市需求。

区位特征是影响智慧城市选址的另一个重要因素。区位特征体现了一个空间区域内的位置关系和相互作用,决定了该区域的功能和价值。在智慧城市的选址中,区位特征的考量需要综合自然条件、社会经济因素以及政策法规等多个维度。例如,利用大数据分析工具,可以评估不同区域的人口密度、交通流量、环境状况等,从而选择一个既符合自然保护要求,又满足社会经济发展和政策导向的最佳区位。

避让距离是规划中的一个重要概念,决定了选址与特定设施或区域之间的最小安全距离。在智慧城市的选址中,避让距离的确定需要依据城市规划的各类数据和标准。例如,工业设施可能需要远离居民区一定距离以避免噪声和污染,而公共设施如学校、医院则可能需要靠近居民区以便于提供服务。大数据分析可以帮助决策者更准确地确定避让距离,通过分析不同区域的用地性质、规划限制和潜在风险,为智慧城市的选址提供科学的依据。

经济因素在智慧城市选址中不容忽视。经济因素包括建设成本、运营成本、投资回报等,大数据分析可以提供关于土地价值、市场需求、消费者行为等经济信息,帮助决策者评估不同选址方案的经济可行性。通过经济模型的模拟,能够预测不同选址对项目经济效益的影响,从而选择最具成本效益的方案。

社会因素是智慧城市选址需要考虑的重要因素。社会因素涉及人口结构、文化背景、居民需求等,利用大数据分析,可以深入了解社区居民的生活习惯、服务需求和参与意愿,从而选择一个能够满足居民需求、促进社区发展的最佳地点。

技术因素在智慧城市选址中扮演着越来越重要的角色。技术因素包括信息技术基础设施、智能交通系统、能源供应等,大数据和 AI 技术的应用可以帮助评估不同选址的技术支持能力,确保智慧城市的建设和运营能够充分利用先进的技术手段。

环境因素是智慧城市选址中不可忽视的方面。环境因素包括气候条件、地形地貌、生态系统等,大数据分析可以提供关于环境质量、生态敏感区域和灾害风险等信息,帮助决策者选择一个环境友好、可持续性强的选址方案。

在大数据的支撑下,智慧城市的选址需要综合考虑容量、区位特征、避让距离、经济因素、社会因素、技术因素和环境因素等多个方面。大数据分析可以更全面、更深入地理解这些因素,为智慧城市的选址提供科学的决策支持,确保智慧城市的建设和发展既满足当前需求,又具有长远的可持续性。

3)选址原则

城市新进项目的选址不仅是城市规划的一部分,更是城市生态型发展的关键。面对建设项目可能带来的资金损失和生态破坏等问题,选址过程中的原则分析显得尤为重要。

(1)目的性原则。

在智慧城市的背景下,项目选址应明确项目的目的和预期效果。无论是生态项目如城市绿化、医疗项目如医院建设,还是交通项目如公路建设,都应以提升居民生活质量和推动区域经济发展为目标。大数据的运用可以帮助决策者深入分析居民需求、环境影响和经济效益,确保选址决策与城市发展目标相一致。

(2)经济节约化原则。

智慧城市的选址需要考虑经济效益,实现成本控制和资源优化配置。大数据分析可以预测不同选址方案的经济效益,评估项目服务范围、周期、建设和运营成本,以及潜在的盈利能力。通过这种方式,可以在有限的资金投入下,选择出最具成本效益的地址,实现经济节约化。

(3)协调性原则。

智慧城市的选址应与当地的经济、生态和地理发展相协调。大数据提供了周边环境、居民态度、潜在的环境影响和项目的可持续性等多维度信息,可以帮助项目与周边环境、社区需求相融合。在选址前期应进行充分的调查和分析,确保项目选址既满足当前需求,又考虑到长远的区域发展和生态保护。

(4)科学严谨性原则。

智慧城市的选址应基于科学的方法和严谨的分析。利用大数据技术,可以构建科学的选址模型,分析城市地理空间布局、人口分布、交通流量等关键因素。这种方法摒弃了传统的主观判断,主要依赖于数据驱动的决策过程,确保选址决策的科学性和合理性。

(5)技术可行性原则。

智慧城市的选址应考虑技术实施的可行性。大数据和 AI 技术的应用,可以评估特定地点的基础设施条件、智能技术集成的可能性及未来技术升级的空间。这有助于选择那些技术条件成熟、便于实现智能化升级的地点,为智慧城市的长期发展奠定基础。

(6)环境友好性原则。

智慧城市的选址应遵循环境友好的原则,最小化对自然环境的影响。通过大数据分析,可以识别生态敏感区域,评估选址对生态系统的潜在影响,并选择对环境影响最小的方案。这不仅有助于保护生态环境,也是实现城市可持续发展的重要方面。

(7)社会公平性原则。

智慧城市的选址应考虑社会公平,确保项目能够服务于所有社会成员,特别是弱势群体。大数据分析可以帮助识别服务不足的区域,评估项目对不同社会群体的影响,从而选择能够促进社会包容性和公平性的地点。

4)选址方法

在大数据时代,智慧城市的选址方法呈现出新的特点和趋势,这些方法充分利用数据分析和处理技术,以提高选址的科学性、精确性和效率。

数据驱动的选址分析:大数据技术使得从海量数据中提取有用信息成为可能。智慧城市的选址需要收集和分析城市人口分布、交通流量、土地使用情况等基础数据,通过对这些数据的深入分析,识别城市发展的关键区域和潜在的选址机会。例如,人口密集区域可能需要更多的公共服务设施,而交通流量分析有助于确定交通基础设施的最优位置。

GIS 技术的应用:GIS 技术在智慧城市选址中发挥着重要作用。GIS 能够将多种空间数据集成在一个平台上,帮助决策者可视化和分析不同选址方案的地理特征和环境影响。GIS 不仅能够展示地形地貌、土地覆盖类型等自然地理信息,还能够叠加展示人口分布、经济活动等社会经济信息,为选址提供全面的地理空间分析。

多因素综合评价方法：智慧城市的选址需要考虑多种因素，如经济发展水平、基础设施建设、环境承载能力等。多因素综合评价方法通过建立评价指标体系，对不同的选址方案进行量化评估和比较。大数据分析可以提供评价指标的定量数据，如通过分析居民的出行模式来评估交通项目的选址，或者通过分析环境监测数据来评估生态项目的选址。

预测模型与模拟技术：大数据技术结合预测模型和模拟技术，可以预测不同选址方案对城市未来发展的影响。例如，使用时间序列分析预测人口增长趋势，或者运用交通模拟软件预测新交通设施对城市交通流量的影响。这些预测和模拟结果有助于评估选址方案的长远效益和潜在风险。

公众参与和反馈机制：智慧城市的选址应考虑公众的意见和需求。通过在线调查、社交媒体分析等手段收集公众对选址方案的反馈，可以帮助决策者了解居民的真实需求和关注点。大数据分析可以识别公众意见的共性和差异性，为选址决策提供更加人性化和民主化的依据。

持续监测与评估：智慧城市的选址是一个动态的过程，需要持续监测和评估选址效果。通过实时收集和分析城市运行数据，评估选址方案的实际效果，及时调整和优化选址策略。例如，通过交通监控系统收集的数据评估交通设施选址的效果，通过环境监测系统收集的数据评估生态项目选址的环境效益。

大数据为智慧城市的选址提供了新的方法和工具，使得选址过程更加科学、合理和高效。通过数据驱动的选址分析、GIS 技术、多因素综合评价、预测模型与模拟技术、公众参与和反馈机制、持续监测与评估，智慧城市的选址能够更好地适应城市发展的需要，促进城市的可持续发展。

3. 大数据模式下新型智慧城市的发展趋势

当前，智慧城市的建设方式正在发生深刻的转变，主要体现在以下五个方面。

第一，统筹机制的转变。从过去的多头管理到现在的央地协同推进，特别是国家数据局的成立，为智慧城市的全国性统筹提供了坚强的组织保障。

第二，设计理念的转变。城市不再被简单视为孤立单元，而是作为一个复杂有机体，需要从全局视角进行整体规划和资源配置，以应对突发事件带来的挑战。

第三，使用对象的转变。智慧城市的建设越来越强调从用户的角度出发，注重打通信息壁垒和技术边界，实现真正的服务便民化。

第四，建设重点的转变。从业务数字化转向数据业务化，强调数据的应用价值和数据驱动的智慧化服务。

第五，运营模式的转变。智慧城市从一次性建设向长效运营转变，促进市场和政府的有效结合，培育智慧城市运营商和运营服务产业生态，实现智慧城市的自我维持和发展。

这些转变共同推动着智慧城市向更加智能化、协同化、服务化和可持续化的方向发展，旨在通过创新的管理机制、全局的设计理念、用户中心的服务模式、数据驱动的业务创新和长效的运营策略，实现城市治理的现代化，提升居民的生活质量，为城市的可持续发展提供坚实的支撑。随着技术的不断进步和政策的持续优化，智慧城市将在未来展现出更加广阔的发展前景。

第三章　智能建筑施工新技术应用

智能建筑施工技术是指将现代信息技术、AI 技术和建筑施工技术相结合,实现建筑施工过程的智能化、自动化和信息化。其涵盖了从设计、施工到运维的全生命周期,旨在提高施工效率、降低成本、保证质量和安全,同时减少对环境的负面影响。

智能建筑施工技术的发展背景是多方面的。首先,随着城市化进程的加快和人口的增长,建筑行业面临着巨大的需求和挑战,需要更高效、更可持续的施工方式来满足日益增长的建筑需求。其次,信息技术的快速发展为智能建筑施工技术提供了技术支持,如 IoT、云计算、大数据、AI 等新技术的应用,为智能建筑施工提供了新的可能。最后,建筑行业本身也面临着转型升级的需求,传统的施工方式已经难以适应现代建筑的发展需求,需要引入新的技术和管理理念来推动行业的创新发展。本章旨在通过实际案例分析,了解智能建筑施工新技术的应用现状、优势和挑战,为相关领域的研究和实践提供参考。

第一节　BIM 技术在智能建筑施工中的应用

一、BIM 在全过程管理中的应用案例——上海中心大厦

1. 工程项目概况

上海中心大厦是一座位于上海浦东新区陆家嘴金融中心的超高层地标式建筑,紧邻金茂大厦和环球金融中心。这座拥有中国第一高楼、世界第二高楼之称的大厦,由上海中心大厦建设发展有限公司负责建设。大厦集商务、办公、酒店、商业、娱乐和观光等多功能于一体。建筑功能区可以划分为五大区域,包括大众商业娱乐区域,低、中、高办公区域,企业会馆区域,精品酒店区域和顶部功能体验空间。大厦建筑总高度 632 m,总建筑面积 578 000 m^2,基地面积 30 368 m^2。其实景见图 3-1。

2. 项目重点难点

1)设备机房分布广泛,设备数量众多

上海中心大厦设备机房分布点多、面广,总计 20 层之多。这种分布方式虽然有利于分散风险和提高设备使用效率,但也给设备机房的管理和维护带来了挑战。设备数量众多,分布面广,要求大厦必须采用高效的管理和监控手段,为此,大厦采用了智能化的设备监控系统,通过集中监控平台实现对所有设备的实时监控和管理,确保设备运行的稳定性和可靠性。

2)多项绿色环保节能技术的应用

上海中心大厦在设计中融入了多项绿色环保节能技术,如冰蓄冷、三联供、地源热泵、风力发电、中水回收以及智能控制系统等。这些技术的集成应用,虽然提高了大厦的能源利用效率,但也增加了系统的复杂性和管理、调试的难度。为了确保系统的高效运行和节能效果,大厦需要对各个系统进行精细的协调和优化。例如,通过智能控制系统实现能源的合理分配和使用,实现对各项节能技术的实时监控和调整,确保大厦在满足使用需求的同时,达到节能减排的目标。

图 3-1　上海中心大厦实景图（右）

3）空调系统设计复杂

大厦的空调系统设计复杂，包括低区和高区 2 个能源中心，以及 10 个空调分区。系统类型多样，包括中央制冷、冰蓄冷、三联供、地源热泵、变风量（variable air volume，VAV）空调、风机盘管及带热回收装置的新风系统等。这种复杂的空调系统设计，对风、水系统的平衡和自控调试提出了很高的要求。为此，大厦采用了先进的楼宇自动化系统，通过智能算法和自控设备实现对空调系统的精确控制，确保室内环境的舒适性和节能性。

4）幕墙系统复杂

上海中心大厦的幕墙系统设计同样复杂，除了满足建筑美学和结构安全的要求外，还专门设置了散热器，增加了支架的设置难度。幕墙系统的复杂性对设计和施工提出了更高的要求。

3. BIM 软件选择

BIM 技术在智能建筑施工中的应用越来越广泛，能够整合建筑全生命周期内的各种信息，实现设计、施工、运营等各个阶段的协同工作。在上海中心大厦工程中，项目团队根据钢结构、幕墙及机电等专业的特点和需求，选择了 Autodesk Building Design Suite（BDS）、Autodesk Vault Professional、Rhino 和 Xsteel 等软件来支持 BIM 技术的应用[7]。

1）BDS

BDS 是 Autodesk 公司推出的一套综合性的建筑设计软件套件，通过集成 Revit Architecture、Revit Structural 和 Revit MEP 三个核心模块，为建筑行业的专业人士提供了一个全面而强大的设计和分析工具。这些模块分别用于创建建筑主体结构、结构细节和机电系统的模型。它们之间相互协作，共同构建了一个多维度、多专业的设计环境。

Revit Architecture 作为该套件中的建筑模块,专注于创建精确的三维建筑模型,包括墙体、门窗、屋顶等关键建筑元素。它的强大之处在于支持参数化设计,允许设计者根据项目需求灵活调整模型,实现设计自动化和优化。

Revit Structural 将焦点放在结构工程上,不仅能够构建梁、柱、板等结构元素的三维模型,还提供了深入的结构分析和设计功能。这一模块能够模拟结构在不同负荷下的响应,帮助工程师深入理解结构性能,确保设计的可靠性和安全性。

Revit MEP 专注于机电系统的设计,允许设计师创建暖通空调、给排水、电气等系统的三维模型,并进行系统分析和设计。这一模块的模拟功能使设计师能够在设计阶段预测和优化系统的性能。

总而言之,BDS 作为一个模型集成平台,不仅能够将不同专业领域的模型无缝整合,还支持跨专业的协同设计和分析,通过提供一个统一的工作空间,促进设计流程的高效性和设计的一致性,从而推动建筑设计行业向更高标准发展。

2)Autodesk Vault Professional

Autodesk Vault Professional 是基于 AutoCAD、Autodesk Revit 系列等多种技术所开发的数据平台,在上海中心大厦项目中起到了重要的作用。Autodesk Vault Professional 为项目各参与方提供了一个线上的数据平台,使得他们可以方便地进行数据的浏览、下载、修改和上传等操作,且与 AutoCAD、Revit 系列软件高度契合,可以实现综合性的数据管理功能。项目团队能够使用 Autodesk Vault Professional 来管理 AutoCAD 和 Revit 等软件生成的设计图纸、模型和其他相关数据。通过这种集成,项目团队可以更好地组织和管理他们的数据,提高工作效率,还可以控制及观察平台内资料数据流动来源去向、数据网络同步,更有利于项目数据的更新。此外,在现有平台的基础上,针对过程中出现的问题,通过二次开发的方式,来进一步优化管理和流程,以更好地帮助项目的实施。

3)Rhino

Rhino 是一款强大的三维建模软件,特别擅长于创建复杂的曲面模型。在 Grasshopper 插件的帮助下,Rhino 可以高效地创建内外幕墙系统的参数化模型。Grasshopper 是一个基于 Rhino 的插件,用于参数化设计和算法建模,可以帮助设计师快速创建复杂的几何模型,并根据设计要求自动调整模型。

4)Xsteel

Xsteel 是一款功能强大的钢结构详图设计软件,提供从三维模型创建到详图和报表生成的一站式解决方案。利用 Xsteel,可以轻松构建钢结构的三维模型,涵盖梁、柱、檩条等关键元素,并确保模型精确地展现出钢结构的细节和连接方式。这一过程不仅提高了设计的准确性,也为后续的施工和加工提供了直观的参考。

Xsteel 的核心优势之一是自动详图生成功能,能够根据三维模型智能地创建出节点详图和构件详图,这些详图是施工和加工过程中不可或缺的指导文件。软件还能根据模型数据自动生成各种报表,如材料表和构件表,这些报表对成本核算和材料采购至关重要,确保了项目管理的高效性和精确性。

借助合适的软件工具,上海中心大厦工程团队能够高效地完成复杂的设计和施工任务。BIM 技术的应用使得各个专业领域的模型能够整合到一起,进行协同设计和分析,从而提高了设计准确性和施工效率。BIM 技术能够支持施工过程的可视化和模拟,帮助施工团队更好地理解设计意图,减少施工错误,提高施工质量。BIM 技术还能够支持建筑的运营和维护,通过整合建筑全生命周期内的各种信息,为建筑的运营和维护提供支持。总之,BIM 技术在上海中心大厦工程中的应用,不仅提高了施工的效率和质量,还为建筑的智能化运营和管理提供了支持。

4. BIM 工作组织架构与技术框架

1)BIM 工作组织架构

上海中心大厦的 BIM 工作组织架构[8]见图 3-2。

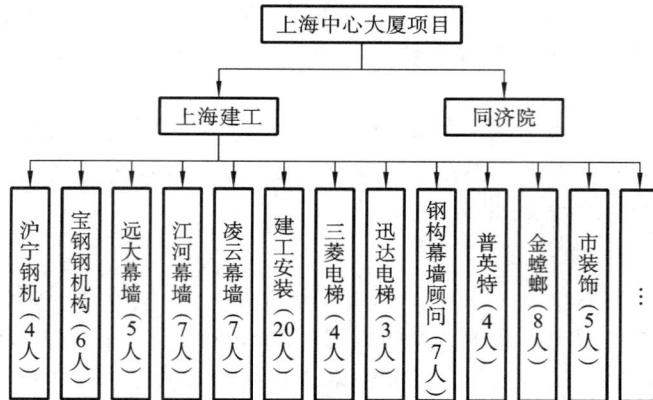

图 3-2　上海中心大厦 BIM 工作组织架构

2)BIM 技术框架

在上海中心大厦的设计和建造过程中,BIM 技术的应用经历了显著的扩展和深化[8]。最初,项目主要依赖基础的建模软件 Revit,随着工程的进展,BIM 技术框架逐渐丰富,引入了多种专业软件以满足不同需求:Tekla Structures 用于钢结构的精确建模,Inventor 配合幕墙的工厂化加工,Solidworks 进行擦窗机等设备的建模,Rhino 擅长处理复杂的曲面异形建模。

5. BIM 技术应用过程

1)施工图审核阶段的 BIM 应用

在施工图审核阶段,BIM 技术协助设计院对建筑、结构、机电、内装和景观五大专业的施工图纸进行审核。根据这些专业的施工图纸创建设计阶段的 BIM 模型,通过合模检查和碰撞检查,发现并解决图纸中可能存在的错误和冲突。碰撞检查报告将作为沟通和协调的基础,与业主方、设计团队进行讨论,确保在深化设计之前施工图的准确性。

2)深化设计图审核阶段的 BIM 应用

在深化设计图审核阶段,以设计阶段的 BIM 模型为基础,组织并指导各专业分包单位创建深化设计阶段的 BIM 模型。通过合模检查和碰撞检查,发现并解决深化设计图纸中可能存在的错误和冲突。碰撞检查报告将作为沟通和协调的基础,与业主方、设计团队、深化设计团队进行讨论,确保在正式施工之前深化设计图纸的准确性。

3)BIM 模型的更新与维护

在施工过程中,设计变更是不可避免的。根据所有设计变更文件,实时调整 BIM 模型以反映最新的设计意图。同时,实时跟进所有变更,确保变更的内容不会导致新的碰撞问题发生。如果发现矛盾,协调业主方、设计团队、深化设计团队及时解决。为了确保数据的可追溯性,更新过的模型构件应与变更单编号逐一对应。

4）施工过程管控的 BIM 应用

BIM 技术协助施工过程的管控，通过整体或局部的施工流程及工艺模拟，对施工界面、流程、工期等进行合理安排或优化。例如，通过 BIM 模型可以模拟不同专业之间的施工顺序，避免施工过程中的冲突和干扰。此外，BIM 技术还用于施工进度的监控和质量的控制，提高施工效率和品质。

5）运营模型的集成与提交

在项目竣工后，汇总所有调整过的 BIM 模型，整理成最终的竣工模型。竣工模型真实反映施工阶段所有的设计变更及施工现场情况，供物业进行运营管理。在上海中心大厦项目中，BIM 技术的应用不局限于施工阶段，还延伸至运营阶段。通过 BIM 模型，物业团队可以更好地了解建筑的结构和设备情况，提高运营管理的效率和质量。

综上所述，BIM 技术在上海中心大厦项目中的应用涵盖了从施工图审核到运营管理的全过程[7]。通过 BIM 技术的应用，提高了设计质量，优化了施工流程，提升了运营管理水平，从而实现了项目的高效建设和可持续运营。

6. BIM 建模与合模

1）建模内容

在上海中心大厦项目中，BIM 技术主要应用于 5 大专业领域：建筑结构、幕墙、机电、内装、景观。其中，幕墙设计被纳入建筑专业，而钢结构、一结构、二结构则被包括在结构专业中。这种详细的专业划分使得 BIM 模型能够更准确地反映项目的设计意图和施工要求。

2）建模与合模

上海中心大厦工程的专业系统界面非常复杂，涉及土建结构、钢结构、幕墙体系、机电、内装、LED 等多个专业。各专业系统的空间关系错综复杂，传统的 CAD 技术难以清晰地展示各专业之间的相互关系，在施工图纸上常常会出现"结构碰撞"和"工艺空间不足"等问题。按照传统的按图深化、按图施工，将影响工程推进的效率。为了解决这些问题，上海中心大厦项目团队采用了 BIM 技术，利用其强大的空间表现能力，以三维模型的形式展示各专业之间的空间关系。BIM 技术还具有信息化、数据化、参数化的特点，能够实现设计图纸和深化图纸之间的有机衔接。

在施工图设计阶段，项目团队建立了基于施工图的各专业设计 BIM 模型。通过合模，即合并不同专业的 BIM 模型，发现了各专业施工图纸中存在的"硬碰撞"和"软碰撞"问题[7]。其中，硬碰撞是指不同专业的设计元素在空间上发生物理碰撞，软碰撞是指不同专业的设计元素在空间上虽然没有直接碰撞，但存在工艺空间不足等问题。通过解决这些碰撞问题，形成了正确的设计 BIM 模型。这一模型不仅能够指导后续的深化设计工作，还能够作为协调各专业之间空间定位和界面关系的依据。

在深化图设计阶段，项目团队以设计 BIM 模型为基础，进行土建、钢结构、幕墙、机电等专业一体化深化设计工作[7]。通过 BIM 深化设计的建模和合模，再次校核了碰撞问题，并形成了准确的深化设计模型。深化设计模型不仅能够指导施工，还能够自动生成深化设计图纸。这弥补了设计图纸深度不足的问题，提高了深化设计的效率。深化设计模型基于 BIM 技术，具备了可视化、协调性和可修改性等优点，能够更好地满足智能建筑施工的要求。

7. BIM 模拟

1）信息化模型预拼装模拟

在传统的钢结构和幕墙单元板加工制作过程中，通常需要进行实物预拼装来检验和确保加工制作的精度，这种方式效率低下且成本较高。为了解决这个问题，上海中心大厦项目根据实际需求,从工程建设全局出发,应用工业产品制造的先进理念,采用信息化模型预拼装模拟技术。具体操作如下:首先,将预拼构件控制截面的实际测量坐标进行坐标转换,与 BIM 模型中的设计理论坐标进行合模比对。然后根据比对结果来检验接口部位的实际间隙和偏差是否符合规范要求。如果数据超出规范或设计标准,可以对超差部位进行整改以达到实物预拼装的目的。通过信息化模型预拼装模拟技术的应用,上海中心大厦项目不仅提高了钢结构和幕墙单元板加工制作的效率,还降低了成本,同时,也确保了构件的加工制作精度,为后续的施工提供了保障。

2)施工力学性态模拟

上海中心大厦工程结构功能及受力特点复杂,为了确保施工过程中的结构安全和施工质量,项目团队对主体结构、外幕墙钢支撑结构等进行了施工过程力学性态模拟。通过模拟,得出施工预变形数值,并在构件加工及施工阶段进行尺寸调整和变形控制,确保完成的结构达到设计要求,为后续工序的施工提供基础。

3)施工流程及工序模拟

为了在实际施工前确定总体施工方案的可行性,上海中心大厦项目将 BIM 模型与 3D 渲染技术相结合,对施工流程及工序进行了全程模拟。在模拟过程中,项目团队根据工程实际需求融入了总进度计划、资金计划、工程量统计、劳动力计划等信息。通过这种方式,更丰富和形象地表达了整个建造过程,为优化和确定施工方案提供了依据。

4)施工工艺模拟

对于复杂的施工工艺,上海中心大厦项目通过动态模拟来评判施工专项方案的可行性和合理性。主要内容包括塔式起重机爬升工艺模拟、核心筒爬模施工工艺模拟、塔式起重机拆除施工工艺模拟、立体交叉施工工艺模拟、机电设备吊装工艺模拟等。通过施工工艺模拟,项目团队及时发现了施工方案中存在的问题,并进行调整和优化,有助于提高施工效率,减少施工风险。

5)设计、加工、施工联动模拟

在上海中心大厦项目中,设计、加工、施工三个环节通过 BIM 技术实现了联动模拟。

(1)钢结构应用。

项目团队将实测数据导入 BIM 模型,对钢结构施工控制点位进行比对和校核,能够确保构件安装的准确性和成功率。通过 BIM 技术,设计团队能够清晰展示复杂的空间关系,协调钢结构与其他专业之间的界面划分问题,从而为钢结构深化加工提供了精确的设计数据,有效压缩了后续工程周期。

(2)幕墙结构应用。

上海中心大厦的外幕墙设计采用了参数化设计方法,通过 BIM 技术进行初步设计、施工图设计以及加工图设计。设计团队使用 Rhino 与 Grasshopper 软件进行初步建模,然后导入 Revit 软件完成施工图设计。通过 BIM 模型的深化,精确规划了两万多块幕墙组合和七千种不同规格的玻璃面板,实现了高效、精确的幕墙加工和安装。

(3)施工模拟与优化。

BIM 技术在施工阶段的应用,允许项目团队进行施工模拟,优化施工方案,减少施工过程中的错、漏、碰、撞,提高一次安装成功率。通过 4D、5D 模拟,可以合理安排施工进度,有效控制成本和资源分配。

通过设计、加工、施工联动模拟的应用,上海中心大厦项目实现了全过程的协同工作和信息共享,提高了施工质量和效率[7]。

8. BIM 技术在造价咨询服务中的应用

1)造价咨询难点

上海中心大厦项目作为一座超高城市综合体,有别于其他一般建设项目,其建设规模庞大,结构复杂,施工难度高,造价投资金额大,在造价咨询方面也面临着诸多挑战[9]。

(1)建筑体量大,构件种类及数量繁多。上海中心大厦项目的建筑体量巨大,涉及的构件种类和数量繁多,也涉及各种专业分包工程。工程量的计算和扣减关系变得异常复杂,尤其是在功能房间的装饰方面,需要进行精细化的算量。

(2)造型独特,异形、曲面构件多。上海中心大厦项目的造型独特,包含了大量的异形和曲面构件,其工程量计算通常需要采用特殊的方法和工具,增加了计算的难度。

(3)合同标段多,分段统计工程量难度大。上海中心大厦项目涉及多个合同标段,每个标段的工程量计算和统计都需要单独进行,增加了工作的复杂性和难度。

(4)项目设计或施工变更多,造价变更管理难度大,档案管理要求高。在项目建设过程中,设计或施工变更是不可避免的,频繁的变更会对造价咨询工作造成很大的困扰。

(5)造价成本数据调用性差。在项目建设过程中,经常需要调用造价成本数据进行分析和决策,传统的造价咨询方法往往导致数据的调用性较差,无法及时满足决策的需求。

(6)超大量的中期付款。上海中心大厦项目的规模巨大,建设周期长,涉及的中期付款金额非常大,给造价咨询工作,尤其是资金管理带来了很大的压力。

(7)项目建设周期长,数据延续性难以保证。项目建设周期长,待到项目最终结算时,需要重新拿出计算书、计算稿,核对图纸,给数据的延续性带来了很大的挑战。

2)BIM 技术的应用

(1)工程计量和材料用量计算。

土建工程量计算:上海中心大厦项目的庞大建筑体量、众多楼层和多样化的专业工种,加之土建构件之间复杂的扣减关系和房间装饰的差异性,使得工程量统计工作变得异常烦琐。为了提升造价基础数据管理的效率,项目团队采用了 BIM 技术,摒弃了传统的手工算量方法,转而使用 BIM 软件进行工程量的计算和管理。具体操作:造价建模员将土建算量所需的构件清单名称、属性特征等信息录入 BIM 模型中,根据计价规范和合同清单,设置并编辑计算规则,对构件进行分类,并定义构件属性以及它们对应的清单子目。一旦这些设置完成,BIM 软件便能自动按照这些规则汇总并计算工程量,输出直观且可直接使用的工程量计算结果。这一流程不仅提高了造价计算的效率和准确性,还确保了工程量计算的标准化和一致性。

钢筋工程算量:钢筋工程的手工计算过程往往耗时且劳动强度大,造价人员在进行计算时,不仅需要频繁查阅图纸,还需反复翻看图集,以确定钢筋的锚固、搭接长度和节点等细节。此外,他们还需要计算不同类型钢筋接头的数量。为了解决这些挑战,BIM 钢筋算量软件提供了一种有效的解决方案。通过使用这种软件,可以简化钢筋工程的计算过程。具体操作:在 BIM 钢筋算量软件中,进行参数设置,包括设计规范、计算规则、楼层、标高、抗震等级、砼标号以及其他相关属性的设定,造价建模员对照施工图纸,在软件中输入各类构件的属性。通过将 CAD 图纸导入 BIM 钢筋算量软件,自动识别生成图元,或者通过构件点、线、面的绘图布置生成图元,形成整体模型。这一过程中,细部节点、锚固搭接等都能以清晰、形象的方式展现出来。完成钢筋工程模型的创建后,软件根据之前设置的参数和规则,自动汇总统计钢筋工程量。这一自动化的计算过程不仅提高了工程量的计算效率,而且确保了计算结果的准确性和标准化。

机电安装工程算量：机电安装工程算量涉及多个系统和楼层区域，传统的算量方式难以应对上海中心大厦项目的特点。通过 BIM 技术的应用，项目团队实现了机电安装工程量的高效计算。具体操作：在 BIM 算量软件中进行模型创建时，机电安装各系统的电子施工图被导入软件，并识别生成各系统图元。也可以通过构件点、线、面的绘图布置方式生成各系统模型。在建模过程中，建模人员根据系统和楼层区域进行分工，大厦地上分为八个区，每个机电安装建模团队成员负责一个系统，合力完成一个区域的模型构建。在模型整合阶段，每个区域的机电安装模型被整合成一个完整的区域机电安装模型，然后依此方式，整个团队合力完成整栋楼的模型构建。这一整合过程确保了不同系统和区域之间的协调一致性。为了保证计量结果的准确性，机电安装模型被导入 Navisworks 软件进行详细检查和浏览。针对施工图纸深度不够的部位，使用特殊颜色在软件中进行标记，并编制图纸疑问清单，以便及时反馈给业主。业主随后会协调设计单位及顾问单位进行回复，根据回复内容及时修正工程量，确保工程量清单的准确性和完整性。通过这一连贯的流程，从模型创建到整合再到检查，确保了机电安装工程的高效、准确和质量控制。

钢结构工程算量：传统钢结构算量过程中，造价人员面临着诸多挑战，如频繁查阅图纸、依靠想象来理解三维构造和连接形式，以及在施工完成后才能直观地看到结构细节。利用 Tekla 软件创建的钢结构 BIM 模型，能够快速、直观地处理上述问题，BIM 软件把抽象、孤立的信息组合成可视化 3D 模型，将复杂劲性、非劲性钢结构工程直观地呈现出来。BIM 模型将墙钢板、钢立柱、钢梁、巨型柱、钢桁架有机组合，直观、形象地反映各种构件连接节点。通过编辑模型共享的长度、宽度、厚度、钢材比重参数，实现算量所需的各种钢板型钢的重量及面积计算，做到算量统计的准确、精细。

（2）异形、曲面构件处理。

上海中心大厦项目造型独特，外立面及内部装饰异形、曲面构件多，工程量计算难度大。通过使用 BIM 软件，工程师可以准确地捕捉到这些异形、曲面构件的细节和特征，从而提高计量和材料用量计算的准确性。利用 Rhinoceros 犀牛软件、Grasshopper 软件相结合建模计量方式，可以根据设计要求和约束条件，自动调整模型中的异形和曲面构件。造价建模员在 Rhinoceros 犀牛软件中把清单算量所需的幕墙系统名称、属性设置在模型中，对每块图元归属的幕墙系统逐一分类，然后把每个幕墙系统的计算方式在 Grasshopper 软件中编辑函数表达，软件就会按照设置形式、选定的图元范围，以函数公式自动汇总计算，直观展示结果。

（3）工程数据调整。

BIM 技术的引入极大地简化了工程数据调整过程，尤其是在标段拆分或工程界面调整时，能够通过简单的界面设置快速界定施工界限，并自动进行工程量的统计。在上海中心大厦的地下室结构工程中，BIM 软件的应用确保了施工过程中任何变化都能够通过自动化的数据调整，提高效率并降低人为错误的风险。BIM 技术的自动化数据调整功能，确保了工程数据的准确性和及时更新，为项目管理提供了强有力的支持。

（4）变更管理。

BIM 技术通过建立详尽的三维 BIM，使得造价工程师能够直观地识别和评估设计变更对项目的影响，包括成本、时间和资源需求。在设计变更发生时，工程师可以直接在 BIM 模型中修改图元属性、位置和做法，利用 BIM 的变更管理功能自动计算变更前后的工程量差值，并生成变更前后的两份文件。为了更好地管理这些设计变更，对每次设计变更的 BIM 文件进行编号，直到项目竣工完成，这样有助于查找、存档资料。同时，BIM 模型实时动态更新，也为将来结算做好了铺垫。进一步地，结合变更管理软件的分析结果和相关价格信息，设计变更所带来的成本影响变得一目了然。

造价工程师可以及时向业主报告由设计变更引起的成本增减,帮助业主了解项目投资的动态变化,并做出是否批准设计变更的决策。这种高效的沟通和决策机制,确保了在面临重大设计变更时,项目团队能够迅速与业主、设计方协商,寻找最优解决方案,控制总成本。通过这种方式,整个项目团队能够实时掌握设计方案变化对成本的影响,确保资金的有效利用,最大化投资效益。

(5)成本管理。

成本事先控制:将 BIM 算量模型文件导入清单计价软件,匹配相应人工、材料、机械价格,可准确计算造价成本。对项目造价管理来者来说,将 BIM 算量模型文件和造价成本文件分别导入BIM-5D 软件中,可以提取模型多维度数据,实现模型、进度、成本的关联,轻松实现动态成本管理。

中期付款:随着上海中心大厦项目的不断深入,合同标段和分包工程的数量不断增加,使得中期付款的月报审核变得尤为关键。项目团队在实施过程中充分利用 BIM 软件技术的优势,依据工程监理审定的进度,直接在 BIM 软件中选定对应月份的完成进度,并通过设置报表输出范围,快速提取工程量,从而高效完成施工单位的工程进度产值审核。在与施工单位进行阶段性工程量核对时,BIM 算量软件的三维可视化和自动化扣减功能有效避免了施工单位虚报工程量的情况,既确保了工程量审核的公正性和准确性,也可以全面统筹和协调项目各个环节的进展。

工程竣工结算:基于前期的 BIM 模型创建和实施阶段的变更动态管理,到施工结算阶段通过BIM 技术建模的工作方法提供可视化的审核方式,可使结算工作更加直观且增加工程结算的精确度。以机电安装为例,造价人员通过 BIM 三维可视化模型可看到每一根管道、电线的走向和工程量,并且可以利用回路核查的方式反查其所属系统、工程量计算式,即时查看工程量,减少对量争议。通过将土建、钢结构、幕墙和机电安装等关键工程领域整合为主要的算量模型,上海中心大厦项目构建了一个全面的 BIM 模型,极大地优化了结算工作的效率。这种方法不仅大幅度节约了人力和时间成本,而且确保了结算审核结果的高精确度。

9. BIM 技术应用存在的问题

BIM 技术在上海中心大厦项目中的应用虽然取得了显著的成效,但也存在一些问题,需要在项目实施过程中重点考虑并解决[8]。

1)软件兼容性与数据互导问题

上海中心大厦项目在 BIM 技术的应用上采用了超过 10 款软件,由于每款软件都有自己的数据格式,导致在软件之间进行无损的数据互导和模型整合存在一定的难度。虽然国际上正在推广通用的数据格式 IFC,但由于不同软件商对 IFC 格式支持的程度不一,转换过程中常常会出现信息丢失或构件缺失的问题。此外,BIM 模型的建立和维护需要大量的工作,包括族模型的建立、模型参数信息的调用等,这些工作在项目实施过程中可能会因为信息的不准确或变更而导致模型更新不及时或出错。

2)模型文件容量大导致操作性能问题

随着项目的规模越来越大,模型的深度和精细度越来越高,模型文件的容量也变得越来越大。这导致模型文件打开速度变慢,可操作性变差。因此,在项目实施前需要对项目模型文件进行合理的区域划分,以提高模型的浏览和操作效率。

3)模型的重复使用效率降低

在由设计向施工过渡的阶段,由于设计阶段的模型与施工阶段的需求存在差异,施工单位可能需要对模型进行进一步深化,以满足施工阶段的应用需求;施工单位可能会自行根据设计图纸重新创建满足施工应用需求的 BIM 模型,从而降低设计模型的重复使用效率。因此,在项目前期需要对 BIM 模型的建模规则、建模范围、建模深度进行有效的规范,并建立行之有效的审核机制,以确保模型及信息能够被有效使用。

4)BIM 标准已有突破但需持续完善

在项目实施初期,由于国家和地方标准尚未出台,上海中心大厦项目只能参考国外的相关 BIM 标准。随着项目的推进,项目团队逐渐形成了一系列过程中的 BIM 技术应用标准。随着工程竣工验收的到来,也需要逐步形成各专业的 BIM 竣工交付标准。国家和地方标准也在陆续出台,如《建筑工程设计信息模型交付标准》《建筑工程设计信息模型分类编码标准》等。因此,需要持续关注并完善 BIM 标准,以指导项目的 BIM 实施。

二、BIM 在设计与规划阶段的应用案例——新加坡滨海湾金沙酒店

1. 工程项目概况

新加坡滨海湾金沙酒店是新加坡的标志性建筑,位于滨海湾地区。该项目由拉斯维加斯金沙集团投资,著名建筑师 Moshe Safdie 设计,总建筑面积达 120 万平方米。酒店主要建筑物由三座塔楼组成,顶部连接着一个巨大的空中花园。空中花园横跨三座塔楼,长达 340 m,设有无边泳池、花园和观景台。酒店的设计融合了现代建筑技术和创新理念,采用了大量的钢结构和玻璃幕墙,外形独特,极具视觉冲击力。酒店效果图见图 3-3。

图 3-3　新加坡滨海湾金沙酒店效果图

2. 项目重点难点

1)复杂的建筑结构和空间布局

滨海湾金沙酒店由三座 55 层的塔楼组成,顶部连接着一个巨大的空中花园。这种设计不仅在视觉上具有冲击力,还对结构工程提出了极高的要求。三座塔楼的基础和结构必须能够承受巨大的荷载,同时确保空中花园的稳定性和安全性。此外,塔楼内部的空间布局也非常复杂,包括酒店客房、赌场、购物中心、会议中心和博物馆等多种功能空间,需要精细的规划和设计。每个功能空间

的设计不仅要满足其特定的使用需求,还要与整体建筑风格和结构相协调。例如,酒店客房需要提供舒适的居住环境,赌场需要宽敞的娱乐空间,购物中心需要便捷的购物体验,会议中心需要灵活的会议设施,博物馆需要适宜的展示空间。这些不同功能空间的设计和布局需要综合考虑建筑的美观性、功能性和安全性。

2)地形复杂和填海工程

新加坡滨海湾金沙酒店项目位于滨海湾地区,这一地区的地质条件极为复杂。地基主要由松软的海相沉积物组成,承载力相对较低,极易发生沉降和变形。这对建筑物的基础设计和施工提出了极高的要求,不仅需要精确的工程设计,还需采用先进的施工技术以确保地基的稳定性和安全性。

此外,滨海湾地区的地下水位较高,施工过程中容易出现地下水渗漏和涌水现象,进一步增加了施工的难度和风险。为了应对这一挑战,施工团队必须采取有效的降水措施和防水技术,以确保施工的顺利进行。例如,采用井点降水和深井降水等方法降低地下水位,并设置防水帷幕和防水层,防止地下水渗漏和涌水现象的发生。同时,滨海湾地区是一个填海区域,在项目建设过程中需要进行大规模的填海和地形改造工程。填海工程不仅需要大量的填海材料,还需要确保填海材料的质量和供应的连续性。填海过程中的沉降、变形和不均匀沉降等问题也需要进行实时监测和调整,以确保填海的质量和进度。为此,采用先进的填海技术和地形改造技术显得尤为重要。

3)高度集成的机电设备和系统

项目包含大量的机电设备和系统,如空调、照明、消防、安防等。这些系统必须高度集成,确保其高效运行和维护便利。机电设备的布置和管线的走向必须与建筑结构、空间布局紧密配合,避免相互干扰。

4)高标准的施工质量和安全要求

作为国际知名的地标性建筑,项目对施工质量和安全有着极高的要求。施工必须严格按照设计要求进行,确保施工质量的高标准。同时,施工现场的安全管理也是一个巨大的挑战,必须采取有效的安全措施,确保施工人员的安全。在施工质量方面,项目团队需要严格控制施工过程中的每一个环节,确保每一个细节都达到高标准。例如,钢结构的制造和安装需要严格按照设计要求进行,确保结构的稳定性和安全性;混凝土的浇筑需要严格控制温度和湿度,确保混凝土的质量;机电设备的安装需要严格按照设计要求进行,确保设备的高效运行。在施工安全方面,项目团队需要采取一系列安全措施,确保施工人员的安全。例如,高空作业需要采取防护措施,防止高空坠落;施工现场需要设置安全标志和警示牌,防止意外事故;施工人员需要进行安全培训,增强安全意识和应急能力。

3. BIM 技术的应用

在设计与规划阶段,BIM 技术在新加坡滨海湾金沙酒店项目中发挥了关键作用。设计团队使用 BIM 技术创建了详细的三维数字模型,可以直观地查看建筑的结构、空间布局和设备布置,进行设计优化和冲突检测。

1)建筑设计

在建筑设计方面,BIM 技术帮助团队创建了三座塔楼和空中花园的三维模型。通过 BIM 模型,可以直观地查看塔楼的外形、内部空间布局和结构框架,进行设计优化。

(1)建筑三维模型创建:利用 BIM 技术能够创建三座塔楼和空中花园的精确三维模型,不仅展示了建筑的外观,还详细呈现了内部结构、空间布局和工程细节。

（2）空间布局优化：利用 BIM 模型对塔楼的楼层布局、公共空间和垂直交通系统进行了优化。通过三维模型，可以更好地理解空间关系，确保空间的高效利用和人流的顺畅流动。例如，BIM 技术帮助团队优化了塔楼的电梯布置和楼梯设计，提高了垂直交通的效率和安全性。

（3）外形设计优化：利用 BIM 技术能够在三维环境中探索和优化塔楼的外形设计。通过 BIM 模型，可以直观地查看不同设计方案的视觉效果和结构可行性，选择最优的设计方案。例如，BIM 技术帮助团队优化了塔楼的外立面设计，确保了建筑的美观性和独特性。

2）结构设计

在结构设计方面，利用 BIM 技术创建塔楼和空中花园的结构模型。通过 BIM 模型，结构工程师可以直观地查看结构框架、梁柱布置和节点连接，进行结构分析和优化。

（1）结构模型创建：利用 BIM 技术创建金沙酒店塔楼和空中花园的详细结构模型，包括所有梁、柱、板和节点的精确几何信息和材料属性。

（2）结构框架优化：利用 BIM 模型对塔楼和空中花园的结构框架进行优化。通过三维模型，可以更好地理解结构的受力情况，优化梁柱布置和节点连接，提高结构的稳定性和安全性。例如，BIM 技术帮助团队优化了空中花园的钢结构设计，确保了结构的稳定性和安全性。

（3）结构分析与模拟：利用 BIM 技术在三维环境中进行结构分析和模拟。通过 BIM 模型，可以模拟不同荷载条件下的结构响应，进行结构优化和设计验证。例如，BIM 技术帮助团队模拟了塔楼在风荷载和地震荷载下的结构响应，优化了结构设计，提高了结构的安全性。

3）机电设计

在机电设计方面，利用 BIM 技术创建机电设备和系统的三维模型。通过 BIM 模型，可以直观地查看设备布置、管线走向和系统连接，进行设计优化和冲突检测。

（1）机电三维模型创建：BIM 技术使机电工程师能够创建包括空调、给排水、电气和智能化系统在内的机电设备和管线的三维模型。这些模型为工程师提供了一个直观的平台，用以分析和优化系统设计。

（2）设备布置优化：利用 BIM 模型对机电设备的布置进行优化。通过三维模型，可以更好地理解设备与建筑空间的关系，优化设备布置，提高设备的运行效率和维护便利性。例如，BIM 技术帮助团队优化了空调系统的设备布置，确保了设备的高效运行和维护的便捷性。

（3）管线布置优化：利用 BIM 技术在三维环境中进行管线布置优化。通过 BIM 模型，可以直观地查看管线走向和系统连接，进行冲突检测和设计优化。例如，BIM 技术帮助团队优化了空调系统的管线布置，避免了与结构、建筑空间的冲突，确保了系统的高效运行。

4）景观设计

在景观设计方面，利用 BIM 技术创建空中花园和周边景观的三维模型。通过 BIM 模型，可以直观地查看景观元素的布置和空间关系，进行设计优化。

（1）景观元素布置优化：利用 BIM 模型对景观元素的布置进行了优化。通过三维模型，可以更好地理解景观元素与建筑空间的关系，优化景观布置，提高景观的美观性和功能性。例如，BIM 技术帮助团队优化了空中花园的植物配置和景观设施布置，确保了景观的美观性和功能性。

（2）景观空间优化：利用 BIM 技术在三维环境中进行景观空间优化。通过 BIM 模型，可以直观地查看景观空间的布局和视线关系，进行设计优化和调整。例如，BIM 技术帮助团队优化了空中花园的景观空间布局，确保了景观的视觉效果和使用体验。

5）多专业协同设计

BIM 技术支持多专业协同设计，项目团队可以在同一模型上进行设计和修改，提高了协同工作的效率和质量。

（1）信息共享与协同：通过 BIM 平台，建筑师、结构工程师、机电工程师和景观设计师可实时共享设计信息和数据，进行协同设计和修改。例如，BIM 技术帮助团队实现了建筑设计与结构设计的无缝对接，确保设计的一致性和协调性。

（2）冲突检测与解决：BIM 技术使项目团队能够在设计阶段进行冲突检测和解决。通过 BIM 模型，团队可以直观地查看不同专业之间的设计冲突，进行协调和优化。例如，BIM 技术帮助团队发现并解决了机电管线与结构梁柱的冲突，确保了设计的合理性和可行性。

6）设计优化与决策支持

BIM 技术通过三维模型和数据分析，帮助设计团队进行设计优化并提供决策支持，提高了设计的质量和效率。

（1）设计方案比较与优化：设计团队利用 BIM 模型对不同设计方案进行比较和优化。通过三维模型，团队可以直观地查看不同方案的优缺点，选择最优的设计方案。例如，BIM 技术帮助团队比较不同外立面设计方案的视觉效果和结构可行性，选择最优的设计方案。

（2）数据分析与决策支持：BIM 技术使设计团队能够进行数据分析并提供决策支持。通过 BIM 模型，团队可以进行能耗分析、成本估算和施工模拟，从而进行设计优化。例如，BIM 技术帮助团队进行空调系统的能耗分析和设计优化，降低能耗，提高系统的运行效率。

三、BIM 在施工建设阶段的应用案例——深圳平安金融中心

1. 工程项目概况

深圳平安金融中心是中国深圳市的标志性智能建筑，位于福田区核心商务区。该项目由平安集团投资，KPF 建筑事务所设计，中国建筑股份有限公司负责施工。平安金融中心不仅是一个办公楼，还包括酒店、观光层、购物中心和会议中心，是一个集多种功能于一体的综合性建筑。中心总建筑面积为 46 万平方米，其中办公区 32 万平方米，商业区 6 万平方米，地下室 7 万平方米。深圳平安金融中心效果图见图 3-4。

图 3-4 深圳平安金融中心效果图

2. 项目重点难点

1）超高层建筑的施工难度

平安金融中心作为超高层建筑,其高度达到了 599.1 m,如此巨大的高度给施工带来了极大的垂直运输难题。传统的施工电梯和塔吊等设备在如此高度下往往力不从心,无法满足施工过程中的材料和人员运输需求。因此,施工团队需要采用更先进的垂直运输解决方案,如高速施工电梯和大型塔吊,以确保施工的效率和安全性。高空作业也是平安金融中心施工过程中的一大难点。在数百米的高空进行施工操作,不仅需要施工人员具备过硬的技术水平和心理素质,还需要采取严格的安全措施,如使用安全绳、安全网和个人防护装备等,以确保施工人员的生命安全。此外,作为一座超高层建筑,平安金融中心的结构设计需要考虑到各种因素,如抗风、抗震、抗侧力等。因此,施工团队需要采用先进的施工技术和工艺,如钢结构施工、混凝土泵送等,以确保结构的稳定性和安全性。

2）复杂的钢结构安装

平安金融中心作为中国第二高楼,其核心筒和外框架采用了大量钢结构,这不仅对设计和施工提出了更高的要求,也带来了一系列制造、运输和安装方面的挑战。由于平安金融中心的高度和规模,所需的钢结构部件数量庞大,且每个部件都需要精确的尺寸和形状。制造过程中,需要使用先进的数控设备和焊接技术,以确保钢结构部件的质量和精度。还需要进行严格的质量控制和检测,以确保钢结构部件符合设计要求。钢结构部件通常体积庞大、重量沉重,且需要在城市中进行运输,需要特殊的运输车辆和设备。在运输过程中,还需要考虑交通管制、道路限制等因素,以确保运输的安全和效率。由于钢结构部件通常在地面进行预制,然后通过吊装设备进行安装,需要精确的测量和定位技术。由于钢结构部件通常在高空进行安装,还需要采取严格的安全措施,如使用安全绳、安全网等,以确保施工人员的安全。

3）机电管线综合设计与施工难度大

超高层项目机电安装量大,综合管线多,塔楼设备层多,垂直运输高度高,设备吊装的风险控制难度大,施工过程中往往会面临因施工错误而造成的返工情况,延误工期,降低效率[11]。作为深圳未来第一高楼,平安金融中心结构空间复杂,机电系统众多,施工精度要求高,则面临着更高难度的挑战。这不仅为机电管线综合设计与施工带来了重大挑战,也对机电总承包单位提出了高要求。传统机电安装施工方法将面临许多难以解决的问题:现场施工误差造成返工及设计变更;施工队的传统工作方法无法满足精度与效率要求;传统验收过程相对粗糙,信息检查核准不够完善等。

4）高标准的施工质量和安全要求

作为国际知名的地标性建筑,项目对施工质量和安全有着极高的要求。平安金融中心业主在项目前期即对工程建设提出了高要求:工程确保获得国家优质工程奖、鲁班奖、詹天佑奖,并确保通过美国绿色建筑协会 LEED 金级认证。

3. 项目 BIM 管理模式构建

1）项目 BIM 参建方职责

业主作为工程的最终决策者,扮演着至关重要的角色,不仅是项目的主要推动者,还致力于在整个项目中全面应用 BIM 技术和先进的管理手段,以提升工程管理水平和技术水准。业主的积极推动和支持是确保 BIM 技术成功应用的关键因素。

总承包单位的 BIM 团队在项目中承担了核心管理职责,经过业主的授权,成为项目 BIM 实施的主要管理者[10]。他们不仅负责 BIM 工作的整体规划和执行,还要确保各项 BIM 应用的顺利进行。总承包单位 BIM 团队的主要职责有以下几项。

(1)制订 BIM 实施策略:负责制订 BIM 实施策略,根据项目需求和目标,制订详细的计划和流程,确保 BIM 应用的有序推进。

(2)协调各参建单位:组织和协调所有相关参建单位,包括设计院、分包商、BIM 顾问等,确保他们能够按照统一的 BIM 标准和流程进行工作。通过定期的协调会议和沟通机制,解决各单位在 BIM 应用过程中遇到的问题,促进信息共享和协同工作。

(3)技术支持和培训:为各参建单位提供必要的技术支持和培训,确保他们能够熟练掌握和应用 BIM 技术。通过培训和技术指导,提高各单位的 BIM 应用能力,确保 BIM 技术在项目中的高效应用。

(4)质量控制和监督:对各参建单位的 BIM 工作进行质量控制和监督,确保 BIM 模型和数据的准确性和完整性。通过定期检查和评估,及时发现和解决问题,确保 BIM 应用的质量和效果。

(5)综合技术和工艺协调:利用 BIM 技术进行综合技术和工艺协调,优化各专业之间的设计和施工方案,减少设计冲突和施工问题,提高工程质量和效率。

总承包单位的 BIM 团队确保了 BIM 技术在项目中的全面应用和高效管理,为项目的成功实施提供了坚实的保障。业主和总承包单位的紧密合作和共同努力,使得深圳平安金融中心项目在 BIM 技术应用方面取得了显著的成效,成为国内超高层建筑 BIM 应用的典范。

2)项目 BIM 模型标准制订

各参建方的 BIM 模型标准应保持统一和规范化,包括但不限于构件的创建、命名、颜色的标准化,以及信息数据的录入和图幅图框的规范化。通过对信息模型进行标准化管理,为后续的管理工作提供了坚实的基础保障。

3)BIM 私有云平台

项目部与计算机公司携手合作,成功构建了 BIM 私有云平台,不仅满足了项目模型和图纸的深化需求,还为项目现场管理、BIM 技术的开发应用及信息化集成系统的实施提供了坚实的信息支撑和资源保障,确保了机电项目中各项先进技术的有效运用。私有云平台的建立,实现了项目数据的集中存储与统一管理,通过设置模型数据的存储和权限,确保了数据的安全性和稳定性。同时,云计算技术的运用有效解决了模型信息量大导致的电脑运行缓慢或无法运行的问题,显著提升了大型模型的集成运算能力。此外,平台还实现了模型数据信息的后台交互和调用,服务器作为一个大型平台,对项目相关信息资料进行了系统的整理和归类,极大地方便了数据的即时调用,从而提高了工作效率。通过私有云平台,项目团队能够更加高效地进行沟通协作,快速访问所需信息,优化决策过程,最终推动项目向前发展,实现技术创新和管理升级。

4.BIM 数据流向

BIM 数据流向就像施工工艺流程中的前道工序与后道工序一样,需要严格制订建模计划和时间部署,不仅是确保各个环节顺利衔接的关键,也是项目 BIM 应用成功的核心要素之一。

1)BIM 数据流向的规划内容

(1)建模计划的制订:在项目初期,必须详细制订 BIM 建模计划,明确各阶段的建模目标和任务,包括确定各专业的建模范围、深度和精度要求,确保所有参与方都能按照统一的标准进行建模。

(2)时间部署的规划:合理安排各阶段的建模时间节点,确保各专业的模型能够按时交付和更新。时间部署的规划需要考虑到各专业之间的依赖关系,确保前道工序完成后,后道工序能够及时跟进。

(3)数据流向的管理:在 BIM 应用过程中,数据流向的管理至关重要。需要明确各单位之间的数据传递流程和责任,确保数据在不同单位和软件之间的无缝流通,例如,从设计单位到总承包单位,再到各分包商的数据传递流程,以及不同软件之间的数据转换和共享机制。

(4)协调和沟通机制:为了确保 BIM 数据流向的顺畅运行,需要建立有效的协调和沟通机制。定期召开 BIM 协调会议,及时解决各单位在数据传递和模型更新过程中遇到的问题,确保各方信息同步和一致。

(5)质量控制和监督:对 BIM 数据流向进行质量控制和监督,确保数据的准确性和完整性。通过定期检查和评估,及时发现和纠正数据传递中的错误和遗漏,确保模型数据的可靠性。

通过上述措施,BIM 数据流向的规划和管理能够有效提升项目的整体效率和质量,为 BIM 技术在项目中的成功应用提供坚实的保障。

2)BIM 模型数据流向类型

BIM 模型数据流向主要分为两种类型:单位与单位之间的数据流向,以及软件与软件之间的数据共享[10]。这两种数据流向在 BIM 应用中发挥着不同但互补的作用,共同构成了项目信息流通的基础架构。

(1)单位协作间的数据流向。

单位协作间的数据流向是项目团队成员之间信息交流的直接体现,每个参与方都承担着特定的角色和责任,确保信息的准确传递和有效利用。

BIM 顾问提供基础模型:BIM 顾问作为项目初期的重要参与者,负责创建基础模型,通常包含建筑的基本几何形状、空间布局和一些关键的建筑特性。BIM 顾问需要确保模型的准确性和完整性,为后续的深化设计打下坚实的基础。

总承包单位进行基础模型的审核:总承包单位在接收 BIM 顾问提供的基础模型后,需要进行详细的审核。这一步骤是为了确保模型符合项目的要求和标准,也可发现并解决模型中可能存在的问题。审核内容可能包括模型的几何准确性、信息的完整性及与项目目标的一致性。

各参建方对审核后的基础模型进行深化:在总承包单位审核并批准基础模型后,各参建方将根据专业分工对模型进行深化。这一步骤涉及建筑、结构、机电等各个专业领域的深化设计,包括但不限于结构系统的设计、机电设备的布局及施工细节的优化。

深化后模型由总承包单位整体控制:随着各专业深化设计的进行,总承包单位需要对深化后的模型进行整体控制,包括协调各专业的设计工作、确保模型的一致性,以及管理模型的版本,避免出现信息的冲突和重叠。

由总承包单位最终向业主交付竣工模型:在项目竣工阶段,总承包单位负责将最终的竣工模型交付给业主。这个模型是项目建设成果的数字化表达,包含了所有的设计和施工信息。竣工模型的交付不仅是项目完成的标志,也是业主进行后续运维管理的重要依据。

(2)软件之间的数据流向。

项目各专业通过各种软件相互配合完成模型深化和各种应用。比如,幕墙专业塔楼整体外观模型采用了 Rhino 软件进行建模。Rhino 以其在处理复杂曲面方面的强大能力而著称,非常适合进行创新的建筑设计。然而,Rhino 模型在信息录入方面的功能有限,特别是在涉及需要进行深化设计的幕墙系统时。为了解决这个问题,项目团队采用了一个多步骤的数据转换流程,即通过 Rhino→AutoCAD→Revit 基本流程相互配合。首先,将 Rhino 模型导出为 AutoCAD 兼容的格式。在 AutoCAD 中,可以对模型进行进一步的编辑和标注,添加必要的施工细节和分格线、棱线等信息。然后,这些信息被导入 Revit 中。在 Revit 中,项目团队能够利用从 AutoCAD 导入的数据进行模型的深化设计,包括材料选择、构件属性和施工细节等。通过这种从 Rhino 到 AutoCAD 再到

Revit 的转换流程,项目团队能够在不同的软件环境中发挥各自的优势,最终完成高精度的幕墙模型深化。

类似的,钢结构专业的深化设计也展示了软件间数据流向的有效性。在本项目中,钢结构的 Tekla 模型被用于进行机电管线的综合深化。Tekla 是一款专业的结构设计和建模软件,广泛用于钢结构和混凝土结构的设计。首先,项目团队在 Tekla 中创建了详细的钢结构模型,并进行了必要的轻量化处理,以降低模型的复杂度,并提高处理速度。然后,模型被导出为 IFC 格式,这是一种开放的数据标准,广泛用于 BIM 软件之间的数据交换。通过 IFC 格式,Tekla 模型能够无缝地被导入到 Revit 中,实现与机电管线模型的集成。在 Revit 中,项目团队可以利用共享坐标系统对机电管线进行综合排布,确保它们与钢结构的位置关系准确无误。这种方法相比直接在 Revit 中搭建钢结构,大大提高了模型的精度和深化设计的效率。

5.应用过程

1)施工模拟与规划

在施工阶段,施工团队广泛应用 BIM 技术进行施工模拟和规划。通过 BIM 模型,模拟施工过程,提前发现和解决施工中的问题,优化施工方案。

(1)施工步骤模拟:采用 BIM 技术,施工技术人员和生产管理人员在施工开始前,提前识别和应对可能遇到的技术难点,制订详细的预案。这种前瞻性的规划使得施工团队能够合理安排施工计划,优化施工步骤,从而大幅减少因管线排布不合理等因素导致的停工和窝工现象。通过 BIM 技术,施工团队可以在虚拟环境中模拟整个施工过程,提前发现潜在问题并进行调整,确保每个步骤都能顺利进行。这不仅压缩了施工时间,节省了人工和物料成本,还减少了因拆改造成的工程质量下滑风险。例如,采用 BIM 技术进行施工模拟,巨型钢骨柱在加工厂加工完成后,技术人员便利用三维扫描仪进行扫描,将其参数录入电脑,利用 BIM 软件建立 3D 模型,与其他模型进行模拟预拼装。通过模拟预拼装,检测钢构件安装是否发生碰撞、是否出现偏差,一旦发现问题,立即整改,保证运输到几千里外工地现场的钢构件符合要求,大大降低了错漏碰缺、返工修改的概率。

(2)施工进度规划:BIM 技术帮助施工团队进行施工进度的规划和管理。通过 BIM 模型,可以实时查看施工进度,进行资源调度和进度控制。项目部利用 BIM 建模直观的特点,将其应用到项目进度管理、现场施工等方面,有效地指导项目进度。通过 Navisworks 与 Project 的辅助,模拟施工进度,并通过与现场进度的比对直观表现进度偏差,制订相应的进度调整措施,为提高进度管控能力提供保障。例如,施工团队通过 BIM 技术实时监控钢结构的制造、运输和安装进度,协调各工序的衔接,确保了施工进度的按时完成。

2)施工质量控制

在施工质量控制方面,BIM 技术帮助施工团队进行施工质量的监控和管理。通过 BIM 模型,可以直观地查看施工质量,进行质量检测和问题处理。

(1)质量检测与问题处理:BIM 技术使施工团队能够在三维环境中进行质量检测和问题处理。通过 BIM 模型,可以实时查看施工质量,发现并记录质量问题,及时进行处理。例如,施工团队通过 BIM 技术实时监控钢结构的安装质量,及时发现并处理了焊接质量问题,确保了施工质量的高标准。

(2)施工记录与追溯:BIM 技术帮助施工团队进行施工记录和追溯。通过 BIM 模型,详细记录施工过程中的各项数据和信息,便于后续的质量追溯和问题处理。例如,施工团队通过 BIM 技术详细记录了钢结构的安装过程,包括每个构件的安装时间、位置和质量检测结果,确保了施工记录的完整性和准确性。

3）施工安全管理

在施工安全管理方面,BIM 技术帮助施工团队进行施工安全的监控和管理。通过 BIM 模型,可以实时查看施工现场的安全状况,进行安全检测和风险预警。

（1）安全检测与风险预警:BIM 技术使施工团队能够在三维环境中进行安全检测和风险预警。通过 BIM 模型,实时查看施工现场的安全状况,发现并记录安全隐患,及时进行处理。例如,施工团队通过 BIM 技术实时监控高空作业的安全状况,及时发现并处理了安全隐患,确保了施工的安全性。

（2）安全培训与演练:BIM 技术帮助施工团队进行安全培训和演练。通过 BIM 模型,模拟施工现场的安全状况,进行安全培训和演练,提高施工人员的安全意识和应急能力。例如,项目采用 BIM 可视化虚拟仿真技术进行消防应急状况模拟,制订相关应急救援方案,并通过 BIM 技术对应急反应人员进行可视化交底,同时结合现场应急演练,保证项目应急救援的顺利开展,提高项目人员总体应急反应效率。

4）多专业协同工作

BIM 技术支持多专业协同工作,项目团队可以在同一模型上进行设计和修改,提高了协同工作的效率和质量。

（1）信息共享与协同:深圳平安金融中心项目参建单位众多,达 100 多家,采用 ProjectWise 管理平台配合各个专业 BIM 应用管理,项目模型提交、深化设计（三维及二维）报审等工作采用平台进行,显著提高项目资料管理效率。

（2）冲突检测与解决:BIM 技术使项目团队能够在设计阶段进行冲突检测和解决。通过 BIM 模型,直观地查看不同专业之间的设计冲突,进行协调和优化。例如,BIM 技术帮助项目团队发现并解决了机电管线与结构梁柱的冲突,确保了设计的合理性和可行性。

5）智能系统集成

BIM 技术帮助施工团队进行智能系统的集成和布置。通过 BIM 模型,直观地查看智能系统的设备布置、管线走向和系统连接,进行设计优化和冲突检测。

（1）设备布置与管线走向:BIM 技术使施工团队能够在三维环境中进行智能系统的设备布置和管线走向优化。通过 BIM 模型,直观地查看设备布置和管线走向,进行设计优化和冲突检测。例如,BIM 技术帮助团队优化了智能照明系统的设备布置和管线走向,避免了与结构和建筑空间的冲突,确保了系统的高效运行。

（2）系统集成与控制:BIM 技术帮助施工团队进行智能系统的集成和控制。通过 BIM 模型,直观地查看智能系统的设备连接和控制逻辑,进行设计优化和系统集成。例如,BIM 技术帮助团队实现了智能空调系统的集成和控制,确保了系统的高效运行和智能管理。

6）工厂预制化施工

项目部建立场外加工中心,将 BIM 模型转换成装配图,将风管划分为标准节并提供下料单,场外加工中心根据下料单将风管铁皮加工成 L 形半成品后,通过专用吊笼打包运输至施工现场,通过塔吊结合卸料平台运输至各作业楼层,进行流水化拼装作业。按支架、风管施工工艺流程,完成支架下料切割、牢固施焊、规范开孔和防锈防腐工作,以及风管拼装、加固、清洁、运输、吊装、固定工作,固化流水作业施工,形成半自动工程化拼装流水线。

工厂化预制的优势明显:一是不受条件的限制,可将预制好的管段及组合件运至现场进行安装;二是可缩短施工周期,加快施工进度;三是可减少高空作业和高空作业辅助设施的架设,保证施工质量和安全。

四、BIM 在竣工运维阶段的应用案例——深圳腾讯滨海大厦

1. 工程项目概况

腾讯滨海大厦位于深圳南山区科技园内,后海大道与滨海大道的交会处。大厦包括一座244.10 m 高 50 层的南塔楼、一座 194.85 m 高 39 层的北塔楼、三条连接两座塔楼并在内部设置共享配套设施的"连接层"。工程总建筑面积约 34 万平方米,占地 1.8 万平方米,可用场地不足 9000平方米。大厦实景图见图 3-5。

图 3-5　深圳腾讯滨海大厦实景图

2. 项目重点难点

1)复杂的建筑结构

两座塔楼通过多个空中连廊连接,这种设计不仅增加了施工难度,也对 BIM 技术的应用提出了更高的要求。空中连廊的设计和施工需要考虑承载自身重量、塔楼之间的相对位移和风荷载等外部因素。通过 BIM 技术进行详细的结构分析和模拟,提前发现潜在问题并优化设计方案,确保连廊的安装精度和安全性。此外,如何在有限的建筑面积内合理安排各功能区,最大化空间利用率,同时确保各功能区之间的便捷连接,也是一个重要的设计难点。利用 BIM 技术进行空间规划和模拟,优化各功能区的布局和连接方式,确保空间利用的高效性和合理性。

2)多功能集成

大厦内部集成了办公、会议、展示、休闲等多种功能,需要在设计和施工中进行多专业的协调和

集成。各功能区涉及建筑、结构、机电、幕墙等多个专业,需要进行高度协同,确保各专业设计的一致性和协调性。通过 BIM 平台实现各专业的协同设计和信息共享,及时发现和解决设计冲突,提高设计效率和质量。同时,大厦内的各个系统(如空调、消防、安防、照明等)需要进行集成和协调,确保系统的高效运行和互联互通。利用 BIM 技术进行系统集成和优化设计,通过 BIM 模型进行系统运行模拟和调试,确保各系统的无缝集成和高效运行。

3)高标准的智能化要求

作为腾讯的全球总部,滨海大厦需要实现高标准的智能化管理,包括智能办公、智能安防、智能运维等多个方面。实现智能办公需要集成多种智能化设备和系统,如智能会议系统、智能照明系统、智能空调系统等。通过 BIM 技术进行智能化系统的设计和集成,确保各智能系统的互联互通和高效运行。利用 BIM 模型进行智能化系统的模拟和调试,优化系统配置和运行参数。大厦还需要实现高水平的安防管理,包括视频监控、门禁控制、入侵检测等多个方面。利用 BIM 技术进行安防系统的设计和集成,通过 BIM 模型进行安防系统的模拟和调试,确保安防系统高效运行、安全可靠。

4)高效的运维管理

大厦竣工后,需要进行高效的运维管理,以确保各系统的正常运行和维护。大厦内的设备种类繁多,维护工作量大,如何高效管理和维护这些设备是一个重大挑战。通过 BIM 技术进行设备管理,利用 BIM 模型记录设备的详细信息和维护记录,制订详细的设备维护计划,提高设备维护的效率和质量。大厦的能耗管理需要精细化和智能化,如何实现能耗的实时监控和优化管理是一个重大挑战。利用 BIM 技术进行能耗管理,通过 BIM 模型集成各系统的能耗数据,进行能耗分析和优化管理,制订节能措施,降低能耗成本。大厦内的设备和系统运行过程中可能会出现各种故障,如何及时预警和处理故障是一个重大挑战。通过 BIM 技术进行故障预警管理,利用 BIM 模型集成各系统的运行数据,进行故障分析和预警,及时发现和处理故障,提高系统运行的可靠性和安全性。

3. BIM 技术的应用

在竣工运维阶段,BIM 技术在深圳腾讯滨海大厦项目中发挥了关键作用。以下是详细的应用过程。

1)BIM 信息模型交付

在工程竣工后,交付给业主的除了实体的建筑物外,还有一个包含详尽、准确工程信息的 BIM 竣工模型,为后续的项目运营提供基础。

BIM 竣工模型为一个全面的三维模型信息库,包括本工程建筑、结构、机电等各专业相关模型大量、准确的工程和构件信息,以电子文件的形式进行长期保存。竣工模型可以帮助业主进一步实现后续的物业管理和应急系统的建立,进行建筑物全生命周期的信息交换和使用。

(1)信息模型的最终集成和验证。

在工程实施过程中,BIM 模型的最终集成和验证是确保项目顺利完成的关键环节。运用 Revit 系列软件建造的 BIM 模型已基本成型,在形成竣工模型前应对信息模型进行最后的集成和验证。

竣工资料的编制与整理:组织各参建方编制完整的竣工资料,整理提供作为 BIM 竣工模型的完善基础资料,包括几何空间信息、技术信息、产品信息、建造信息、维保信息等。

信息完整性和精度的审查:对工程各参建单位提供的信息完整性和精度进行审查,确保按本方案要求的信息已全部提供并输入到竣工模型中,包括所有过程变更信息。

信息准确性的复核:对工程各参建单位提供的信息准确性进行复核,除与实体建筑、基础资料进行核对外,还应对不同单位的信息进行相互验证。

集成效果的检测：使用专业软件对竣工信息模型的集成效果进行检测，通过模拟演示检查各种信息的集成状况，确保模型在功能和性能上达到预期目标。

（2）分阶段模型验收。

将模型分为结构模型、建筑模型、机电安装模型、各分包模型以及最终模型进行分阶段验收，在每个阶段结束时，组织集中评审会议，对模型的完整性和信息的正确率进行评审，确保每个阶段的模型都符合项目要求，并将各阶段模型进行保存，最终交予业主一个完整的 BIM 竣工模型。这个模型将成为业主运营管理和维护保养的重要工具。

2）BIM 模型后期运营应用服务

在项目的运营期，根据物业管理的要求，以 BIM 模型为基础，结合其他技术手段，实现建筑物全生命周期的优化管理是 BIM 技术的重要环节。在完成竣工信息模型后实施以下操作。

（1）模型的使用和扩展。

以竣工信息模型为依托制作立体的用户说明书，将模型中相关的信息进行集成，并提取其中的关键内容编制培训大纲。

信息的价值在于被使用的程度，交付竣工模型后应对物业人员进行相应的培训，至少安排 3 次正式培训课程，提高物业人员对 BIM 模型掌握和使用的熟练程度。

在建筑物的生命周期内，应继续对竣工模型进行维护，将运营中产生的新信息输入到模型中，保证模型的数据丰富，并及时响应。通过 BIM 技术，运维团队可以制订详细的设备维护计划。BIM 模型中的数据能够帮助团队预测设备的维护周期和可能的故障点，从而提前安排维护工作，降低设备故障率。

（2）建筑系统分析。

正常运行模式演示：对不同时间，如工作日、节假日、特别会议日等情况下建筑物的运行模式进行演示，确定物业管理的安排和要求。对不同的机电工况，如空调系统的冬、夏季等状况下建筑物的运行模式进行演示，确定物业管理的安排和要求，以及主要机电系统操作次序。通过 BIM 技术，对建筑的能耗进行精细化管理。BIM 模型中集成了各系统的能耗数据，通过分析这些数据，找出能耗高的区域和设备，制订相应的节能措施。

应急运行模拟：通过 BIM 技术，制订详细的应急预案。BIM 模型中包含了建筑的所有信息，根据这些信息制订应急疏散路线、应急设备位置等预案，提高应急响应的效率。通过 BIM 模型进行应急演练，模拟各种应急场景，提高团队的应急处理能力。例如，通过 BIM 模型模拟火灾场景，可以进行火灾应急演练，熟悉应急疏散路线和应急设备的使用。

第二节　GIS 与 IoT 在智能建筑施工中的应用

一、基于 GIS 的应用案例——北京大兴国际机场

1. 工程项目概况

北京大兴国际机场是一座超大型国际航空综合交通枢纽，为 4F 级国际机场、世界级航空枢纽、国家发展新动力源。北京大兴国际机场航站楼面积为 78 万平方米，民航站坪设 223 个机位。机场俯视图见图 3-6。

图 3-6 北京大兴国际机场俯视图

2. 项目重点难点

1）工期紧张

大兴国际机场的建设工期非常紧张，从 2015 年 9 月开始建设到 2019 年 9 月正式通航，仅用了四年时间。这要求建设团队在有限的时间内高效地完成庞大的工程量，包括土方工程、钢结构工程、机电安装工程等。为了应对这一挑战，建设团队采取了多种措施，如制订详细的施工计划和进度表、采用先进的施工技术和设备、加强各个单位之间的协调和管理等。

2）工程难度大

大兴国际机场是世界上最大的空港之一，其主航站楼的钢网架结构形成了一个不规则的自由曲面空间，总投影面积达 31.3 万平方米，相当于 44 个标准足球场的大小。这种复杂的结构设计和庞大的规模给施工带来了巨大的挑战。

3）综合布置问题

大兴国际机场需要整合多种交通方式，包括城际铁路、地铁等，以实现空地一体化的便捷交通。这要求在设计和施工过程中解决各种设施的综合布置问题，以确保不同交通方式之间的无缝衔接。

4）技术创新要求高

大兴国际机场的建设过程中采用了多项创新技术，如全球首座高铁地下穿行的机场航站楼、全球首座双层出发双层到达的航站楼等。这些技术创新要求建设团队具备较高的技术水平和创新能力。

5）协调管理复杂

大兴国际机场的建设高峰期有近千家施工单位同时作业，需要建设团队具备强大的协调和管理能力，以确保各个单位之间协作顺畅，避免施工冲突和延误。

6）质量和安全要求高

作为一项国家重大工程，大兴国际机场的建设质量和安全要求非常高。建设团队需要严格把控施工质量，确保工程的可靠性和安全性。

7）环保和可持续发展要求

大兴国际机场的建设过程中注重环保和可持续发展，如采用可再生能源、绿色建材等，以减少对环境的影响，实现可持续发展的目标。

这些难点和挑战要求建设团队具备先进的技术、高效的协调管理能力以及对质量、安全和可持续发展的高度重视。通过克服这些困难，大兴国际机场的建设团队成功打造了一个世界级的航空枢纽，为中国的航空事业和工程建设领域树立了新的标杆。

3. GIS 技术的应用

1）基于地理信息数据的机场管理

大兴国际机场地理信息综合平台是一个以 GIS 技术为核心的信息化平台。其建设目标是实现机场的全面可视化运营，包括空中、地上、地表、地下、室内和室外等六个维度的空间实体信息资源的集成、融合、共享和应用，平台制订了一系列的可视化运行标准规范，以确保数据的一致性和准确性[12]。

平台以建设施工图为基础数据，构建了机场的电子地图、航站楼及地下管网的三维模型。这些模型不仅提供了机场设施的可视化展示，还支持对设施进行空间分析和模拟，为机场的规划、建设和管理提供了科学依据。

平台结合机场高精度综合定位系统，实现了对机场内人员、车辆和设备的精准定位。通过将定位数据与机场的地理信息进行融合，平台可以实时监控机场内的人流、车流和设备运行情况，为机场的运行调度和应急管理提供了有力支持。

平台实现了与空管、航空公司、联检单位、政府监管部门等多部门的信息共享、协同决策和流程整合。通过建立数据共享机制和业务协同平台，平台可以实现航班信息、旅客信息、行李信息等数据的实时共享，以及航班调度、旅客服务、安全监管等业务的协同办理，从而提升了机场的整体运行效率和服务水平。

2）基于 GIS 的管理决策

在传统的机场设计中，交通指示标牌的设计和安装通常是一个复杂的过程，设计师需要依靠经验和直觉来决定标牌的内容、规格和放置位置。这种方式往往存在一些问题，比如设计师可能无法准确预知安装后的效果，或者在实际安装后需要进行调整和验证。为了解决这些问题，北京大兴国际机场采用了地理信息综合平台，结合 VR 技术，为设计师提供了一种全新的设计和决策工具[12]。通过使用这个平台，设计师可以戴上 VR 眼镜，在设计室中真实地感受到交通指示标牌的现场安装效果。

具体来说，设计师利用平台提供的电子地图和三维模型，将交通指示标牌放置在机场的特定位置，并查看其在实际环境中的显示效果。设计师可以调整标牌的大小、角度和内容，以确保其在各种视角和距离下都清晰可见；还可以模拟不同的光线条件和人流情况，以评估标牌在不同情况下的可读性和效果。

通过使用这个平台，设计师可以更准确地预测交通指示标牌的实际效果，并做出更科学、准确的决策。这不仅提高了设计的效率和质量，还减少了在实际安装后的调整和修改工作，从而节省了时间和成本。

3）基于地理位置的行李监控

在传统的机场行李托运过程中，旅客通常只能在值机柜台、行李提取处等有限节点获取行李信息，无法实时了解行李的具体位置和状态，给旅客带来了一定的不便。为了提升旅客的行李托运体验，北京大兴国际机场引入了地理信息综合平台与超宽带高精度室内定位系统[13]。通过这些先进技术的应用，机场实现了对行李的全程可视化监管，为旅客提供了更加便捷、透明的行李托运服务。

在行李托运过程中，旅客可以通过机场的自助值机设备或手机应用完成行李的在线值机和标签打印。这些设备和应用与地理信息综合平台相连,能够实时记录行李的托运信息,包括行李的重量、尺寸、目的地等。当行李被放置在行李拖车上时,超宽带高精度室内定位系统会自动扫描行李上的电子标签,获取行李的唯一标识码,系统会将标识码与行李的托运信息进行关联,从而建立行李的电子档案。

在行李的运输过程中,超宽带高精度室内定位系统会实时监测行李的位置变化,并将这些变化传输到地理信息综合平台上。通过平台的可视化界面,旅客可以随时查看自己行李的实时位置和状态,包括行李是否已经到达飞机、是否正在运输途中等。

4)高精度综合定位系统

大兴国际机场采用了高精度综合定位系统,结合卫星定位、基站定位和室内定位等技术,实现了对机场内人员、车辆和设备的精准定位。通过 GIS 技术,可以将定位数据与机场的地理信息进行融合,实现对机场内人员和车辆的实时监控和调度,提高机场的安全性和运行效率。

(1)人员定位与安全管理:大兴国际机场的高精度综合定位系统实现了对机场内人员的精准定位。通过在机场内部署定位设备,如蓝牙信标、Wi-Fi 热点等,可以实时获取人员的位置信息,并进行可视化展示。通过人员定位,可以及时发现异常情况,如人员进入禁区、人员失踪等,并采取相应的措施进行处理,从而提高机场的安全管理水平。例如,在大兴国际机场的安检区域,通过高精度综合定位系统可以实时获取安检人员的位置信息。如果有乘客在安检区域发生紧急情况,系统可以立即定位到最近的安检人员并通知其进行处理,从而提高应急响应速度。

(2)车辆定位与调度管理:大兴国际机场的高精度综合定位系统实现了对机场内车辆的精准定位。通过在车辆上安装定位设备,如 GPS、北斗等,可以实时获取车辆的位置信息,并进行可视化展示。通过车辆定位,可以优化车辆的调度管理,提高车辆的使用效率和运行效率。例如,在大兴国际机场的机坪区域,通过高精度综合定位系统可以实时获取行李车、摆渡车等车辆的位置信息。根据航班计划和行李数量,系统可以自动计算出每辆车的任务和路线,并进行实时调度和监控,从而提高行李的装卸效率和旅客的出行体验。

(3)设备定位与维护管理:大兴国际机场的高精度综合定位系统实现了对机场内设备的精准定位。通过在设备上安装定位设备,如 RFID 标签、二维码等,可以实时获取设备的位置信息,并进行可视化展示。通过设备定位,可以优化设备的维护管理,提高设备的使用效率和运行效率。例如,在大兴国际机场的机库区域,通过高精度综合定位系统可以实时获取飞机、发动机等设备的位置信息。根据设备的使用情况和维护计划,系统可以自动计算出设备的维护时间和内容,并进行实时监控和管理,从而提高设备的维护效率和运行可靠性。

5)空侧运行管理系统

大兴国际机场建设了空侧运行管理系统,利用 GIS 技术实现了对机场空侧区域的可视化管理和监控。通过该系统,可以实时监控飞机的位置、航班的起降情况,以及空侧区域内的车辆和人员流动情况,从而提高航班的准点率和空侧区域的安全管理水平。

(1)空侧区域可视化管理:通过空侧运行管理系统,实现了对空侧区域的可视化管理,以三维模型的形式展示空侧区域的跑道、滑行道、停机位、机库等设施设备,以及飞机、车辆、人员等动态对象。通过可视化管理,可以直观地了解空侧区域的运行情况、飞机的位置和航班的起降情况,从而提高管理效率和准确性。例如,在大兴国际机场的空侧区域,通过空侧运行管理系统可以实时展示飞机的位置和航班的起降情况。当飞机到达或离开停机位时,系统会自动更新飞机的位置信息并进行可视化展示。如果航班延误或取消,系统会及时通知相关人员并进行调整,以减少对其他航班的影响。

（2）航班运行监控：空侧运行管理系统实现了对航班运行的监控功能。系统设置航班计划、起降流程、滑行路径等信息，进行实时监控和管理。通过航班运行监控，可以及时发现航班运行中存在的问题和风险，并采取相应的措施进行处理，从而提高航班的准点率和运行效率。例如，在大兴国际机场的空侧区域，通过空侧运行管理系统可以设置航班计划和起降流程。当飞机到达或离开停机位时，系统会自动更新航班的状态信息并进行监控。如果航班延误或取消，系统会及时通知相关人员并进行调整，以减少对其他航班的影响。

（3）安全管理提升：空侧运行管理系统实现了对空侧区域的安全管理功能。系统设置安全区域、安全设备、安全流程等信息，进行实时监控和管理。通过安全管理提升，可以及时发现安全隐患并采取相应的措施进行处理，从而提高空侧区域的安全管理水平。例如，在大兴国际机场的空侧区域，空侧运行管理系统可以设置安全区域和安全设备。当有人员或车辆进入安全区域时，系统会自动进行监控并发出警报。如果发现安全隐患，系统会及时通知相关人员进行处理，以避免发生安全事故。

6）机坪车辆管理系统

大兴国际机场采用了机坪车辆管理系统，利用 GIS 技术实现了对机坪区域内车辆的实时监控和管理。通过该系统，可以实现对车辆位置、行驶路线、速度等信息的实时监控，以及对车辆调度和维修保养的管理，从而提高机坪区域的运行效率和安全性。

（1）车辆实时监控：通过机坪车辆管理系统，实现了对机坪区域内车辆的实时监控，车辆的位置、行驶路线、速度等信息可以被实时采集和传输，并进行可视化展示。通过实时监控，可以及时发现车辆的异常情况，如车辆故障、违章行驶等，并采取相应的措施进行处理。例如，在大兴国际机场的机坪区域内，通过机坪车辆管理系统，可以实时监控行李车、摆渡车、加油车等车辆的行驶路线和速度。如果发现某辆行李车的行驶速度过快，系统会立即发出警报并通知相关人员进行处理，以避免发生安全事故。

（2）车辆调度管理：机坪车辆管理系统实现了对车辆调度的管理功能。系统设置车辆的调度计划、任务分配等信息，进行实时监控和管理。通过车辆调度管理，可以优化车辆的使用效率，减少车辆的空驶率和等待时间，从而提高机坪区域的运行效率。例如，在大兴国际机场的机坪区域内，通过机坪车辆管理系统，可以设置行李车的调度计划和任务分配。根据航班计划和行李数量，系统会自动计算出每辆行李车的任务和路线，进行实时调度和监控，确保行李车能够及时到达指定的机位，提高行李的装卸效率。

（3）车辆维修保养管理：机坪车辆管理系统实现了对车辆维修保养的管理功能。系统记录车辆的维修保养计划、维修记录、备件库存等信息，并进行实时监控和管理。通过车辆维修保养管理，可以及时发现车辆的故障隐患，减少车辆的故障率和停机时间，从而提高机坪区域的安全性。例如，在大兴国际机场的机坪区域内，通过机坪车辆管理系统，可以记录每辆行李车的维修保养计划和维修记录。根据行李车的使用情况和维修记录，系统会自动计算出每辆行李车的维修保养时间和内容，进行实时监控和管理，可以及时发现行李车的故障隐患并进行维修保养，减少行李车的故障率和停机时间。

7）设施设备维护维修管理系统

大兴国际机场建设了设施设备维护维修管理系统，利用 GIS 技术实现了对机场设施设备的可视化管理和维护。通过该系统，可以实时监控设施设备的运行状态、故障情况，以及维修保养的进度，从而提高设施设备的可靠性和维护效率。

（1）设施设备可视化管理：通过 GIS 技术，实现对设施设备的可视化管理。系统设施设备以三维模型的形式展示出来，包括其位置、状态、连接关系等信息，通过可视化管理，可以直观地了解设施设备的分布情况、运行状态,以及与其他设施设备的关系,从而提高管理效率和准确性。例如,在大兴国际机场的行李处理系统中,通过 GIS 技术可以实时展示行李传送带、分拣机、行李提取转盘等设施设备的运行状态和故障情况。如果某个设施设备出现故障,系统会自动生成故障报告并发送给维修人员,维修人员可以根据故障报告快速定位故障设备并进行维修。

(2)设施设备维护管理:大兴国际机场的设施设备维护维修管理系统实现了对设施设备的维护管理功能。系统设置设施设备的维护计划、保养周期、备件库存等信息,并进行实时监控和管理。当设施设备需要进行维护保养时,系统会自动生成维护任务并发送给维修人员,维修人员可以根据任务要求进行相应的维护保养工作。例如,在大兴国际机场的空调系统中,通过 GIS 技术设置空调设备的维护计划和保养周期。当空调设备需要进行维护保养时,系统会自动生成维护任务并发送给维修人员,维修人员可以根据任务要求对空调设备进行清洗、更换过滤器等维护保养工作。

(3)设施设备维修管理:大兴国际机场的设施设备维护维修管理系统实现了对设施设备的维修管理功能。系统记录设施设备的故障情况、维修记录、备件使用情况等信息,并进行实时监控和管理。当设施设备出现故障时,系统会自动生成维修任务并发送给维修人员,维修人员可以根据任务要求进行相应的维修工作。例如,在大兴国际机场的电梯系统中,通过 GIS 技术记录电梯设备的故障情况和维修记录。当电梯设备出现故障时,系统会自动生成维修任务并发送给维修人员,维修人员可以根据任务要求对电梯设备进行检修、更换零部件等维修工作。

8)工程建设及运营筹备系统

北京大兴国际机场作为全球最大的单体航站楼,其建设过程涉及大量的工程项目和复杂的业务流程。为了确保工程建设的高效性和质量,为机场的顺利运营做好准备,大兴国际机场采用了 GIS 技术,构建了一套完整的工程建设及运营筹备系统。

(1)工程建设监控与管理:在工程建设阶段,利用 GIS 技术实现了对工程建设进度的实时监控和管理。通过将工程设计图纸、施工进度、质量控制等信息进行可视化展示和分析,可以及时发现工程建设中存在的问题和风险,并采取相应的措施进行解决。例如,在大兴国际机场的飞行区工程中,利用 GIS 技术实时展示跑道、滑行道、停机位等设施的建设进度,以及各个施工单位的工作情况。通过 GIS 技术,及时发现施工过程中存在的问题,如施工进度滞后、质量不合格等,并及时通知相关单位进行整改。GIS 技术还可以用于工程变更管理。在工程建设过程中,由于各种原因,可能会出现工程变更的情况。利用 GIS 技术,将工程变更信息及时更新到系统中,并进行可视化展示和分析,从而减少工程变更对工程建设进度的影响。

(2)运营筹备模拟与演练:在机场运营筹备阶段,利用 GIS 技术实现了对机场各项业务的模拟和演练。通过将机场的各项业务流程进行可视化展示和分析,提前发现运营过程中可能存在的问题和风险,并进行相应的优化和调整。例如,在大兴国际机场的航班保障业务中,利用 GIS 技术可以模拟航班的起降流程、滑行路径、停机位安排等业务环节,并进行实时演练。通过 GIS 技术,可以提前发现航班保障过程中存在的问题,如航班延误、滑行冲突等,并进行相应的优化和调整。GIS 技术还可以用于机场应急预案的制订和演练。通过将机场的应急预案进行可视化展示和分析,提前发现应急预案中存在的问题和不足,并进行相应的优化和调整。例如,在大兴国际机场的消防应急预案中,利用 GIS 技术模拟火灾发生时的灭火救援流程,并进行实时演练。

9)智慧机场建设

大兴国际机场利用 GIS 技术进行了智慧机场的建设,包括智能安防、智能能源管理、智能交通等多个方面。通过 GIS 技术,可以实现对机场内各种传感器数据的采集和分析,从而实现对机场运行的智能化管理。

（1）智能安防：在智能安防方面，利用 GIS 技术构建了一套完整的安防体系。通过在机场内部部署各种传感器，如摄像头、入侵探测器、烟感探测器等，实时采集和传输各种安防数据。利用 GIS 技术对这些数据进行分析和处理，实现对机场内各个区域的实时监控和预警。例如，如果某个区域的摄像头检测到异常情况，系统可以立即发出警报并通知安保人员进行处理。

（2）智能能源管理：在智能能源管理方面，利用 GIS 技术实现了对能源消耗的实时监测和优化管理。通过在机场内部部署各种能源传感器，如电表、水表、气表等，实时采集各种能源数据。利用 GIS 技术对这些数据进行分析和处理，可以实现对能源消耗的实时监测和预警。例如，如果某个区域的能源消耗异常增加，系统可以立即发出警报并通知相关人员进行处理。此外，利用 GIS 技术实现了对能源设备的智能控制和管理。通过在能源设备上安装各种传感器和执行器，实现对能源设备的远程控制和管理。例如，通过 GIS 技术实现对空调系统的智能控制，根据实际需求自动调节空调温度和风速，从而实现节能减排。

（3）智能交通：在智能交通方面，利用 GIS 技术实现了对机场内各种交通设施的智能管理和优化调度。通过在机场内部部署各种交通传感器，如车辆检测器、交通信号灯等，可以实时采集各种交通数据。利用 GIS 技术对这些数据进行分析和处理，实现对交通流量的实时监测和预警。例如，如果某个区域的交通流量异常增加，系统可以立即发出警报并通知相关人员进行处理。此外，利用 GIS 技术实现了对交通设施的智能控制和管理。通过在交通设施上安装各种传感器和执行器，实现对交通设施的远程控制和管理。例如，可通过 GIS 技术实现对交通信号灯的智能控制，根据实际需求自动调节交通信号灯的时长和顺序，从而改善交通状况。

10）数字孪生系统

数字孪生系统是大兴国际机场在智慧机场建设方面的重要举措。数字孪生系统是利用 GIS 技术构建的一个虚拟模型，包含了机场的物理环境、设备设施、运行流程等信息。通过数字孪生系统，可以对机场的运行进行仿真和模拟，从而预测和优化机场的运行效率和服务质量，帮助大兴国际机场实现高效的航班运行管理。通过仿真和模拟，预测航班的起降时间、滑行路径、停机位安排等关键信息，从而优化航班的运行计划和调度，减少航班延误和拥堵的情况，提高航班的准点率和运行效率。数字孪生系统还可以实现智能的旅客服务，通过虚拟模型，实时监控旅客的流动情况、排队情况、服务需求等信息，从而优化旅客的出行体验。例如，通过虚拟模型预测旅客的登机时间和登机口，提前告知旅客相关信息，减少旅客的等待时间。此外，数字孪生系统还可帮助大兴国际机场实现安全的机场运营，通过仿真和模拟，预测和分析潜在的安全风险，如火灾、爆炸、恐怖袭击等情况，提前采取相应的安全措施，提高机场安全等级和应急响应能力。

总之，大兴国际机场的数字孪生系统通过 GIS 技术构建了机场的虚拟模型，实现了对机场运行的仿真和模拟，帮助大兴国际机场提高航班运行效率、优化旅客服务体验、提升机场安全等级，从而打造了一个智能、高效、安全的现代化机场。

4. GIS 技术应用存在的问题

1）数据采集与更新的挑战

大兴国际机场的地理信息数据采集和更新需要跟上机场基础设施和运营环境的快速变化，要求 GIS 系统能够实时或近实时地收集和处理数据，以确保信息的准确性和时效性。为了应对这一挑战，可以采用自动化的数据采集技术，如无人机测绘、卫星遥感等，以及利用 IoT 设备实时监控机场设施的状态。

2）多源数据整合与共享的困难

GIS 系统需要整合来自机场不同部门和运营系统的多源数据，这些数据可能包括机场设施布局、航班动态、乘客流量等，通常以不同的格式和标准存储。为了实现数据的有效整合和共享，需要建立统一的数据交换标准和接口，并开发数据融合技术，确保不同数据源之间的互操作性。

3）系统集成与协同的复杂性

机场的 GIS 系统需要与航班调度、安全监控、旅客服务等多个信息系统协同工作，要求 GIS 系统具备高度的兼容性和集成能力。通过建立一个开放的系统架构和标准化的数据接口，促进不同系统之间的无缝集成，实现数据和业务流程的有效协同。

4）可视化与分析的智能化要求

GIS 系统需要为用户提供丰富的可视化和分析功能，以支持机场的运营管理和决策支持。随着机场业务的不断发展和数据量的增加，对可视化和分析的智能化要求越来越高，需要应用 AI、ML 等技术来提升 GIS 系统的智能化水平。

5）安全与隐私的保护问题

GIS 系统在机场的应用中涉及大量的敏感数据，这些数据包括航班动态、乘客个人信息等，一旦泄露或滥用，可能会对乘客隐私和机场运营造成严重影响。如何在充分发挥 GIS 系统功能的同时，保护好这些敏感数据的安全和隐私，是一个重要的挑战。需要建立完善的安全防护体系和隐私保护机制，确保数据的安全性和合规性。

二、基于 IoT 的应用案例——山东省科技馆新馆

1. 工程项目概况

山东省科技馆新馆是山东省重要的科技文化基础设施，其总建筑面积为 79 997.2 m^2。新馆的设计理念为"山海无限"，体现了"朝云和泉出，东山逐日来"的意境，突出了建筑与自然交融、科技与生活交融的主旨。新馆内部包括常设展厅、儿童展厅、山东科技发展成就展厅、室内外公共空间、科普影视区、专题展厅等区域。山东省科技馆新馆全景见图 3-7。

图 3-7 山东省科技馆新馆全景图

2. 项目重点难点

1）覆盖专业多、结构形式复杂

项目的施工涉及众多专业领域，从建筑学、结构工程到声学和光学设计，每个领域都对项目的成功至关重要。结构形式的复杂性体现在对不同材料、技术和施工方法的综合运用上。

2）巨型球幕影院的设计与施工

巨型球幕影院是本工程设计的一大亮点和难点。壳体直径 28 m，是目前国内最大的纯混凝土单层薄壳壳体结构，架体施工、模板体系选择均为管理重点。

3）超大规模的高支模施工

超大规模的高支模施工也是该项目的一大挑战。第 1、2 层的层高达到 8.8 m，且高支模区域占到了整个项目的 82.8%。看台、展厅、报告厅等结构的交错重叠进一步增加了施工的复杂性。为了确保施工的进度、质量和安全，项目部采用了 BIM 技术和智慧工地系统，实现了对高支模施工的实时监测和报警。

4）梁柱节点的施工

梁柱节点的施工也是一项技术难题。每个节点处有 381 根钢筋交错布置，每根钢筋都需要经过精确加工和细致安装。梁柱节点施工经过国家超限审查专家于海平的论证，被认为是省内最高水平的施工挑战。

3. 项目应用过程

1）IoT 技术在安全管控中的应用

IoT 技术在安全管控中的应用内容见表 3-1。

表 3-1　IoT 在安全管控中的应用内容

序号	应用点	序号	应用点
1	项目管理信息系统	14	二维码技术（活码与轻量化模型）
2	集成控制机房	15	能耗在线监测
3	远程视频监控系统	16	高支模（应力）在线监测系统
4	塔吊在线监测系统	17	悬挑卸料平台监测系统
5	施工升降机指纹识别	18	配电箱管理、手持终端扫码巡检
6	扬尘、喷淋在线监测控制系统	19	智慧工地三维交互平台
7	行为安全之星	20	宿舍烟感报警
8	电子围栏	21	BIDA 相关应用
9	三维激光扫描应用	22	物资验收系统（智验宝）
10	手持终端应用（中建八一云十）	23	钢结构构件物料追踪
11	二维码颜色区分危险源	24	混凝土振动自动控制系统
12	电缆末端报警系统	25	顶升式建筑施工自动放线装置
13	水压力监测自动报警系统	26	进出场自动感应开关门卫

2）基于 IoT 的塔机数据采集、传输及应用

（1）数据采集。

项目施工过程中，塔机作为关键的垂直运输设备，其安全运行对于整个工程的进度和安全至关重要。为了确保塔机的有效管理和监控，项目采用了多种数据采集手段，这些手段综合运用了现代信息技术，以实现对塔机状态的实时监控和分析。

通过传感器采集运行数据：通过在塔机上安装各种传感器，实时收集塔机的运行数据，如负荷、角度、速度等关键参数。这些数据对于监测塔机的工作状态、预防过载和机械故障具有重要意义。传感器数据的实时性为塔机操作人员和项目管理人员提供了准确的设备运行信息，使他们能够及时做出调整和响应。

通过 GPS 采集塔机的位置和运行轨迹数据：利用 GPS 技术，精确地获取塔机的位置信息和运行轨迹。这对于监控塔机的移动范围、避免塔机间的相互干扰及规划施工现场的设备布局至关重要。通过分析塔机的运行轨迹，管理人员可以优化塔机的作业路径，减少无效移动，提高施工效率。

通过视频监控自动识别群塔作业状态和周边环境风险：视频监控系统不仅能够提供塔机作业的实时画面，还能通过图像识别技术自动识别群塔作业状态和周边环境风险。这种自动识别功能可以监测到潜在的碰撞风险、违规操作等安全隐患，为塔机操作人员提供辅助决策支持，降低安全事故的发生概率。

安全巡检人员通过移动终端记录上传机械和危险源的状态：安全巡检人员使用移动终端设备，记录并上传塔机的机械状态和危险源信息。这些信息包括但不限于设备的维护记录、故障记录、环境因素等，通过这些数据的收集和分析，可以对塔机的运行状况进行综合评估，及时发现并解决潜在的安全隐患。

塔机的安全运行受到多方面因素的制约，其监测参数如表 3-2 所示。

表 3-2　塔机监测参数

对象	监测参数	说明	其他因素
塔机	吊重	采集塔机起吊物重量数据	塔机型号及自重、起升加速度、最大起重量
	高度	采集塔机顶升高数据	
	小车变幅	采集塔机吊钩覆盖幅度范围数据	
	风速	采集塔机顶部风速数据	
	回转	采集塔机回转角度数据	
	塔司身份	采集塔机驾驶员身份资质信息	
	塔机位置	采集群塔作业位置数据	
	起止时间	记录塔机运行开始及结束时间	
	周边环境	监控塔机周边环境及障碍物	

（2）数据传输。

该项目 IoT 数据的传输包括通过工地内组网进行数据采集、收集，通过外网传输到运行管理平台或监控中心，其传输路径如图 3-8 所示。

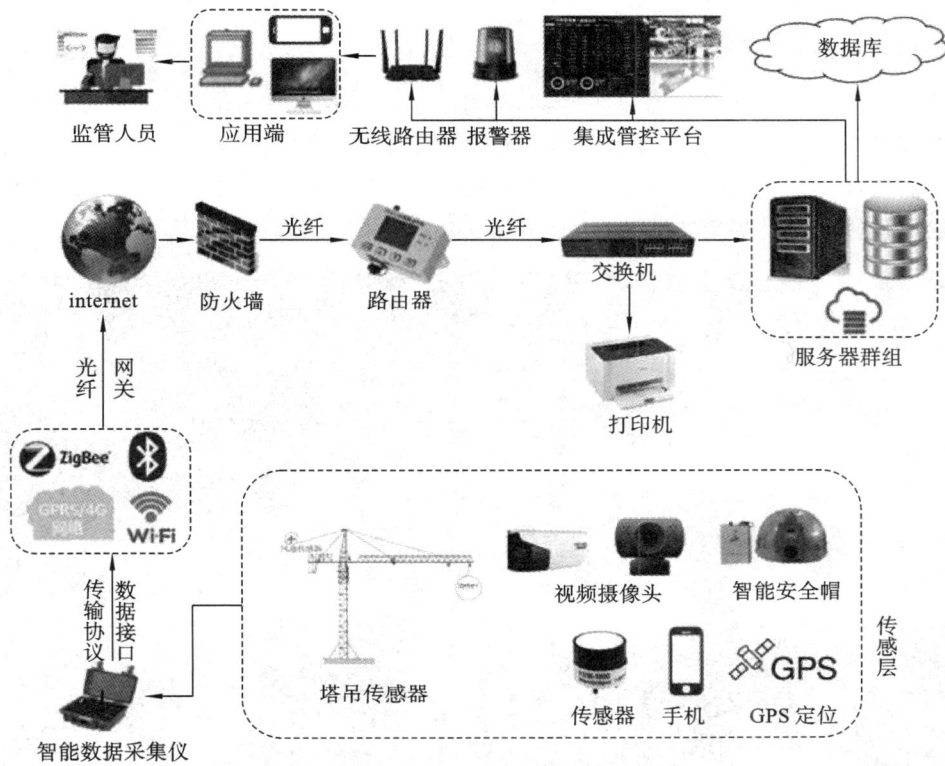

图 3-8　塔机监测数据传输路径

（3）数据应用。

将采集的塔机数据经过处理分析，形成管理人员可应用的数据，由此进行塔机运行状态监控管理、数据存档管理和数据统计分析。塔机监测数据应用指标体系如图 3-9 所示。

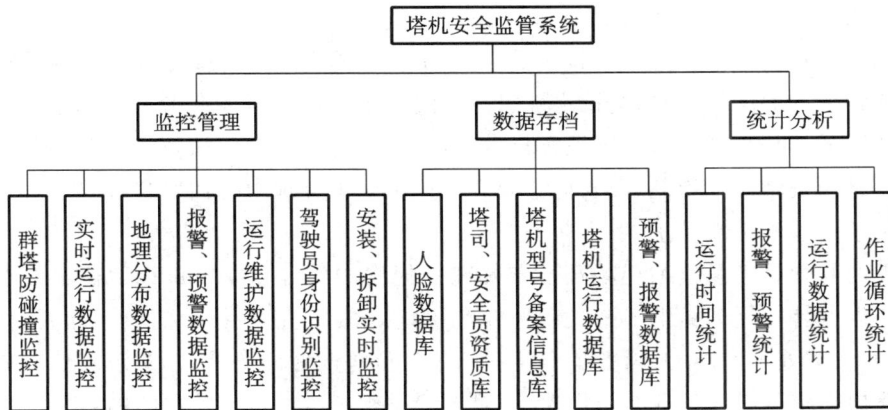

图 3-9　塔机监测数据应用指标体系

三、基于 GIS 和 IoT 的应用案例——重庆江北嘴国际金融中心

1. 工程项目概况

江北嘴国际金融中心是重庆第一高楼群,整体占地 2.91 万平方米,总建筑面积约 71 万平方米。该项目将集办公、住宅、酒店、商业、观光、城市会客厅等功能于一体,引进金融、涉外、智能科技等中国 500 强及世界 500 强标杆企业,打造西部地区总部经济基地,为内陆国际金融中心要素集聚提供高端空间载体。中心实景如图 3-10 所示。

图 3-10　重庆江北嘴国际金融中心项目实景图

2. 项目重点难点

1)超高层建筑设计与施工技术

重庆江北嘴国际金融中心的主塔楼高达 470 m,是超高层建筑的典型代表。超高层建筑的设计和施工面临诸多技术挑战,如结构稳定性、抗风性能、抗震设计等。在施工技术上,需要采用先进的施工机械和工艺,如爬模技术、液压提升技术等,以确保施工安全和高效。同时,超高层建筑的垂直运输和物流管理也是一大难题,需要精心规划以避免施工过程中的拥堵和事故。

2)建筑垃圾监管与环境保护

建筑垃圾的监管是确保施工现场环境友好和合规性的关键。GIS 和 IoT 技术的集成应用,为建筑垃圾的产生、运输、处理提供了全过程监管的可能。然而,这一技术的应用需要解决数据采集的准确性、实时数据处理的能力、设备稳定性和网络安全等问题。此外,建筑垃圾的有效分类、运输过程中的防遗撒措施及最终处理的合规性,都是监管过程中需要重点关注的内容。

3)多专业协调与项目管理

江北嘴国际金融中心项目集办公、住宅、酒店、商业等功能于一体,涉及众多专业领域的协同工作。项目的顺利实施需要高效的项目管理和协调机制,确保设计、施工、监理等各方工作协调一致。

项目管理团队需要运用现代项目管理方法和工具,如 BIM 技术、项目管理软件等,以实现项目的进度控制、成本管理和质量保证。

4)智能化系统集成

作为一座现代化的国际金融中心,江北嘴项目的智能化系统集成是提升建筑功能和用户体验的关键,包括安全监控系统、能源管理系统、信息通信系统等。智能化系统的集成需要考虑系统的兼容性、可靠性和未来的可扩展性。同时,系统的安装和调试也需要专业的技术和团队,以确保系统的稳定运行和高效维护。

3. GIS 和 IoT 的应用

1)数据采集与传输

在重庆江北嘴国际金融中心项目中,利用 IoT 技术对建筑垃圾的产生、运输和处理过程进行实时数据采集和传输,精确掌握建筑垃圾的产生、运输和处理情况,为高效、环保的施工管理提供了有力支撑。具体包括以下几点。

(1)垃圾产生监测:施工现场部署的垃圾量传感器是实现精确监测的关键。这些传感器能够实时捕捉到建筑垃圾的产生量,并通过无线网络将数据传输至中央管理系统。该过程不仅提高了数据收集的效率,还减少了人为因素导致的误差。传感器的应用,使得管理人员能够快速了解垃圾产生的情况,并及时做出响应。

(2)运输监控:在垃圾运输车辆上安装 GPS 定位装置和重量传感器,实时监控车辆的位置、行驶路线和载重量。通过 IoT 技术,运输车辆的运行数据实时传输到中央管理系统。固废垃圾实行信息化管理,对运送危险废物、工地废物、废弃危化品的运输车辆全天候、全路线实时动态监控,并能在系统中同时对多个目标运输车辆进行跟踪、调度。系统能对车辆信息、运输轨迹、运载货物信息、车辆所属单位信息等进行实时查询和历史记录查询。

(3)处理监控:在垃圾处理环节,监控设备的部署为管理人员提供了实时监控垃圾处理过程的可能。这些监控设备能够捕捉到垃圾处理设备的运行状态和处理量,确保了垃圾处理的效率和合规性。通过 IoT 技术,处理监控数据能够实时传输至中央管理系统,为管理人员提供了决策支持。

2)数据处理与分析

通过 GIS 技术对采集到的数据进行存储、处理和分析,形成全面的建筑垃圾管理信息库。具体包括以下三点。

(1)空间数据存储:GIS 技术提供了一个强大的空间数据存储解决方案。所有与建筑垃圾相关的地理空间数据,包括垃圾产生地点、运输路线和处理场所等,被精确地记录在 GIS 系统中。这些数据不仅包括地理位置信息,还涵盖了垃圾的种类、体积、重量等属性信息,形成了一个全面的空间信息库。这个信息库为项目管理者提供了一个详尽的垃圾管理数据基础,为后续数据分析和决策提供了支持。

(2)数据分析:对存储在 GIS 系统中的数据进行深入分析,能够更好地理解建筑垃圾的产生、运输和处理模式。GIS 技术使得对建筑垃圾的产生量进行空间分布分析成为可能,生成的分布图可以帮助管理者识别垃圾产生的关键区域和模式。此外,GIS 技术还能够对运输路线进行优化分析,考虑到交通状况、路线长度、运输成本等因素,生成最优的运输路线方案。对于处理场所的选址,GIS 技术能够综合考虑环境影响、地理位置、可达性等因素,提供科学的选址分析报告。

(3)可视化展示:GIS 系统的可视化功能为建筑垃圾管理提供了直观的展示方式。分析结果通过地图形式展现,使得管理人员能够迅速把握建筑垃圾的管理状况。例如,通过 GIS 系统生成的垃圾产生量热力图,可以直观地显示出哪些区域的垃圾产生量较高,需要重点监控和管理。运输路线的可视化展示,可以帮助管理者监控运输过程,确保垃圾按照规定路线运输。处理场所的选址分析结果,也可以通过 GIS 系统以地图形式展现,使得决策者能够直观地评估不同选址方案的优劣。

3)实时监控与管理

通过 GIS 和 IoT 技术,实现对建筑垃圾的实时监控和管理,具体包括以下几点。

(1)实时监控:GIS 和 IoT 技术的集成应用,使得管理人员能够通过中央管理系统实时监控建筑垃圾的产生、运输和处理情况。安装在施工现场的传感器和摄像头会实时收集垃圾产生量、运输车辆的位置和处理设备运行状态等信息。这些数据通过 IoT 传输到中央管理系统,管理人员可以实时查看这些信息,及时发现和处理异常情况,如垃圾溢出、车辆偏离路线或处理设备故障等。

(2)运输路线优化:GIS 技术在建筑垃圾运输路线的优化中发挥着重要作用。系统可以根据实时交通状况、垃圾量等因素,自动生成最优的运输路线。GIS 系统分析城市交通流量、道路状况和施工进度,为每辆运输车辆规划出最快捷、最经济的路线,不仅减少了运输成本和时间,还提高了运输效率,减少了因交通拥堵造成的延误。

(3)处理场所选址:GIS 技术被用于建筑垃圾处理场所的选址分析。系统会根据垃圾产生量的空间分布、交通条件、环境影响等因素,进行综合分析和评估,选择最合适的处理场所。在重庆江北嘴国际金融中心项目中,GIS 系统会考虑垃圾处理场所与施工现场的距离、处理能力、环境法规等因素,确保垃圾得到及时、有效处理,同时最小化对环境的影响。

(4)数据分析与报告生成:GIS 和 IoT 技术的应用,使得建筑垃圾管理数据的分析和处理变得更加高效和精确。系统可以生成各种报告和图表,如垃圾产生量的统计分析、运输效率的评估、处理效果的评估等,帮助管理人员进行决策和管理。管理人员可以利用这些报告和图表,评估不同施工阶段的垃圾管理效果,及时调整管理策略,提高管理效率。

4)环保与合规管理

在重庆江北嘴国际金融中心项目中,GIS 和 IoT 技术用于确保建筑垃圾管理的环保和合规性。具体包括以下几点。

(1)环保监测:IoT 传感器技术的应用,使得施工现场的空气质量和噪声水平得到实时监测。这些传感器能够精确捕捉到空气中的颗粒物、有害气体浓度以及噪声分贝,并将数据实时传输至中央管理系统。通过对这些数据的实时监控,管理人员能够及时了解施工现场的环境状况,确保建筑垃圾处理过程中不会产生超出环保标准的污染。例如,施工区域周边可能存在居民区、商业区等敏感区域,通过 IoT 传感器的实时监测,项目团队可以确保施工过程中产生的污染物排放控制在法定标准之内,减少对周边环境和居民生活的影响。

(2)合规管理:系统记录和存储所有建筑垃圾的产生、运输和处理数据,包括垃圾的种类、数量、来源、去向等信息。这些数据为生成合规报告提供了基础,确保项目的建筑垃圾管理符合相关法规和标准。在重庆江北嘴国际金融中心项目中,GIS 系统根据国家和地方关于建筑垃圾管理的法规,对建筑垃圾的产生、运输和处理过程进行合规性检查。系统自动生成合规报告,包括垃圾处理的合规性评估、违规事件的记录和处理建议等。这些报告为项目管理者提供了决策依据,帮助他们及时纠正违规行为,确保项目的合规运行。

第三节　建筑机器人与 AR 在智能建筑施工中的应用

一、基于建筑机器人的应用案例——苏州星光耀商住公寓楼

1. 工程概况

星光耀商住公寓楼项目位于苏州市金阊新城虎池路与金筑街交会处,总建筑面积 16 万平方米,由中亿丰建设集团负责施工。该项目由 6 座高层(21F)单体组成,1 号楼和 3～6 号楼的内外墙体均采用蒸压加气混凝土(autoclaved aerated concrete,AAC)或 ALC 砌块现场砌筑,总使用量约 2.5 万立方米,砌筑施工人工费约 580 万元人民币。项目实景见图 3-11。

图 3-11　苏州星光耀商住公寓楼项目实景图

2. 项目重点难点

1)砌筑作业人力短缺和工效低下

该项目 2020 年 8 月开始进入墙体砌筑施工阶段,高峰时 3 座楼同时进行砌筑作业,其间遇到较严重的砌筑工短缺问题。砌筑工不但招募困难,而且普遍年龄偏大。据项目部统计,在岗的砌筑工年龄超过 50 岁的达到了 65% 以上,难以适应持续高强度抢工作业,从而造成施工工期严重滞后。

2)建筑设计与功能融合

苏州星光耀商住公寓楼项目在设计上需要兼顾商业和住宅的双重需求。商业空间要求开放性、可达性,而住宅空间则更注重私密性和居住舒适度。设计团队面临的挑战是如何在有限的空间内实现两种功能的有机融合,同时满足城市规划和建筑美学的要求。这不仅需要创新的设计理念,还需要细致的功能布局和流线规划,以确保商业活动和居住生活互不干扰,相得益彰。

3)结构安全与抗震性能

作为高层建筑,苏州星光耀商住公寓楼的结构安全至关重要。项目需要考虑地震、风荷载等自然因素对建筑的影响,确保结构设计的合理性和抗震性能。要求工程团队采用先进的结构分析技术和施工工艺,如使用高性能混凝土、设置隔震支座等,以提高建筑的整体稳定性和耐久性。

4）智能化系统集成

智能化是现代建筑的一大特点。苏州星光耀商住公寓楼项目需要集成智能安防、智能照明、智能电梯、智能停车等系统，提高建筑的智能化水平和居住者的生活品质。项目团队不仅要掌握各种智能化技术，还要考虑系统的集成和兼容性，确保系统的稳定运行和后期维护。

3. 建筑机器人的应用

1）智能砌筑机器人"On-site"

（1）应用场景：砌筑机器人"On-site"技术适用于医院、学校、商业、办公等各类公建项目的非承重墙墙体室内砌筑施工，可使用目前国内各种主流砌块材料，材料适合范围广。此外，针对施工作业面可不预设条件，无须进行额外的施工准备，完全在实际施工技术条件下进行砌筑作业，应用门槛低。砌筑机器人 MOBOT GT30 是专门针对国内建筑室内砌筑场景和工序作业特点而研发的，可以在无预设的实际工况下开展人机协作施工。

（2）技术特点：在建筑自动化的浪潮中，砌筑机器人"On-site"技术以其卓越的性能和广泛的适应性，成为推动建筑行业进步的重要力量。"On-site"砌筑机器人的主要技术特点有以下四点。

场地适应性强。"On-site"砌筑机器人的设计考虑到了建筑工地的多样性和复杂性。机器人的机身采用可折叠设计，使得它能够轻松通过标准的建筑门洞，甚至在狭窄的空间中灵活移动，机器人能够方便地通过施工人员和货物电梯进行垂直转运，极大地提高了在高层建筑中的作业效率。在作业现场，地面条件往往是多变的，可能存在不平整、有障碍物等问题。"On-site"砌筑机器人具备自动调平功能，能够在各种地面条件下稳定作业，无须对地面进行额外的平整处理，不仅节省了施工前的准备工作时间，也减少了对施工现场的干扰。

环境耐受性高。建筑施工现场往往伴随着各种恶劣的环境条件，如高湿度、高温、重度粉尘等。"On-site"砌筑机器人采用了专门的防护设计，能够在这样的环境下稳定工作，不受湿热变化的影响。机器人的防护材料和密封设计能够有效抵御施工现场的重度粉尘和砂浆污染，保证机器人内部部件的清洁和正常运行。建筑施工现场的电磁环境复杂，用电电压可能存在波动。"On-site"砌筑机器人对电磁干扰和施工用电电压变化具有高耐受性，确保了在复杂电磁环境下的稳定运行，减少了因环境因素导致的故障和停机时间。

砌块适用性强。"On-site"砌筑机器人专门针对砌体结构中的室内大砌块砌筑而设计，能够满足单块重量 30 kg 以下的各种尺寸砌块的施工需求，可以适应不同的砌筑项目和设计要求。无论是标准的混凝土砌块、空心砖还是其他类型的砌块，"On-site"砌筑机器人都能够准确、高效地进行砌筑作业。机器人的砌块抓取和放置精度高，能够保证砌体结构的稳定性和美观性。

智能化程度高。"On-site"砌筑机器人的智能化程度是其最突出的特点之一。机器人采用六轴运动控制，具有高度的灵活性和精确性。搭载的智能化砌筑控制系统和多种传感器，使得机器人能够灵活适应多种砌体构造要求下的砌筑作业。智能化控制系统能够根据预设的砌筑方案，自动规划机器人的运动轨迹和砌筑顺序，实现自动化砌筑。同时，机器人还具备自主学习和优化的能力，能够根据实际砌筑过程中的反馈信息，不断优化砌筑方案，提高砌筑效率和质量。此外，"On-site"砌筑机器人对于砌块材料的尺寸偏差和砂浆黏结剂的流变情况具备良好的适应性。机器人能够实时监测砌块的尺寸和砂浆的黏结性能，自动调整砌筑参数，确保砌体结构的稳定性和耐久性。

2）人工砌筑与机器人"On-site"砌筑工效、成本对比分析

2020 年 10 月，星光耀 1 号楼的在建楼层（16F～21F）开展了一项创新的砌筑施工试点，引入砌筑机器人"On-site"进行自动化砌筑施工。与此同时，为了评估新技术的效果，选择结构和体量完全一致的 3 号楼作为对比参照，该楼栋采用传统的人工砌筑方法。

砌筑机器人试点工程砌体施工基本情况:1 号楼的砌体施二试点工程与 3 号楼的人工砌筑在单层砌体砌筑量上相同,大约为 210 m³。施工中使用了统一规格的砂加气砌块,即 600 mm×200 mm×240 mm,等级为 A5.0B06,平均块重为 24～26 kg。砌体结构主要包括内部隔墙、窗台/空调围护、风井道、楼梯间围护等部分。在砌体施工过程中,根据构造要求和规范,留置了构造柱、过梁、圈梁,并在每两皮砌块中设置了通长的拉结筋,以确保结构的稳定性和安全性。

(1)3 号楼人工砌筑情况:3 号楼作为对比参照,采用了传统的人工砌筑方法。施工过程中,组织和人员配备遵循了传统的作业方式。由于依赖于原始的工具和纯体力劳动,人工砌筑的体力消耗巨大,这对砌筑工人的体力和耐力提出了很高的要求。此外,由于过分依赖工人的个人技能和经验,砌筑质量可能会出现不一致的情况,影响整体施工质量的稳定性。

(2)1 号楼机器人"On-site"砌筑情况:试点楼栋 1 号楼投入 1 台 MOBOT GT30 型智能砌筑机器人,该型机器人完全针对建筑室内砌筑的应用场景特点进行设计,具备轻量化的可折叠机身设计,可方便地通过施工人货梯进入作业楼层和进行垂直转运。在施工组织上,采取砌筑机器人和砌筑大工混合编成,区分大小工作面进行分工协作,以充分发挥各自的优势和效能。

(3)应用成效:在现代建筑工程中,施工效能是一个关键的衡量指标,直接关系到项目的进度、成本和质量。通过 1 号楼机器人砌筑和 3 号楼传统人工砌筑对比分析可知,智能砌筑机器人施工效能显著提升(表 3-3)。

表 3-3　1 号楼和 3 号楼施工效能对比表

项目	1 号楼(机器人)	3 号楼(传统人工)
砌筑工人数	4	8
人均日砌筑量/m³	6.5	3.0
单层施工工期/天	8	9
砌筑质量	优良	合格

第一,从劳动力需求的角度来看,1 号楼在砌筑人工的数量上减少了 50%。这一变化不仅减轻了人力资源的配置压力,也减少了因人员流动带来的施工中断和延误。更重要的是,这种劳动力的优化并没有以牺牲砌筑质量为代价。相反,1 号楼的整体砌筑质量得到了明显提升,得益于砌筑机器人的高精确度和稳定性,确保了每一块砌块的精确放置和黏合。

第二,平均砌筑工期的节省是施工效能提升的另一重要体现。在 1 号楼的施工案例中,不仅砌筑质量得到了提升,工期也节省了 1 天。这一成果对于大型建筑工程来说意义重大,它不仅加快了施工进度,也为项目的整体交付赢得了宝贵的时间,从而为业主和承包商创造了更大的经济效益。

第三,人员的劳动强度显著下降。传统人工砌筑是一项劳动密集型工作,工人需要进行重复的举重、搬运和精确放置,这无疑增加了工人的身体负担和疲劳度。而砌筑机器人的应用,将工人从这些高强度的体力劳动中解放出来,使他们能够更专注于监督、质量控制和其他需要人类专业技能的工作。

第四,持续施工作业能力的提升也是不可忽视的。使用砌筑机器人,可以实现更加稳定和连续的施工流程,减少了因工人休息和轮换导致的施工中断。这种持续的施工能力,对于保证施工的连贯性和整体施工效率至关重要。

第五,施工安全性的提升也是使用砌筑机器人带来的一个额外好处。传统的人工砌筑工作中,工人在高空作业和搬运重物时存在一定的安全风险。而机器人的使用降低了这些风险,为施工人员提供了一个更加安全的工作环境。

综上所述,相比 3 号楼的传统人工砌筑,1 号楼采用砌筑机器人的施工方式,在劳动力需求、施工质量、工期、劳动强度和施工安全性等方面,展现出了显著的施工效能优势。随着建筑行业技术的不断进步,我们可以预见,砌筑机器人和其他自动化施工技术将在未来的建筑施工中发挥越来越重要的作用,为建筑行业带来更高的效率和更好的施工质量。

4. 综合效益

在苏州星光耀商住公寓楼项目中,中亿丰建设集团引入了砌筑机器人"On-site"进行自动化砌筑施工,取得了显著的综合效益。

1)提高了施工效率

砌筑机器人"On-site"的应用使得施工效率得到了显著提升。在 1 号楼的施工中,机器人班组的日砌筑量超过了 15 m³,是人工砌筑速度的 5 倍,不仅缩短了施工工期,还加快了整体施工进度。

2)降低了人工成本

砌筑机器人"On-site"的应用减少了对砌筑工人的需求,从而降低了人工成本。在 1 号楼的施工中,机器人班组的砌筑大工数量减少了 50%,而整体砌筑质量却得到了提升。这表明机器人技术可以有效替代部分人工作业,从而减少人工成本的支出。

3)提高了施工质量

砌筑机器人"On-site"在砌筑过程中能够保持稳定的砌筑节拍和运动路径,减少了人为因素对施工质量的影响。同时,机器人还具备智能排砖系统和力矩传感器,能够根据砌块种类和构造要求自动给出最佳砖块排列方案,并保证墙体砌筑质量。

4)改善了施工安全

机器人技术的应用降低了人工操作的频率和强度,从而降低了施工过程中的安全风险。同时,机器人还具备一定的环境感知和自主避障能力,能够避免碰撞和倾倒等安全事故的发生。

5)提升了施工管理水平

砌筑机器人"On-site"的应用提升了施工管理水平。机器人技术的应用使得施工过程更加可控和可预测,施工管理者可以通过机器人的运行状态和工作效率实时了解施工进度,从而进行有效的施工组织和管理。同时,机器人技术的应用还促进了施工管理的信息化和数字化转型,提高了施工管理的效率和效果。

二、基于 AR 的应用案例——重庆城市建设档案馆

1. 工程项目概况

重庆城市建设档案馆位于重庆市渝中区,是接收和保管重庆市重要城市基本建设工程档案的公共建筑场所。建设项目总用地面积 3.64 万平方米,总建筑面积约 11.22 万平方米,项目由 8 栋塔楼和 2 层地下裙房组成,涵盖业务大楼、档案库房、办公用房、地下车库等。重庆城建档案馆新馆库项目效果图见图 3-12。

2. 项目重点难点

1)技术集成与协调

项目采用了 AR 技术与 BIM 模型的结合,技术集成和各系统之间的协调是一个难点,需要确保 AR 技术与 BIM 模型的无缝对接,以及与现有项目管理流程的整合。

图 3-12　重庆城建档案馆新馆库项目效果图

2）数据精度与更新

BIM 模型的精度对于 AR 应用至关重要。模型的任何误差都可能影响 AR 模拟的准确性，随着项目的进展，BIM 模型需要及时更新以反映最新的设计变更。

3）用户培训与接受度

项目团队和施工人员需要接受 AR 技术相关的培训，以确保他们能够有效地使用 AR 技术。

4）现场实施的复杂性

将 AR 技术应用于实际施工现场可能会遇到各种现场条件的限制，如光线、空间限制等，可能影响 AR 技术的实施效果。

5）技术故障与备份

任何技术都可能遇到故障，需要有相应的备份方案和应急措施，以确保项目不会因为技术问题而受到太大影响。

3. AR 技术的应用

1）建成模拟

AR 技术在建成模拟方面的应用，为项目团队和利益相关者提供了一种全新的视觉体验。通过将 BIM 模型按照 1：1 比例投影到地面，项目的未来建成效果得以直观展现。这种技术不仅让参与者能够提前感受到建筑的空间布局和外观设计，还能够结合周边环境，提供更为逼真的视觉效果。这种"见所未建"的能力，极大地提升了设计沟通和决策效率。

2）进度模拟

在进度管理方面，AR 技术的应用使得 4D 进度模拟变得更加生动和直观。通过将电脑端的模拟还原到项目现场，计划进度与实际进度的对比变得一目了然。这种直观的展示方式，使得项目管理者能够迅速识别进度偏差，及时调整施工计划，从而有效提高了进度管理的效率。

3）机电交底

机电交底是施工过程中的关键环节。AR 技术的应用，使得全专业的 BIM 模型能够 1：1 还原到现场，为不同专业的施工人员提供了一个共同的参考平台。通过专业显示控制，施工人员可以单独查看电气、暖通、给排水等各专业模型,从而更好地理解设计意图。这种技术的应用,有效避免了因理解偏差导致的返工,提高了施工的一次达优率。

4)进度核验

进度核验是确保施工质量满足设计要求的重要环节。AR 技术的应用,使得 BIM 模型能够还原到现场,与实际施工情况进行对比。在机电安装施工完成后,通过 AR 技术,项目管理者可以方便地查看现场施工与设计意图是否一致。如发现不一致,可以迅速发起整改流程,确保施工质量。整改完成后,再次核验,最终形成一份与施工现场一致的数字资产,为后续运维管理提供了准确的数据支持。

5)虚拟样板

虚拟样板是 AR 技术在建筑行业的另一项创新应用。通过数字化方式建造的标准样板,可以借助 AR 技术 1∶1 投影到施工现场。施工人员通过点击构件,即可查看 BIM 模型的属性信息,从而节省了展区场地和实体样板的成本。这种虚拟样板的应用,不仅提高了施工效率,也为施工人员提供了更为直观的学习工具。

4. 综合效益

1)提升决策效率和质量

通过 AR 技术,项目决策者能够在一个更加直观的环境中评估建筑方案。这种高度可视化的决策支持系统,使得决策者能够快速理解复杂信息,从而做出更加精准和高效的决策。在设计阶段,AR 技术的应用减少了对物理模型的依赖,降低了设计成本,同时加快了设计迭代速度。

2)增强沟通和协作

AR 技术的应用打破了传统沟通障碍,使得项目团队成员能够在同一个虚拟环境中协作。这种协作方式跨越了地理和语言的界限,使得不同专业背景的团队成员能够更有效地交流想法和反馈。在施工过程中,AR 技术使得现场施工人员与设计团队之间的沟通更加直接和准确,减少了误解和错误。

3)优化施工计划和资源配置

AR 技术提供了一个实时更新的施工进度模拟环境,项目管理者可以基于这个环境优化施工计划和资源配置。通过 AR 技术,施工团队能够预测施工过程中可能出现的瓶颈,提前规划解决方案,从而避免工期延误和资源浪费。

4)提高施工安全和质量控制水平

在施工安全方面,AR 技术的应用提高了现场安全监控的能力。通过 AR 模拟,施工人员能够在安全的环境下进行风险评估和应急演练。此外,AR 技术在质量控制方面的应用,使得施工质量的实时监控和问题诊断变得更加容易,从而提高了施工质量,减少了返工和维修成本。

5)促进技能培训和知识传递

AR 技术为建筑行业的技能培训和知识传递提供了新的途径。通过 AR 模拟,新员工能够以更低的风险和成本学习复杂的施工技能,AR 技术也为经验丰富的工人提供了一个展示和传递知识的工具,有助于提升整个项目团队的技能水平。

6)推动绿色建筑和可持续发展

AR 技术的应用有助于实现绿色建筑和可持续发展目标。通过模拟建筑的能源效率和环境影响,项目团队能够在设计和施工阶段采取措施减少建筑的碳足迹。此外,AR 技术还能够辅助进行建筑的运维管理,优化能源使用,提高建筑的可持续性。

7)形成数字资产,提升运维效率

通过 AR 技术,项目团队能够创建与实际建筑一致的数字孪生模型,形成宝贵的数字资产。这些数字资产在建筑的运维阶段发挥了重要作用,为设施管理、维护和升级提供了准确的数据支持。通过 AR 技术,运维团队能够快速定位问题,制订维护计划,提高运维效率。

8)提升用户体验和参与度

对于重庆城市建设档案馆这样的公共建筑项目,AR 技术提供了一种新颖的方式吸引公众参与。通过 AR 应用,用户能够在参观建筑前预览展览内容,提升了用户体验。同时,AR 技术也为公众提供了一个更加直观地了解建筑功能和价值的途径,提高了公众对建筑项目的认识和支持。

AR 技术在重庆城市建设档案馆工程项目中的应用,展现了其在建筑行业中的多方面效益。从设计、施工到运维,AR 技术为建筑项目提供了全生命周期的解决方案,推动了建筑行业的数字化转型。随着技术的不断发展,AR 技术将为建筑行业带来更多创新和价值,为实现智能、高效、绿色的建筑目标提供强有力的支持。

第四节 综合智能建造系统的应用

一、综合智能建造系统概述

综合智能建造系统是一种创新的建筑行业解决方案,它通过融合先进的信息技术和自动化技术,实现了建筑项目全生命周期的智能化管理。这种系统不是单一技术的运用,而是一个多技术、多层次、多维度的集成体系,它涉及从项目策划、设计、施工到运维的每一个环节。

在设计阶段,智能建造系统利用 BIM 技术,创建了一个详细的三维数字化模型,这不仅提升了设计的精确性和效率,还加强了项目团队之间的协作和沟通。BIM 模型可以模拟建筑物的物理特性和功能行为,从而在施工前预测和解决潜在的问题。

施工过程中,智能建造系统的 IoT 技术发挥着至关重要的作用。通过在施工现场部署大量传感器和监控设备,系统能实时收集关于环境、设备状态和施工进度的数据。这些数据被传输到中央处理系统,利用大数据分析和 AI 算法进行深入分析,从而实现对施工过程的实时监控和智能决策支持。智能建造系统还包括自动化和机器人技术的应用,这些技术可以自动执行一些重复性高或危险性大的任务,比如焊接、涂装和重物搬运等,显著提高了施工的安全性和效率。

在运维阶段,综合智能建造系统通过集成的智能监控系统,对建筑物的使用状况和性能进行持续跟踪,确保建筑物的长期运营效率和安全性。通过使用 VR 和 AR 技术,运维团队可以更加直观地了解建筑物的内部结构和系统,从而更快速、更准确地进行维护和修理。

综合智能建造系统的优势在于其能够显著提高建筑项目的施工效率和质量,降低成本和风险,同时促进可持续发展。通过智能化的决策支持,项目团队能够做出更加精准的决策,减少浪费,提高资源利用效率。此外,综合智能建造系统还能够提高施工现场的安全性,减小事故发生的概率,保护工人的生命安全。

然而,综合智能建造系统的实施也面临着一些挑战,包括技术的集成难度、数据安全和隐私问题及专业人才的缺乏等。为了克服这些挑战,行业需要不断进行技术创新,加强数据管理和保护,同时加大对人才培训和教育的投入。

总之,综合智能建造系统作为建筑行业未来发展的重要方向,其全面应用将极大地推动行业的现代化进程,为实现更加智能、高效和可持续的建筑实践提供强有力的技术支撑。随着技术的不断进步和创新,综合智能建造系统有望在未来的建筑领域发挥更加关键的作用。

二、综合智能建造系统的应用案例——厦门翔安国际机场航站楼

1. 工程概况

厦门翔安国际机场,位于中国福建省厦门市翔安区大嶝街道大嶝岛东南端,为 4F 级海峡西岸区域国际枢纽机场、"海上丝绸之路"门户枢纽机场。该机场航站区包括旅客航站楼、楼前交通中心、停车库及旅客过夜用房,其中航站楼地上面积约 55 万平方米,楼前交通中心及停车库地上面积约 26 万平方米,旅客过夜用房面积 135 万平方米,制冷站面积 0.36 万平方米。航站楼占地面积约 12 万平方米,总建筑面积 55 万平方米。厦门翔安国际机场航站楼效果图见图 3-13。

图 3-13　厦门翔安国际机场航站楼效果图

2. 项目重点难点

1)工程体量庞大且工期紧迫

厦门翔安国际机场航站楼的建设规模宏大,总建筑面积约 55 万平方米,包含 1 座主楼、4 条指廊及 77 座登机桥,使得工期控制和质量保证难度增加。此外,厦门翔安机场工程分三期建设,计划 2026 年通航,这要求工程必须在限定时间内完成,工期的紧迫性给工程进度管理带来了压力。

2)技术难度大,设计复杂

厦门翔安国际机场航站楼的设计具有复杂的结构,如航站楼的屋盖设计灵感源自闽南传统的大厝建筑风格,采用双坡三层三重檐叠落的设计,这一复杂的结构设计要求施工团队在建设过程中进行大量的技术创新和工艺突破。特别是在屋盖结构的施工中,不仅要考虑美学上的要求,还需要保证结构的稳定性和安全性。为此,施工团队必须熟练运用先进的建筑技术,并可能需要开发定制化的施工方案,确保在复杂的设计要求下,建筑的每一部分都能达到预期效果。

3)地质条件复杂

厦门翔安国际机场的地理位置特殊,位于海岛上,地质条件复杂多变,给基础施工带来了巨大的挑战。海岛地质往往伴随着软弱土层、地下水位高等问题,这使得传统的施工方法可能难以适用。为应对这些问题,工程团队创新采用了新型组合式捶打击沉管灌注桩施工技术。这种技术能

够有效地适应复杂的地质条件,提供稳固的基础支持,从而确保机场建筑的长久稳定性。在施工过程中,团队还需不断监测地质变化,及时调整施工方案,以应对可能出现的地质风险。

4)环境气候挑战

厦门地处东南沿海,气候条件多变,尤其是在台风季和梅雨季节,对建筑施工构成了不小的威胁。台风带来的强风和暴雨可能对建筑物的结构和施工设备造成损害,而长时间的梅雨季节则可能导致施工场地积水、材料受潮等问题。因此,项目团队在设计和施工阶段必须充分考虑气候适应性问题,制订详尽的抗风、防水等应急预案。在材料选择和施工技术上,也需确保其能够经受极端天气的考验,从而保证工程的安全性和耐久性。

3. 大型航站楼智能建造技术应用

1)无人机摄影

(1)基于无人机倾斜摄影的土方平衡规划。

在厦门翔安国际机场航站楼项目中,利用无人机飞行平台和倾斜摄影相机,从一个垂直角度和四个特定角度获取厘米级的测量精度,进行超低空倾斜摄影,生成三维地理信息模型,并快速计算土石方量[14]。这种方法具有高精度和高效率,其效率是传统人工方法的两倍以上。

前期规划工作:在开展无人机倾斜摄影任务之前,首要步骤是详尽收集和整理目标区域的基本信息。这包括但不限于项目所采用的平面和高程坐标系统、测绘区域的界限、控制点的详细资料及周边地区中禁止飞行的区域等。这些资料的收集是确保测绘工作顺利进行的基础。除了书面资料的准备,现场勘查同样不可或缺。踏勘过程中,需要细致记录区域内重要的机械设备、现有的建筑物等关键信息。这些信息对后续的飞行路径规划和摄影布局至关重要,确保无人机能够安全、高效地完成数据采集任务。这些前期工作为无人机的飞行任务提供坚实的前期准备和精确的实施依据。

线路规划及飞行布置:线路规划方面,通过输入场地大小、环境特征等关键参数,利用无人机设备平台适配的飞控软件进行航线规划。规划的航线应布置规整且充分覆盖拟探查范围,以确保影像数据的全面性和准确性。同时,为了方便检查图像及 POS 信息,无人机的转弯角度宜为 $\pm 90°$,以减少图像畸变和数据丢失。飞行布置方面,在飞行前应仔细检查周边区域是否存在限高区域或限飞区域,以确保航摄工作的合法性和合规性。无人机工作时,风力等级不宜超过 3 级,以确保整体飞行稳定及捕获影像数据可靠。起飞前,需要在飞控软件中选择合适的拍摄模式,根据场地起伏情况、场内设施等因素,可以选择定时拍摄或定距拍摄模式。根据项目现场环境与当日天气情况,为保证图像稳定性及覆盖率,将飞行高度设定为 100 m,飞行速度设定为 7.9 m/s。这样的设定可以确保无人机在合适的高度和速度下采集到高质量的影像数据。

像控点布置:在进行无人机倾斜摄影之前,需要在机场建设区域选取合适的控制点,这些控制点应具有明显的地物特征,以便在影像数据中准确定位。然后,使用全站仪等测量设备对所选控制点进行精确测量,包括控制点的三维坐标、高程等信息。接着,在控制点上设置明显的标记,如反射片、标志杆等,以便在无人机倾斜摄影过程中能够准确识别和拍摄到控制点。最后,在无人机倾斜摄影过程中,需要对所设置的控制点进行拍摄,确保控制点在影像数据中清晰可见,以方便后续的数据处理和三维建模。通过像控点布置,可以为项目提供控制基准,纠正影像畸变,提高数据处理效率,保证数据一致性。该项目共布置 10 个像控点、5 个检查点,均布置在易于发现的空旷处,保证模型体现地形高低起伏并与实际吻合。

模型生成:无人机倾斜摄影技术的应用,使得项目团队能够从垂直和倾斜角度捕捉到丰富的地面信息,这些影像数据在经过大疆智图、ContextCapture 或重建大师等专业软件处理后,生成实景三维模型,为土方工程量计算提供了精确的基础数据。这一过程不仅提高了数据采集的效率,减少了人为工作量,也提升了模型的精准度。在模型生成过程中,项目团队通过与地面控制点的校对,结合人工输入的像控点,完成了空中三角测量计算,进一步确保了模型的真实性和准确性。这一步骤对于实现三维模型在三维空间中的准确定位至关重要。生成的三维模型在初次输出后,需要进行人工筛选和处理,剔除像素碎点、零星植被、临时设施和移动机械等非地面高程点,以减少这些非地面高程点对模型的干扰,增加纯地面点的比例,从而提升模型的可靠度。

海砂测算:完成三维模型校正处理后,将其导入 DasViewer 软件进行海砂测算,根据 RTK 仪器预先采集的点位数据锚定原有场地标高,将拟测定的海砂模型假定为封闭区域体积,计算该体积即海砂体积。

对比分析:相比传统 RTK 测量方法,倾斜摄影作业时间仅需 2 天,用时缩短了一半。土方量差值为 954.12 m^3,差值比为 0.3%,数值偏差在允许范围内。因此,在大面积平面场景中,使用无人机倾斜摄影技术进行土方平衡规划可以快速提供精确可靠的工程量数据。

(2)基于无人机延时摄影的 4D 进度管理。

以无人机延时摄影及全景航拍技术为基础,利用 Fuzor 软件进行实时计划模拟对比分析,通过协同管理平台真实反映计划与实际施工进展对比情况,进而优化进度方案。

数据采集与处理:在项目施工过程中,定期使用无人机进行延时摄影和全景航拍。无人机按照预设的飞行路径和时间间隔,自动拍摄施工现场的高分辨率图像。这些图像不仅提供了施工现场的全景视图,还生成了高精度的三维模型。采集到的图像数据被导入 Fuzor 软件进行处理,生成施工现场的三维模型。Fuzor 软件能够快速处理大量图像数据,并生成高精度的三维模型,提供施工现场的实时视图。

实时计划模拟与对比分析:通过 Fuzor 软件,将实际施工进度与计划进度进行实时对比分析。Fuzor 软件提供了强大的 4D 建模和进度管理功能,能够将施工计划与三维模型进行集成,生成施工进度的 4D 模型。

协同管理与进度优化:通过协同管理平台,实时共享施工进度数据和分析结果,确保各方信息同步和协同工作。协同管理平台提供了强大的数据共享和协同工作功能,能够将 Fuzor 软件生成的进度对比分析结果实时共享给项目团队的各个成员。

2)BIM 技术应用

(1)设计阶段的协同与优化。在设计阶段,BIM 技术被广泛用于各专业的协同设计。通过 BIM 平台,建筑、结构、机电等各专业能够在统一的模型环境中工作,实时分享和协调设计信息。这种协同方式极大地减少了设计冲突,优化了设计方案。例如,在航站楼复杂的机电系统设计中,BIM 模型可以提前发现管线碰撞问题,进行合理避让和优化布置,从而避免后期施工中的返工和调整。

(2)施工阶段的精确管理。在施工阶段,BIM 技术的应用有效提高了施工管理的精确性。通过 BIM 模型的三维可视化,施工团队能够直观理解设计意图,准确掌握复杂结构的施工要点。此外,BIM 技术还支持施工进度模拟(4D BIM),通过将时间维度引入模型,施工方可以提前规划和优化施工流程,确保项目进度按计划推进。同时,BIM 技术还能用于施工现场的虚拟预演,提前识别施工难点和风险,制订针对性措施。

(3)成本控制与资源管理。通过 BIM 模型生成精确的工程量清单(5D BIM),对项目的材料、设备、人工等成本进行精细化管理,避免了传统方法中容易出现的估算误差。同时,BIM 模型还能优化材料的采购和物流管理,减少材料浪费,提升资源利用率。

(4)竣工阶段的运维管理。竣工 BIM 模型包含了建筑全生命周期的所有信息,包括结构、设备、材料、维护要求等,这为后期的运营和维护提供了详尽的参考。通过 BIM 系统,运维人员可以快速查找设备位置,了解维护历史,制订科学的维护计划,延长建筑设施的使用寿命,降低运维成本。

(5)BIM+GIS 预估桩长分析。通过将 BIM 模型与 GIS 数据集成,获取准确的地形信息和地质数据,从而进行桩基设计的优化[13]。BIM+GIS 技术可以帮助工程师在设计阶段就对桩长进行准确的预估,避免了施工过程中的不确定性和额外成本。

(6)BIM+AR 三维模型实时交互。在施工现场,AR 技术能够将 BIM 模型与实际施工环境相结合,使得施工人员能够直观地看到构件的安装位置和方式,从而提高施工指导的准确性和效率。此外,BIM+AR 技术在模型展示、施工指导、验收及建筑运维等方面具有显著优势。它允许用户在现实环境中与 BIM 模型进行交互,进行建设现场模拟,指导放线和施工过程中的各专业验收,提高了施工管理的精度和效率。

3)IoT 技术应用

(1)智慧指挥中心。

在厦门翔安国际机场航站楼项目中,基于 AIoT(AI+IoT)、BIM、大数据和 AI 等技术建立了智慧指挥中心。智慧指挥中心将信息化管理广泛应用到工程中,创新了工程管理模式,实现了对项目的全天候管理监控、全方位协同监管、全流程安全监督和全方位数据分析。具体应用如下。

全天候管理监控:智慧指挥中心通过实时数据采集和监控系统,对项目进行全天候管理和监控,确保施工进度和质量。

全方位协同监管:利用 BIM 和大数据技术,实现各参建方的信息共享和协同工作,提高工作效率和协同监管能力。

全流程安全监督:通过 AI 技术对施工现场进行全流程的安全监督,及时发现和处理安全隐患,确保施工安全。

全方位数据分析:智慧指挥中心对项目数据进行全面分析,提供决策支持,优化资源配置,实现绿色建造和智能建造。

(2)AI+IoT 智能监测系统。

在厦门翔安国际机场航站楼项目中,AI+IoT 智能监测系统被广泛应用于安全监测和预警。该系统由无人机或智能摄像头抓取影像,通过 AI 智能分析系统结合 IoT 模块,对各类隐患进行全场景、全过程的监测和预警。具体应用如下。

影像抓取:无人机和智能摄像头对施工现场进行实时影像抓取,提供高精度的监控数据。

智能分析:AI 智能分析系统对抓取的影像进行分析,识别潜在安全隐患。

预警系统:结合 IoT 模块,对识别出的隐患进行实时预警,及时通知相关人员进行处理,确保施工安全。

(3)智能安全帽。

在厦门翔安国际机场航站楼项目中,智能安全帽被广泛应用于人员管理和安全监控。智能安全帽结合手机或 PC 端,提供实时查询人员身份、识别人员分布和活动轨迹等功能,并具备脱帽报警、一键救援、LED 照明等功能。具体应用如下。

人员管理:智能安全帽能够实时查询人员身份,识别人员分布和活动轨迹,提高人员管理的效率。

安全监控:智能安全帽具备脱帽报警和一键救援功能,可以及时发现和处理安全问题,确保工人安全。

数据分析：智能安全帽能够分析基础信息、统计信息和月度报告，提供考勤打卡等功能，优化人员管理。

（4）基于 IoT 的机电智慧化仓储系统。

在厦门翔安国际机场航站楼项目中，基于 IoT 的机电智慧化仓储系统被广泛应用于物资管理。该系统利用互联网＋IoT 应用技术，对仓储物资管控进行全面信息化改造，打造更智能、专业化的仓储管理系统。具体应用如下。

智能仓储管理：通过 IoT 技术对仓储物资进行实时监控和管理，提高仓储管理的效率和准确性。

信息化改造：对仓储物资管控进行全面信息化改造，实现物资的自动识别、定位和追踪。

智能化应用：系统能够自动生成物资进出库记录、库存统计和物资使用情况报告，提供智能化的仓储管理服务。

4）信息编程

（1）VBA（visual basic for applications）赋能工程资料管理。

在厦门翔安国际机场航站楼项目中，基于 VBA 开发的工程资料全自动管理系统极大地提高了工程资料管理的效率和准确性。该系统涵盖信息记录与管理、文件跳转与查询、自动化报表分析及预警自动推送等功能，并具备权限管理功能，能够有效管理海量工程数据。具体应用如下。

信息记录与管理：系统提供统一的用户窗体，摒弃了传统 Excel 表格中的条列式输入方式，采用点选式录入方案，简化了信息录入流程。

文件跳转与查询：用户可以通过系统快速跳转和查询所需的文件，减少了查找时间，提高了工作效率。

自动化报表分析：系统能够自动生成各类报表，并进行数据分析，提供直观的分析结果，帮助管理人员做出决策。

预警自动推送：系统内置自动预警条件，能够自动筛选并显示满足条件的漏、缓、迟方案，方便管理人员及时纠偏，确保项目进度和质量。

通过 VBA 赋能的工程资料管理系统，厦门翔安国际机场航站楼项目实现了高效、准确的工程资料管理，极大地提高了工作效率和管理水平。

（2）基于 Python 的 CAD 功能二次开发。

在厦门翔安国际机场航站楼项目中，针对航站楼平面大、桩基多、可能进行多次中间验收、桩基竣工图绘制工作量大且烦琐的特点，项目团队结合 Python 编程对 CAD 进行了二次开发，自动匹配桩号与桩基信息后，自动填充桩基信息，大大提高了工作效率。

自动化绘图与参数化建模：通过 Python 脚本，自动化执行标准化的绘图流程，快速生成设计图纸，同时实现参数化建模，提高设计的灵活性和可迭代性。

数据交换与集成：开发用于实现 CAD 与其他软件之间的数据交换和集成的工具，确保信息的一致性和准确性。除此之外，Python 二次开发还涉及与 IoT、大数据等其他技术的集成，为智能建造提供技术支持。

图纸信息提取与分析：Python 脚本自动提取图纸中的信息，如尺寸、材料、构件等，并进行进一步的分析和优化设计。

5）智能建造设备应用

（1）三维扫描仪。

在厦门翔安国际机场航站楼项目中，三维扫描仪被广泛用于对比分析挑高空间异形结构的尺寸误差。该设备具有速度快、精度高、直观性强等优势,特别适用于航站楼屋面檐口、大跨度钢结构等安全风险大、实测实量难以检测验收的部位。具体应用如下。

点云数据采集:通过三维扫描仪对相关部位进行扫描,生成点云数据。

模型分析:利用点云数据分析模型,得到结构的水平和垂直位移量。

变形信息获取:通过点云匹配比对分析,获取建筑物的整体变形信息,得出结构与模型的变形量。

质量验收:辅助质量部门对结构进行实测实量及验收,确保施工质量。

(2)辅助监火机器人。

在厦门翔安国际机场航站楼项目中,辅助监火机器人被用于实时监测动火作业区域的火灾隐患。该机器人利用自主导航、双目视觉定位、火焰识别等技术,采用现场与远程相结合方式进行监控,适用于动火作业较多的操作区域、施工现场、加工区以及存放易燃易爆物品的库房,有效预防现场火灾事故。具体功能如下。

实时监测:机器人能够实时监测动火作业区域的火灾隐患。

智能监火:通过火焰识别技术,机器人能够智能识别火灾风险。

自动灭火:在发现火灾隐患时,机器人能够自动进行灭火操作。

(3)无轨导管焊接机器人。

在厦门翔安国际机场航站楼项目中,无轨导管焊接机器人被广泛应用于大型结构的现场焊接工作。该机器人采用先进的无轨道设计,能够实时跟踪焊缝,实现多种焊接方式,确保焊接质量和效率。

技术特点:无轨导管焊接机器人以其创新的无轨道设计,在复杂的施工环境中展现出卓越的灵活性。这种设计让机器人能够自由移动到焊接位置,无须预先铺设轨道,从而适应多种施工场景,显著减少了施工准备时间和成本。机器人的高精度焊缝跟踪系统能够实时监测和调整焊接路径,无论是横焊、平焊、立焊、仰焊还是曲面焊,都能自动跟踪焊缝,确保焊接过程的连续性和精确性。无轨导管焊接机器人支持全位置自动焊接,能够适应不同角度和位置的焊接操作,满足大型结构的复杂焊接需求。机器人的多层多道焊接能力确保了焊缝的强度和质量,使得焊缝成型美观,焊接质量得到保证。内置的焊接工艺数据库是无轨导管焊接机器人的另一大特色,记录了各种焊接参数和工艺流程。操作人员可以根据不同的焊接需求,快速选择合适的焊接工艺,确保施工顺利进行。焊接工艺数据库的应用不仅提高了焊接质量的一致性,还降低了管理成本,提升了施工效率。综合来看,无轨导管焊接机器人通过其先进的技术和功能,为焊接行业带来了高效率、高精度和高质量的焊接解决方案。

应用效果:无轨导管焊接机器人以其自动化操作和高效焊接技术大幅提升了焊接效率,与传统手工焊接相比,能在更短时间内完成更多焊接任务,显著加快施工进度。该机器人配备的高精度焊缝跟踪系统和多层多道焊接技术确保了焊缝的质量和一致性,减少了人为误差,提高了大型结构的安全性和稳定性。内置的焊接工艺数据库有效降低了焊接工艺的管理和调整成本,同时,自动化操作减少了人工需求,降低了人工成本和管理成本,提升了施工效率。此外,无轨导管焊接机器人减少了人工操作需求,改善了工人的劳动条件,降低了劳动强度和焊接过程中的安全风险,为工人创造了更安全、更舒适的工作环境。

(4)智能放样机器人。

在厦门翔安国际机场航站楼项目中,智能放样机器人被广泛应用于复杂板块的放样工作。传统的全站仪放样方法通常需要 2 到 3 人协力完成,耗时耗力。而智能放样机器人完全由计算机进行控制,操作人员只需按照系统指令即可完成复杂板块的放样任务。

应用过程:智能放样机器人以其全自动化控制功能,彻底改变了传统的放样流程。通过计算机控制,操作人员只需输入放样任务,机器人便能自动执行,有效减少了人为操作的误差和劳动强度。其智能导航系统通过高精度定位和导航技术,结合操作界面的方位指示,确保操作人员能够快速准确地定位到每一个放样点位,提升了放样的准确性。智能放样机器人通过与 BIM 模型的集成,能够直接读取设计数据并将其转换为放样点位,将 BIM 模型精确反映到施工现场,从而确保施工精度和一致性。与传统全站仪多人协作的方式相比,智能放样机器人实现了单人操作,操作人员按照系统指令即可完成复杂板块的放样任务,显著提高了工作效率。这些技术的融合不仅提升了施工质量,也优化了施工流程,为建筑工程的数字化转型提供了强有力的支持。

应用效果:智能放样机器人以其先进的技术大幅提升了放样工作的精准度和效率。利用高精度的定位系统和导航技术,机器人确保了每一个放样点的准确性,减少了人为误差,精准度远高于传统全站仪放样技术。此外,机器人的单人操作模式显著降低了人力需求,减少了人工成本和管理成本,经济高效。通过自动化控制和智能导航,智能放样机器人还大大缩短了放样作业时间,放样效率提高了 2 到 4 倍,加快了施工进度。与 BIM 模型的集成使得设计数据能够精确地反映到施工现场,确保施工精度和一致性,从而提高了施工质量,减少了返工和修正的需求。智能放样机器人的自动化操作有效降低了操作人员的劳动强度,改善了工人的工作条件,提高了工作效率。智能放样机器人的应用为建筑行业带来了革命性的改变,它可以提升精准度,降低成本,缩短作业时间,提高施工质量,降低劳动强度,为建筑工程的数字化和自动化转型提供了强有力的支持。

(5)U 形全自动风管生产线。

在厦门翔安国际机场航站楼项目中,U 形全自动风管生产线被广泛应用于大规模风管的生产加工。传统的风管生产加工方式通常需要一个约十人的小组,主要使用液压剪板机和咬口机等设备进行加工生产,每天大约能产出 100 m² 的风管。由于机场航站楼对风管的需求量非常大,该项目的风管总面积达到 11.67 万平方米,传统的风管加工方式显然无法满足如此庞大的需求。

U 形全自动风管生产线的应用:U 形全自动风管生产线通过其高效的自动化生产能力,极大地提升了风管制造的效率和质量。仅需两人操作,操作人员只需输入生产程序,生产线便能自动完成进料、生产到成型的全过程,而工人的主要任务转变为搬运已成型的管道。这种生产线的 U 形结构设计,在节省空间的同时,也优化了生产流程,提高了生产效率。其生产速度高达 23 m/min,使得每天能在正常工作时间内产出 1000~2000 m² 的方形管道,相比传统加工方式,效率提升了 20 倍以上,充分满足了大型项目对风管的大量需求。该生产线的精确控制系统确保了每一段风管的尺寸和质量均严格符合设计标准,自动化生产减少了人为误差,从而提升了产品的一致性和可靠性。此外,U 形生产线的自动化特性还带来了空间和成本上的节省,减少了设备的占地面积和人工成本,降低了管理成本,进一步提高了整体的生产效率。

应用效果:U 形全自动风管生产线通过其先进的自动化技术显著提升了风管生产的效率,与传统手工加工相比,可以在极短的时间内完成大量生产任务,大幅加快了施工进度。这种生产线仅需两人操作,与传统的十人小组相比,大幅减少了人力需求,有效降低了人工成本和管理的复杂性。通过精确的控制系统,自动化生产线确保了每一段风管的尺寸和质量,减少了人为误差,提高了产品的一致性和可靠性。U 形生产线的紧凑结构设计,在节省生产空间的同时,使得生产线在有限的区域内也能高效运作,进一步提高了生产效率并减少了设备的占地面积。尤为重要的是,对于像厦门翔安国际机场航站楼这样的大型项目,其对风管的需求量巨大,U 形全自动风管生产线的高效生产能力能够确保满足项目的需求,保障施工进度和质量,显示出其在大规模生产中的显著优势。

（6）悬臂式管道自动焊机。

在厦门翔安国际机场航站楼项目中,悬臂式管道自动焊机被广泛应用于管道的自动焊接工作。该设备采用先进的设计和技术,能够高效、精确地完成各种复杂的焊接任务。

技术特点:悬臂式管道自动焊机是一种高效、多功能的焊接设备,其核心三爪自定心卡盘,能够确保驱动管道在焊接过程中的稳定性和精确定位,有效避免管道的移动和偏移,从而显著提升焊接质量。此外,焊机配备的支撑小车在焊接长管段时提供额外的支撑力,防止管道下垂或变形,确保焊接过程的顺利进行。焊机的电动行走轨道设计使其能够在轨道上平稳移动,实现不同位置的焊接操作,增加了焊接的灵活性和效率。在焊接工艺方面,悬臂式管道自动焊机支持包括钨极氩弧焊、熔化极活性气体保护焊和埋弧自动焊在内的多种焊接技术,这些工艺适用于不同材质和厚度的管道焊接,确保了焊接工作的高精度和高效率。该自动焊机的应用范围广泛,能够适应多种焊接对象,包括管与管、管与弯头、管与法兰、管与三通及管与大小头的焊接,适用于直管段、复杂管道系统连接、管道与配件的连接等多种场景。这种全面的焊接能力,使得悬臂式管道自动焊机成为管道施工中的重要设备,无论是在提高焊接质量、增强施工安全性,还是在提升施工效率和降低成本方面,都发挥着关键作用。

应用效果:悬臂式管道自动焊机的应用显著提升了焊接工作的效率和质量。与传统手工焊接相比,这种自动化设备能够在更短的时间内完成更多焊接任务,加快施工进度。自动焊机通过精确的定位和稳定的支撑,确保焊缝的质量和一致性,同时支持多种焊接工艺,适应不同材料和焊接要求,实现高质量的焊接效果。此外,自动焊机减少了人工操作的需求,有效降低了工人的劳动强度,减少了体力劳动和安全风险。由于焊接效率和质量的提高,返工和维修的需求相应减少,进而降低了管理成本。焊接工艺数据库的记录和管理,进一步规范了施工过程,提高了施工的可控性[13]。

第四章　施工组织与创新管理

第一节　传统建筑施工组织与管理

一、施工组织与管理概述

1.施工组织设计基本概念

1）施工组织设计的定义

施工组织设计是规划和指导拟建工程从工程投标、签订承包合同、施工准备到竣工验收全过程的一个综合性的技术经济文件，是对拟建工程在人力、资金、材料、机具、施工方法和施工作业环境等主要因素上进行合理的安排，在一定的时间和空间上实现有组织、有计划、有秩序地施工，以期望在整个施工过程中达到最优效果，即工期短、耗工少、质量高、成本低、效益好[15]。

2）施工组织设计的研究对象

建筑施工组织是针对建筑工程施工的复杂性，研究工程建设的统筹安排与系统管理的客观规律，根据工程项目单件性生产的特点，进行特有资源配置的生产组织。

不同的建筑物或构筑物均有不同的施工方法，即使采用同一个标准设计的建筑物或构筑物，因为建造地点的不同，其施工方法也不可能完全相同，所以没有完全统一的、固定不变的施工方法可供选择，而应根据不同的拟建工程，编制不同的施工组织设计。

3）施工组织设计的作用

（1）施工组织设计是施工准备工作的重要组成部分，同时又是做好施工准备工作的依据和保证。

（2）施工组织设计是指导开展紧凑、有序施工活动的技术依据。

（3）施工组织设计所提出的各项资源需求量计划，直接为组织材料、机具、设备、劳动力需求量的供应和使用提供数据。

（4）通过编制施工组织设计可以合理地部署施工现场，确保文明、安全施工。

（5）通过编制施工组织设计，可以将工程设计与施工、技术与经济、施工全局性规律与局部性规律、土建施工与设备安装，各部门之间、各专业之间有机结合并统一协调。

（6）通过编制施工组织设计，可以分析施工中的风险和矛盾，及时研究解决问题的对策和措施，从而提高施工的预见性，减少盲目性。

（7）施工组织设计是统筹安排施工企业生产的投入与产出过程的关键和依据。

（8）施工组织设计可以指导投标与签订工程承包合同，并作为投标书的内容和合同文件的一部分。

4）施工组织设计的编制原则

在编制施工组织设计时，宜考虑以下原则。

（1）认真贯彻国家工程建设的法律法规、规程、方针和政策。

（2）严格执行工程建设程序，坚持合理的施工程序、施工顺序和施工工艺。

（3）采用现代建筑管理原理、流水施工方法和网络计划技术,组织有节奏、均衡和连续的施工。

（4）优先选用先进的施工技术,科学制订施工方案;认真编制各项实施计划,严格控制工程质量、工程进度、工程成本和安全施工。

（5）充分利用施工机械和设备,提高施工机械化和自动化程度,改善劳动条件,提高生产率。

（6）扩大预制装配范围,提高建筑工业化程度;科学安排冬季和雨季施工,保证全年施工的均衡性和连续性。

（7）坚持"安全第一,预防为主"的原则,确保安全生产和文明施工;认真做好生态环境和历史文物保护,严防建筑振动、噪声、粉尘和垃圾污染。

（8）合理布置施工平面图,尽量减少临时工程,减少施工用地,降低工程成本;尽量利用正式工程、原有或就近已有设施,做到暂设工程与既有设施相结合、与正式工程相结合;同时,要注意因地制宜、就地取材,以求尽量减少消耗,降低生产成本。

（9）优化现场物资储存量,合理确定物资储存方式,尽量减少库存量和物资损耗。

5）施工组织设计的分类

施工组织设计按设计阶段的不同和编制对象范围的不同有两种分类方法。

（1）按设计阶段的不同分类。

施工组织设计按设计阶段的不同,可分为投标前编制的施工组织设计（简称标前设计）和签订工程承包合同后编制的施工组织设计（简称标后设计）。标前与标后的施工组织设计,内容都相当广泛,编制的任务量很大,但大多数内容是相同的,比如针对的项目相同、最终的目的相同、编制的基本原则相同、编制的基本方法相同。为使施工组织设计编制及时、适用,必须抓住重点,重点突出"组织"二字,对施工中的人力与物力、局部与整体、阶段与全过程、前方与后方等给予周密的安排。

标前设计与标后设计的区别主要体现在服务范围、编制作用、编制特点、编制者、编制时间和追求目标这六个方面,主要见表4-1。

表 4-1　标前设计和标后设计的区别

种类	服务范围	编制作用	编制特点	编制者	编制时间	追求目标
标前设计	投标与签约	项目管理规划大纲	规划性	经营管理层	投标书编制前	中标和经济效益
标后设计	施工准备至验收	项目管理实施规划	作业性	项目管理层	签约后开工前	施工效率和效益

（2）按编制对象范围的不同分类。

施工组织设计按编制对象范围的不同,可分为施工组织总设计、单位（或单项）工程施工组织设计和分部（分项）工程施工组织设计。

施工组织总设计:施工组织总设计是以整个建设项目或民用建筑群为对象编制的,用以指导整个工程项目施工全过程的各项施工活动的全局性、控制性文件,是对整个建设项目的全面规划,涉及范围较广,内容比较概括。施工组织总设计一般在初步设计被批准之后,由总承包企业的总工程师负责,会同建设、设计和分包单位的工程师共同编制。

单位（或单项）工程施工组织设计:单位工程施工组织设计是以一个单位工程（具备独立施工条件并能形成独立使用功能的建筑物或构筑物为一个单位工程）为编制对象,用以指导其施工全过程的各项施工活动的局部性、指导性文件;是施工单位年度施工计划和施工组织总设计的具体化,用以直接指导单位工程的施工活动,是施工单位编制作业计划和制订季、月、旬施工计划的依据。

分部（分项）工程施工组织设计:分部（分项）工程施工组织设计也称为分部（分项）工程施工作业设计,是以分部（分项）工程为编制对象,用以具体实施分部（分项）工程施工全过程的各项施工活动的技术、经济和组织的实施性文件。一般对于工程规模大、技术复杂、施工难度大或采用新工艺、新技术施工的建筑物或构筑物,在编制单位工程施工组织设计之后,常常需要对某些重要又缺乏经验的分部(分项)工程再深入编制专业工程的具体施工设计。例如,深基础工程、大型结构安装工程、高层钢筋混凝土主体结构工程、无黏结预应力混凝土工程、定向爆破、冬期雨期施工、地下防水工程等。

施工组织总设计、单位工程施工组织设计和分部(分项)工程施工组织设计,是同一工程项目不同广度、深度和作用的三个层次。三种施工组织设计的区别见表 4-2。

表 4-2　三种施工组织设计的区别

区别分类	施工组织总设计	单位工程施工组织设计	分部(分项)工程施工组织设计
编制对象	建设项目、群体工程	单位工程	较大、难、新、复杂的分部或分项工程
编制时间	初步设计、扩大初步设计被批准后	施工图设计完成并会审后	单位工程施工组织设计后
编制人员	总承包商的总工程师	直接组织施工的项目经理部技术负责人	单位工程的技术人员或分包方的技术人员
编制作用	用于指导整个建设项目施工,属于全局性、规划性的控制型技术经济文件	用于指导单位工程施工,较具体化、详细化,属于实施指导型技术经济文件	用于专业工程具体的作业设计,是单位工程施工组织设计更具体化、详细化的内容,属于实施指导与操作型的技术经济文件

6)施工组织设计的内容

施工组织设计的内容要结合工程对象的实际特点、施工条件和技术水平进行综合考虑,一般包括以下基本内容。

(1)工程概况:工程的基本情况、工程性质和作用,主要说明工程类型、使用功能、建设目的、建成后的地位和作用及施工环境和施工条件等。

(2)施工部署及施工方案:施工安排及施工前的准备工作,各个分部(分项)工程的施工方法及工艺。根据工程情况,结合人力、材料、机械设备、资金、施工方法等条件,全面部署施工任务,合理安排施工顺序,确定主要工程的施工方案。对拟建工程可能采用的几个施工方案进行定性、定量分析,通过技术经济评价,选择最佳方案。

(3)施工进度计划:施工进度计划反映了最佳施工方案在时间上的安排,采用计划的形式,使工期、成本、资源等方面通过计算和调整达到优化配置,符合项目目标的要求。在此基础上编制相应的人力和时间安排计划、资源需求计划和施工准备计划。

(4)施工平面图:施工平面图是施工方案及施工进度计划在空间上的全面安排。把投入的各种资源、材料、构件、机械、道路、水电供应网络、生产、生活活动场地及各种临时工程设施合理地布置在施工现场,使整个现场能有组织地进行文明施工。

(5)主要技术经济指标:技术经济指标用以衡量组织施工的水平,对施工组织设计文件的技术经济效益进行全面评价。施工组织设计的主要技术经济指标包括施工工期、施工质量、施工成本、施工安全、施工环境和施工效率及其他技术经济指标。

2. 施工项目管理基本概念

1)施工项目管理的定义

施工项目管理是施工企业运用系统的观点、理论和科学技术对施工项目进行计划、组织、监督、控制、协调等全过程、全方位的管理,实现按期、优质、安全、低耗的项目管理目标[16]。它是整个建设工程项目管理的一个重要组成部分,其管理的对象是施工项目。

2)施工项目管理的特点

(1)施工项目的管理者是建筑施工企业。

(2)施工项目管理的对象是施工项目。

(3)施工项目管理的内容根据阶段变化。

(4)施工项目管理要求强化组织协调工作。

3)施工项目管理的目标

施工方作为项目建设的一个参与方,其项目管理主要服务于项目的整体利益和施工方本身的利益,项目管理的目标包括施工的安全管理目标、施工的成本目标、施工的进度目标和施工的质量目标。

4)施工项目管理的任务

(1)施工项目职业健康安全管理。

(2)施工项目成本控制。

(3)施工项目进度控制。

(4)施工项目质量控制。

(5)施工项目合同管理。

(6)施工项目沟通管理。

(7)施工项目收尾管理。

3. 施工项目管理组织

1)施工项目管理组织的定义

施工项目管理组织是指为进行施工项目管理和实现组织职能而进行组织系统的设计与建立、组织运行和组织调整三个方面。组织系统的设计与建立是指通过筹划、设计,建立一个可以完成施工项目管理的组织机构,建立必要的规章制度,划分并明确岗位、层次、部门的责任和权力,建立和形成管理信息系统及责任分担系统,并通过一定岗位和部门内人员的规范化的活动和信息流通实现组织目标[16]。

2)施工项目管理组织的作用

(1)组织机构是施工项目管理的组织保证。

项目经理在启动项目管理之前,要做好组织准备,建立一个能完成管理任务,使其指挥灵便、运转自如、效率高的项目组织机构——项目经理部。其目的是提供进行施工项目管理的组织保证。

(2)形成一定的权力系统,以便进行集中统一指挥。

组织机构的建立,是以法定形式产生权力。权力是工作的需要,是管理地位形成的前提,是组织活动的反映。施工项目管理组织机构的建立要伴随着授权,权力的使用是为了实现施工项目管理的目标,应合理分层,在规章制度中把施工项目管理组织机构的权力阐述明白,并固定下来[15]。

(3)形成责任制和信息沟通体系。

责任制是施工项目组织中的核心问题,没有责任就不成项目管理机构,也就不存在项目管理。一个项目组织能否有效地运转,取决于是否有健全的岗位责任制。信息沟通是组织力形成的重要因素。信息产生的根源在组织活动之中,下级(下层)以报告或其他形式向上级(上层)传递信息;同级不同部门之间为了相互协作而横向传递信息。组织机构非常重要,是项目管理的焦点,如果建立了理想有效的组织机构,项目管理就成功了一半。

3)施工项目管理组织机构设置的原则

(1)目的性原则。

施工项目组织机构设置的根本目的是产生组织功能,实现施工项目管理的总目标。从这一根本目标出发,因目标设事,因事设机构、定编制,按编制设岗位、定人员,以责任定制度、授权。

(2)精简高效原则。

施工项目组织机构的人员配置,以能实现施工项目所要求的工作任务为原则,尽量简化机构,做到精简高效。人员配置要从严控制二、三级人员,力求一专多能、一人多职。同时,还要提升项目管理班子成员的知识含量,着眼于使用和学习锻炼相结合,以提高人员素质。

(3)管理跨度和分层统一原则。

管理跨度大,管理人员的接触关系增多,处理人与人之间关系的数量也随之增大。跨度太大时,领导者及下级常会应接不暇。设置组织机构时,必须使管理跨度适当。

(4)业务系统化管理原则。

在设置组织机构时,要求以业务工作系统化管理原则为指导,周密考虑层间关系、分层与跨度关系、部门划分、授权范围、人员配备及信息沟通等,使组织机构自身成为一个严密、封闭的组织系统,能够为完成项目管理总目标而实行合理分工与协作。

(5)弹性和流动性原则。

施工项目单一性、阶段性、露天性和流动性是施工项目生产活动的重要特点。这种特点必然带来生产对象数量、质量和地点的变化及资源配置品种和数量的变化,于是要求组织机构和管理工作随之进行调整,以适应施工任务的变化。

4. 建设程序与建筑产品

1)基本建设程序的定义

基本建设程序是指一项建设工程从设想、提出、决策,经过设计、施工,直至投产或交付使用的整个过程中应遵循的内在规律。

基本建设程序是建设项目在整个建设过程中各项工作必须遵循的先后顺序,也是建设项目在整个建设过程中必须遵循的客观规律。基本建设程序一般划分为项目建议书阶段、可行性研究阶段、设计阶段、施工准备阶段、施工阶段、生产准备阶段、竣工验收交付使用阶段和项目后评价阶段八个步骤。

2)基本建设项目分类

基本建设项目分类方法有以下几种。

(1)按项目规模大小,可分为大型建设项目、中型建设项目、小型建设项目。

(2)按建设项目的性质,可分为新建建设项目、扩建建设项目、改建建设项目、恢复建设项目、迁建建设项目等。

(3)按建设项目的投资主体,可分为国家投资建设项目、地方政府投资建设项目、企业投资建设项目、合资企业以及各类投资主体联合投资建设项目。

(4)按建设项目的用途,可分为生产性建设项目和非生产性建设项目。

3)建筑产品及其施工特点

建筑工程产品在其体型、功能、构造组成、所处空间和投资特征等方面,较其他产品存在明显的差异。产品本身的特点决定了生产过程的特殊性,主要表现在以下几个方面。

(1)产品的固定性与生产的流动性。

各种建筑物和构筑物是通过基础固定于地基基础上,其建造和使用地点在空间上是相对固定不动的,这与一般工业产品有着显著区别。产品的固定性决定了生产的流动性。

(2)产品的多样性与生产的单件性。

建筑工程的产品不但要满足各种使用功能的要求,还要体现出地区特点、民族风格及物质文明与精神文明的特色。产品的固定性和多样性决定了产品生产的单件性,即每一个建筑工程产品必须单独设计和组织施工,一般不可能批量生产(装配式建筑在一定程度上可批量生产)。

(3)产品的庞大性与生产的综合性、协作性。

为了达到使用功能的要求,满足所用材料的物理力学性能要求,建筑工程产品需要占据广阔的平面与空间,耗用大量的物质资源,因而体型大、高度大、重量大。由于产品体型庞大、构造复杂,建设、设计、施工、监理、构(配)件生产、材料供应、运输等各个主体以及各个专业施工单位之间要通力协作。企业内部要组织多专业、多工种的综合作业。

(4)产品的复杂性与生产的干扰性。

建筑工程产品涉及范围广、类别杂、做法多样、形式多变,需使用数千种不同规格的材料;一般由电力照明、通风空调、给水排水、消防、电信和网络等多种系统共同组成;力求使技术与艺术融为一体等,充分体现了产品的复杂性。

工程的实施过程会受政策法规、合同文件、设计图纸、人员素质、材料质量、能源供应、场地条件、周围环境、自然气候、安全隐患、基地特征与质量验收等多种因素的干扰和影响,必须在精神上、物质上做好充分准备,以提高抗干扰的能力。

(5)产品投资大,生产周期长。

建筑工程产品的生产属于基本建设的范畴,需要投入大量的资金。工程量大、工序繁多、工艺复杂、交叉等待多,再加上各种因素的干扰,使得生产周期较长,占用流动资金较大。建设单位(业主)为了及早使投资发挥效益,往往限制工期。施工单位为获得较好的效益需寻求合理工期,并恰当安排资源投入。

二、建筑施工准备工作

1.施工准备工作的基本概念

1)施工准备工作的意义

施工准备工作是为了保证工程顺利开工和施工活动正常进行所必须事先做好的各项准备工作,是生产经营管理的重要组成部分,是施工程序中重要的一环[17]。做好施工准备工作具有以下意义。

(1)做好施工准备工作是全面完成施工任务的必要条件。

(2)做好施工准备工作是降低工程成本、提高企业经济效益的有力保证。

(3)做好施工准备工作是取得施工主动权、降低施工风险的有力保障。

(4)做好施工准备工作是遵循建筑施工程序的重要体现。

2)施工准备工作的分类

(1)按施工准备工作的对象分类。

施工总准备:以整个建设项目为对象而进行的,需要统一部署的各项施工准备。其特点是施工准备工作的目的、内容是为整个建设项目的顺利施工创造有利条件,既为全场性的施工做好准备,也兼顾单位工程施工条件的准备。

单位工程施工准备:以单位工程为对象而进行的施工条件的准备工作。其特点是准备工作的目的、内容是为单位工程施工服务,不仅要为单位工程在开工前做好一切准备,而且要为分部分项工程做好施工准备工作。

分部分项工程作业条件的准备:以某分部分项工程为对象而进行的作业条件的准备。

季节性施工准备:为冬、雨、夏季施工创造条件的施工准备工作。

(2)按拟建工程所处施工阶段分类。

开工前施工准备:是拟建工程正式开工之前所进行的一切施工准备工作,目的是为工程正式开工创造必要的施工条件,带有全局性和总体性。

工程作业条件的施工准备:是在拟建工程开工以后,在每一个分部分项工程施工之前所进行的一切施工准备工作,目的是为各分部分项工程的顺利施工创造必要的施工条件,带有局部性和经常性。

施工准备工作既要有阶段性,又要有连续性,不仅在拟建工程开工之前要做好施工准备工作,而且随着工程施工的进展,在各施工阶段开工之前也要做好施工准备工作。施工准备工作必须有计划、有步骤、分期和分阶段地进行,要贯穿拟建工程整个建造过程。

3)施工准备工作的内容

施工准备工作涉及的范围广、内容多,应视工程本身及其具备条件的不同而不同,一般可归纳为以下四个方面。

(1)调查研究与资料收集。

(2)技术资料准备。

(3)施工现场准备。

(4)季节性施工准备。

4)施工准备工作的要求

(1)施工准备工作应有组织、有计划、分阶段、有步骤地进行。

施工准备工作不仅要在开工前进行,在开工后也要进行。随着工程的不断深入,在每个施工阶段开始前,都要不间断地做好施工准备工作,为顺利进行各个阶段的施工创造条件。

(2)建立严格的施工准备工作责任制和相应的检查制度。

施工准备工作范围广、项目多,必须建立严格的责任制度,按计划把施工准备工作落实到有关部门和个人,明确各技术负责人在施工准备工作中应负的责任,以便各级技术负责人认真做好施工准备工作。

(3)坚持按照基本建设程序办事,严格执行开工报告制度。

工程开工前,施工准备工作具备了开工条件时,施工单位应该向监理单位报送工程开工报审表及开工报告、证明文件等,由总监工程师签发开工令,并报建设单位。

(4)施工准备工作必须贯穿整个施工过程。

不仅要在开工前进行施工准备工作,在工程开工后也要及时、全面地做好各阶段的施工准备工作,贯穿整个施工过程。

(5)施工准备工作要取得各协调相关单位的友好支持和配合。

施工准备工作涉及面广,除了施工单位自身的努力外,还要取得建设单位、监理单位、设计单位、供应单位、银行、行政主管部门等单位的大力支持,分工负责、步调一致,共同做好施工准备工作,以保证整个施工过程顺利进行。

2. 调查研究与资料收集

1)建设地区自然条件调查分析

建设地区自然条件调查分析主要内容包括建设地点的气象、地形、地貌、工程地质、地震烈度、水文地质、场地周围环境、地上障碍物和地下隐蔽物等。这些资料来源于当地气象台、勘察设计单位和施工单位进行现场勘测的结果,用于确定施工方法和技术措施,并作为编制施工进度计划和施工平面布置设计的依据。

2)给水供电资料调查

给水供电等能源资料可向当地城建、电力、电信和建设单位等进行调查,主要用于选择施工临时供水供电的方式,提供经济分析比较的依据。

3)交通运输资料调查

交通运输方式一般有铁路、公路、水路等。交通运输资料可向当地铁路、公路运输和航运管理部门进行调查,主要用作组织施工运输业务、选择运输方式的依据。

4)机械设备与建筑材料的调查

调查内容包括:建筑施工常用材料的供应能力、质量、价格、运费等;附近构件制作、木材加工、金属结构、钢木门窗、商品混凝土、建筑机械供应与维修、运输服务、脚手架、定型模板等大型工具租赁等所能提供的服务项目及其数量、价格、供应条件等。

5)劳动力与生活条件的调查

施工现场劳动力与生活条件的调查内容如下。

(1)周围地区能为施工利用的房屋类型、面积、结构、位置、使用条件和满足施工需要的程度;附近主副食供应、医疗卫生、商业服务条件,公共交通、邮电条件,消防治安机构的支援能力。这些调查对于在新开发地区施工特别重要。

(2)附近地区机关、居民、企业的分布状况及作息时间、生活习惯和交通情况;施工时吊装、运输、打桩、用火等作业所产生的安全问题、防火问题,以及振动、噪声、粉尘、有害气体、垃圾、泥浆、运输散落物等对周围人们的影响及防护要求;工地内外绿化、文物古迹的保护要求等。

6)有关工程项目特征与要求的资料调查

(1)向建设单位和主体设计单位了解并取得可行性研究报告、工程地址选择、扩大初步设计等方面的资料,以便了解建设目的、任务、设计意图。

(2)弄清设计规模和工程特点。

(3)了解生产工艺流程与工艺设备特点及来源。

(4)摸清对工程分期分批施工、配套交付使用的顺序要求,图样交付的时间,以及工程施工的质量要求和技术难点等。

7)参考资料的收集

在编制施工组织设计时,除施工图样及调查所得的原始资料外,还可收集相关的参考资料作为编制的依据,如施工定额、施工手册、施工组织设计实例及平时收集的实际施工资料等。此外,还应向建设单位和设计单位收集本建设项目的建设安排及设计等方面的资料,有助于准确、迅速地掌握本建设项目的许多有关信息。

3. 技术资料准备

技术准备是施工准备工作的核心,是现场施工准备工作的基础。任何技术差错或隐患都可能引起人身安全和质量事故,造成生命、财产和经济的巨大损失,必须认真地做好技术准备工作。技术资料准备的主要内容包括熟悉与会审图纸、编制施工组织设计等。

1)熟悉与会审图纸

(1)熟悉与会审图纸的目的。在工程开工之前,工程技术人员应充分了解和掌握设计图纸的设计意图、结构与构造特点和技术要求。通过审查发现图纸中存在的问题和错误并加以改正,为工程施工提供一份准确、齐全的设计图纸。保证按设计图纸的要求顺利施工,生产出符合设计要求的建筑产品。

(2)熟悉图纸及其他设计技术资料的重点,主要包括基础及地下室部分、主体结构部分、装饰部分等重点内容。

(3)审查图纸及其他设计技术资料的内容。审查图纸的程序通常分为自审、会审和现场签证三个阶段,主要内容为审查设计图纸是否符合国家有关规划、技术规范要求,设计图纸及说明书是否完整、明确,设计图纸与说明等其他组成部分之间有无矛盾和错误,内容是否一致,有无遗漏等。

(4)熟悉技术规范、规程和有关技术规定。建筑施工中常用的技术规范、规程主要有建筑安装工程质量检验评定标准、施工操作规程、建筑工程施工及验收规范、设备维护及维修规程、安全技术规程、上级技术部门颁发的其他技术规范和规定。

2)编制施工组织设计

施工组织设计是指导施工现场全部生产活动的技术经济文件,既是施工准备工作的重要组成部分,又是做好其他施工准备工作的依据;既要符合建设计划和设计的要求,又要符合施工活动的客观规律,对建设项目的全过程起到战略部署和战术安排的双重作用。

建筑产品的特点及建筑施工的特点,决定了建筑工程种类繁多、施工方法多变,没有一种通用的、一成不变的施工方法,每个建筑工程项目都需要分别确定施工组织方法,作为组织和指导施工的重要依据。

4. 施工现场准备

施工现场准备(又称室外准备)主要为工程施工创造有利的施工条件。施工现场的准备按施工组织设计的要求和安排进行,主要内容为"三通一平"、测量放线、临时设施的搭设等。

1)现场"三通一平"

"三通一平"是在建筑工程的用地范围内,接通施工用水、用电、道路和平整场地的总称。工程实际需要的往往不止水通、电通、路通,有些工地还要求"热通""气通""话通"等,但最基本的还是"三通"。

2)测量放线

测量放线的任务是把图纸上所设计好的建筑物、构筑物及管线等测设到地面或实物上,并用各种标志表现出来,作为施工的依据,在土方开挖前,按设计单位提供的总平面图及给定的永久性经纬坐标控制网和水准控制基桩,进行场区施工测量,设置场区永久性经纬坐标、水准基桩和建立场区工程测量控制网。

3)临时设施的搭设

现场所需临时设施,应报请规划、市政、消防、交通、环保等有关部门审查批准,按施工组织设计和审查情况实施。

5. 季节性施工准备

1)冬季施工准备工作

(1)合理安排冬季施工项目。冬季施工条件差、技术要求高,应尽可能保证工程连续施工,尽量安排费用增加少、易保证质量、对施工条件要求低的项目在冬季施工,如吊装、打桩、室内装修等。

(2)落实各种热源的供应工作。提前落实供热渠道,准备热源设备,储备和供应冬季施工用的保温材料,做好司炉培训工作。

(3)做好保温防冻工作。主要包括临时设施的保温防冻、工程已成部分的保温防冻、冬季要施工部分的保温防冻。

（4）加强安全教育。要有冬季施工的防火、安全措施，加强安全教育，做好职工培训工作，避免火灾、安全事故的发生。

2）夏季施工准备工作

（1）做好防暑降温工作。准备好防暑降温物品和药品，合理调整作息时间。

（2）合理安排夏季施工项目。合理安排施工进度计划并做好夏季施工的准备工作，如混凝土施工，尽量避开高温施工，若避不开，要做好骨料冷却、加冰水拌和、遮阳防晒等准备措施。

（3）加强教育。加强安全教育、防火教育、防暑降温知识教育，提高作业人员在作业中的应变能力与问题处理能力。

3）雨季施工准备工作

（1）合理安排雨季施工项目。在雨季到来前多安排土方、基础、室外及屋面等不易在雨季施工的项目，多留一些室内工作在雨季进行，以避免雨季窝工。

（2）做好现场的排水工作。雨季来临前，在施工现场做好排水沟，准备好抽水设备，防止场地积水，最大限度地减少泡水造成的损失。

（3）做好运输道路的维护和物资储备。保证运输道路的畅通，并多储备一些物资，减少雨季运输量，节约施工费用。

（4）做好机具设备等的保护。对现场的各种机具、电器、工棚都要加强检查，特别是脚手架、塔吊、井架等，要采取防倒塌、防雷击、防漏电等一系列措施。

（5）加强施工管理。认真编制雨季施工的安全措施，加强对职工的教育，防止各种事故发生。

三、建筑工程流水施工

1. 流水施工基本知识

1）流水施工基本概念

流水施工是一种科学的施工组织方法，是工程建设中组织施工最常用的方法之一。流水施工可以充分地利用时间和空间，减少非生产性劳动消耗，提高劳动生产率，保证工程施工连续、均衡、有节奏地进行，对提高工程质量、降低工程造价、缩短工程工期有显著的作用。

2）施工组织方式

任何一个建筑工程都是由许多施工过程组成的，而每一个施工过程可以组织一个或多个施工队组来进行施工。施工组织方式可分为依次施工、平行施工和流水施工。

（1）依次施工。

依次施工也称顺序施工，是将拟建工程对象分解成若干个施工过程，按施工工艺要求依次完成每一个施工过程；当前一个施工过程完成后，后一个施工过程才开始，依次类推，直至完成所有施工过程。它是一种最基本的、最原始的施工组织方式。

依次施工具有以下特点：依次施工每天投入的劳动力较少，材料供应较单一，施工现场管理简单，便于组织和安排，但施工工期长，机具使用不集中。按施工段依次施工表明，各专业班组不能连续均衡地施工，产生窝工现象，同时工作面轮流闲置，不能连续使用；按施工过程依次施工表明，各专业班组能连续均衡地施工，但工作面使用不充分。依次施工主要适用于工程规模小、施工工作面小、工期要求不是很紧的工程。

（2）平行施工。

平行施工是将拟建工程各施工对象的同类施工过程，组织几个工作队，在同一时间、不同的空间，同时开工、同时完成同样的施工任务的施工组织方式。

平行施工具有以下特点：采用平行施工组织方式可以充分利用工作面，完成工程任务的时间短；但单位时间内投入施工的劳动力、材料和机具数量成倍增长，不利于资源供应的组织工作，增加了施工管理的难度，如果组织安排不当，容易出现窝工的现象，且个别资源使用不均衡。平行施工一般适用于工期要求紧、工作面允许及资源保证供应的工程。

（3）流水施工。

流水施工是将拟建工程项目中的每一个施工对象分解为若干个施工过程，并按照施工过程成立相应的专业工作队，采取分段流动作业，并且相邻专业队最大限度地搭接平行施工的组织方式。

流水施工具有以下特点：流水施工组织方式科学地利用了工作面，争取了时间，工期比较合理；工作队实现了专业化生产，有利于提高劳动效率，保证工程质量；相邻专业工作队之间实现了最大限度的、合理的搭接；施工班组及其工人均衡作业，资源供应较为均衡，有利于工程管理，降低了工程成本。

3）流水施工表达方式

流水施工的表达方式有三种：水平图表（横道图）、垂直图表（斜线图）和网络图（甘特图）。

（1）水平图表。

水平图表（横道图）中纵坐标用以表示施工过程，横坐标用以表示施工进度，施工进度的单位可根据施工项目的具体情况和图表的应用范围来决定，可以是天、周、旬、月、季或年等，日期可以按照自然数顺序排列，也可以采用奇数或偶数的顺序排列，还可以采用扩大的单位数来表示。

（2）垂直图表。

垂直图表（斜线图）是以纵坐标由下往上表示出施工段数，以横坐标表示各施工过程在各施工段上的施工持续时间，若干条斜线段表示施工过程。比较各条斜线的斜率可以看出各施工过程的施工速度，斜率越大，表示施工速度越快。垂直图表的实际应用不及水平图表普遍。

（3）网络图。

网络图（甘特图）是用来表示各项工作先后顺序和逻辑关系的网状图形，由箭线和节点组成，分为双代号网络图和单代号网络图两种。流水施工网络图的表达方式详见网络计划技术部分。

2. 流水施工主要参数

1）工艺参数

（1）施工过程。

施工过程是某一施工对象从开始到完成所经历的全过程的统称，其包含的施工范围可大可小，既可以是分部、分项工程，也可以是单位、单项工程。施工过程是流水施工的基本参数之一。根据工艺性质不同，施工过程可分为制备类施工过程、运输类施工过程和建造类施工过程三种，而施工过程的数目一般用字母 n 表示。

（2）流水强度。

流水强度是指流水施工的某施工过程（专业工作队）在单位时间内所完成的工程量，也称为流水能力或生产能力，一般以"V_i"表示。

机械施工过程的流水强度为

$$V_i = \sum_{i=1}^{x} R_i S_i \tag{4-1}$$

式中：R_i——投入施工过程 i 的某种施工机械台数；

S_i——投入施工过程 i 的某种施工机械产量定额；

x ——投入施工过程 i 的某种施工机械种类数。

人工施工过程的流水强度为

$$V_i = R_i S_i \tag{4-2}$$

式中：R_i ——投入施工过程 i 的专业工作队工人数；

S_i ——投入施工过程 i 的专业工作队平均产量定额。

2）空间参数

（1）工作面。

工作面是指某专业工种的工人或某种施工机械进行施工活动的空间。工作面的大小，表明能安排施工人数或机械台数的多少。每个作业工人或每台施工机械所需工作面的大小，取决于单位时间内完成工程量和安全施工的要求。

（2）施工段。

将施工对象在平面或空间上划分成若干个劳动量大致相等的施工段落，称为施工段或流水段。施工段数一般用 m 表示，是流水施工的主要参数之一。

划分施工段的目的：组织流水施工，使不同专业施工队在不同工作面上能同时工作，能够使各施工班组在一定时间内转移到另外一个施工段进行连续施工，这样就消除了各工种之间的等待，避免了窝工现象的发生。

划分施工段的原则：保证各施工班组连续、均衡施工，有足够的工作面，保证结构的整体完整性，施工段的数目要合理。当组织多层或高层主体结构工程流水施工时，为确保主导施工过程的施工队组在层间也能保持连续施工，每层施工段数目应满足 $m \geqslant n$。

（3）施工层。

施工层是指为组织多层建筑的竖向流水施工，将建筑物在垂直方向上划分为若干区段。用 r 来表示施工层的数目。

3）时间参数

时间参数是指组织流水施工时，用以表达流水施工在时间上开展状态的参数。

（1）流水节拍。

流水节拍是指组织流水施工时，某一专业工作队在一个施工段的施工时间，通常用 t_i 表示（i 代表施工过程的编号或代号）。流水节拍的大小直接关系到投入的劳动力、材料和机具的多少，决定着流水施工节奏、施工速度和工期。其主要的计算方法有定额计算法、经验估算法和工期推算法。

（2）流水步距。

流水步距是指两个相邻的专业工作队相继开始投入施工的时间间隔。一般用 $K_{j,j+1}$ 来表示专业工作队投入第 j 个和第 $j+1$ 个施工过程之间的流水步距。确定流水步距时，一般要满足以下基本要求。

①流水步距要满足相邻两个专业工作队在施工顺序上的制约关系。

②流水步距要保证相邻两个专业工作队在各施工段上能够连续作业。

③流水步距要保证相邻两个专业工作队在开工时间上实现最大限度和最合理的搭接。

（3）间歇时间。

间歇时间是指在组织流水施工时，由于施工过程之间工艺或组织上的需要，相邻两个施工过程在时间上不能衔接施工而必须留出的时间间隔。

根据原因的不同，间歇时间分为技术间歇时间和组织间歇时间。技术间歇时间是指流水施工中,某些施工过程完成后要有合理的工艺间隔时间,一般用 t_g 表示。技术间歇时间与材料的性质和施工方法有关。组织间歇时间是指流水施工中,某些施工过程完成后要有必要的检查验收时间或为下一个施工过程做准备的时间,一般用 t_z 表示。

(4)平行搭接时间。

为了缩短工期,在工作面允许的情况下,有时在同一施工段中,当前一个专业施工队完成部分施工任务后,后一个专业工作队可以提前进入,两者形成平行搭接施工,后一个专业工作队提前进入前一个施工段的时间间隔即为搭接时间,一般用 t_d 表示。

(5)工期。

工期是指完成一项工程任务或一个流水组织的施工,即从第一施工过程的施工班组进入第一个施工段开始施工算起,到最后一个施工过程班组完成最后一个施工段施工的整个持续时间。一般工期用 T 表示。

3. 流水施工组织方式

1)等节奏流水施工

等节奏流水施工是指在流水施工中,同一施工过程在各个施工段上的流水节拍均相等,且不同施工过程的流水节拍也相等的流水施工方式。各施工过程流水节拍均为常数,也称为固定节拍流水施工或全等节拍流水施工。全等节拍流水施工是流水施工中一种最基本、最有规律的组织形式。

2)异节奏流水施工

异节奏流水施工是指组织流水施工时,同一个施工过程在各个施工段的流水节拍相等,不同施工过程之间的流水节拍不一定相等的流水施工方式。异节奏流水施工又分为成倍节拍流水施工和不等节拍流水施工。

3)无节奏流水施工

无节奏流水施工是指在流水施工中,同一施工过程在各个施工段上的流水节拍不完全相等的一种流水施工方式。

四、网络计划技术

1. 网络计划技术基本原理

网络计划技术是用网络图的形式来反映和表达计划的安排。网络图是一种表示整个计划(施工计划)中各项工作实施的先后顺序和所需时间,并表示工作流程的有向、有序的网状图形。它由工作、节点和线路三个基本要素组成。

工作是计划任务按需要的粗细程度划分而成的一个消耗时间与资源的子项目或子任务,可以是一道工序、一个施工过程、一个施工段、一个分项工程或一个单位工程。节点是网络图中用封闭图形或圆圈表示的箭线之间的连接点。节点按其在网络图中的位置可分为以下几种:起始节点——第一个节点,表示一项计划的开始;终止节点——最后一个节点,表示一项计划的完成;中间节点——除起始节点和终止节点外的所有节点,具有承上启下的作用。

网络图中从起始节点开始,沿箭线方向顺序通过一系列箭线与节点,最终到达终止节点的若干条通道称为线路。网络图按画图符号和表达方式不同可分为单代号网络图、双代号网络图、流水网络图和时标网络图等。

1)单代号网络图

以一个节点代表一项工作,然后按照某种工艺或组织要求,将各节点用箭线连接成网状图,称单代号网络图。其表现形式如图 4-1 所示。

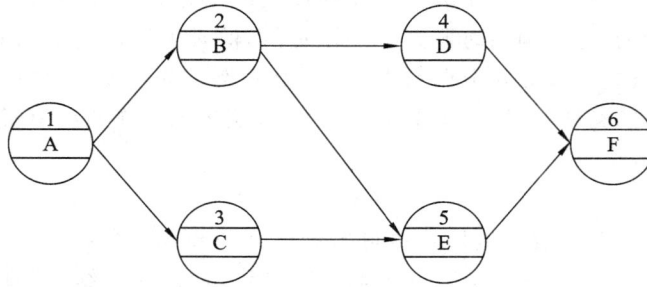

图 4-1 单代号网络图表现形式

2）双代号网络图

用两个节点和一根箭线代表一项工作,然后按照某种工艺或组织要求连接而成的网状图称为双代号网络图。其表现形式如图 4-2 所示。

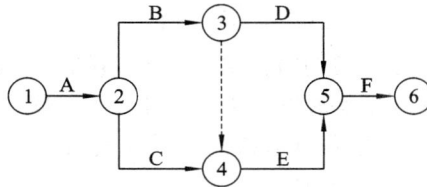

图 4-2 双代号网络图表现形式

3）流水网络图

吸取横道图的基本优点,运用流水施工原理和网络计划技术而形成的一种新的网络图称为流水网络图。

4）时标网络图

时标网络图是在横道图的基础上引进网络图中各工作之间的逻辑关系并以时间为坐标而形成的一种网状图,既克服了横道图不能显示各工作之间逻辑关系的缺点,又解决了一般网络图的时间表示不直观的问题。

2. 双代号网络计划

1）双代号网络图的组成

用一条箭线与其前后两个节点来表示一项工作的网络图称为双代号网络图,包括箭线、节点、节点编号、虚工作、线路五个基本要素。对于每一项工作而言,其基本形式如图 4-3 所示。

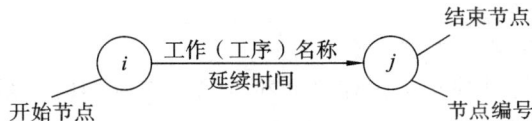

图 4-3 双代号网络图的基本形式

（1）箭线。

双代号网络图中一端带箭头的实线即为箭线。在双代号网络图中,它与其两端的节点表示一项工作。箭线表达的内容有以下几个方面：一根箭线表示一项工作或一个施工过程；一根箭线表示一项工作所消耗的时间和资源，分别用数字标注在箭线的下方和上方；在无时间坐标的网络图中，箭线的长度不代表时间的长短，画图时原则上是任意的，但必须满足网络图的绘制规则；在有时间坐标的网络图中，其箭线的长度必须根据完成该项工作所需时间长度按比例绘制；箭线的方向表示工作进行的方向和前进的路线，箭尾表示工作的开始，箭头表示工作的结束；箭线可以画成直线、折线或斜线。

（2）节点。

网络图中箭线端部的圆圈或其他形状的封闭图形就是节点。在双代号网络图中，它表示工作之间的逻辑关系，节点表达的内容有以下几方面：节点表示前面工作结束和后面工作开始的瞬间，所以节点不需要消耗时间和资源；箭线的箭尾节点表示该工作的开始，箭头节点表示该工作的结束；根据节点在网络图中的位置不同可分为起点节点、终点节点和中间节点；中间节点的进入箭线与发出箭线互为紧前紧后关系、一一对应。

（3）节点编号。

网络图中的每个节点都有自己的编号，以便赋予每项工作以代号，便于计算网络图的时间参数和检查网络图是否正确。

节点编号必须满足以下基本规则：箭头节点编号大于箭尾节点编号，因此节点编号顺序是箭尾节点编号在前，箭头节点编号在后，凡是箭尾节点没有编号，箭头节点不能编号；在一个网络图中，所有节点不能出现重复编号，编号的号码可以按自然顺序进行，也可以非连续编号，以便适应网络计划调整中增加工作的需要，编号留有余地。

（4）虚箭线。

虚箭线又称虚工作，它表示一项虚拟工作，用带箭头的虚线表示。其工作是假设的，实际上是不存在的，因此其持续时间为零。虚箭线在网络图中可起到联系、区分和断路的作用，主要用于双代号网络图中表达工作之间相互联系、相互制约的关系，以保证正确的逻辑关系。

（5）线路。

在网络图中，从起点节点开始，沿箭线方向顺序通过一系列箭线与节点，最后到达终点节点所经过的通路叫作线路。在各条线路中，有一条或几条线路的总时间最长，称为关键线路，一般用双线或粗线标注；其他线路长度均小于关键线路，称为非关键线路。关键线路对整个工程的完工起着决定性的作用。

处于关键线路上的工作称为关键工作。关键工作完成的快慢将直接影响整个计划工期的实现。位于非关键线路上的工作除关键工作外，都称为非关键工作，它们都有机动时间（即时差）；非关键工作不是一成不变的，它可以转化为关键工作；利用非关键工作的机动时间可以科学地、合理地调配资源和对网络计划进行优化。

2）双代号网络图的绘制

（1）双代号网络图逻辑关系的表达方法。

逻辑关系：指一项工作与其他有关工作之间相互联系与制约的关系，即各个工作在工艺上、组织管理上所要求的先后顺序关系。项目之间的逻辑关系取决于工程项目的性质和轻重缓急、施工组织、施工技术等多种因素。逻辑关系包括工艺关系和组织关系。工艺关系是由施工工艺决定的施工顺序关系，这种关系是不能随意更改的。组织关系是由施工组织安排的施工顺序关系，即工艺上没有明确规定先后顺序关系的工作，考虑到其他因素的影响而人为安排的施工顺序关系。表4-3是双代号网络图中常见的工作间的逻辑关系表达方法。

表 4-3　双代号网络图中常见的工作间的逻辑关系表达方法

序号	工作间的逻辑关系	网络图中的表达方法	说明
1	A 工作完成后进行 B 工作	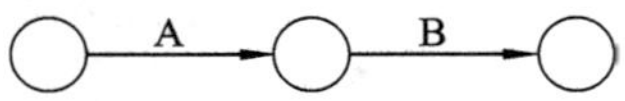	A 工作的结束节点是 B 工作的开始节点
2	A、B、C 三项工作同时开始	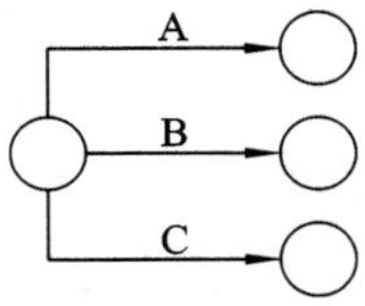	三项工作具有同样的开始节点
3	A、B、C 三项工作同时结束	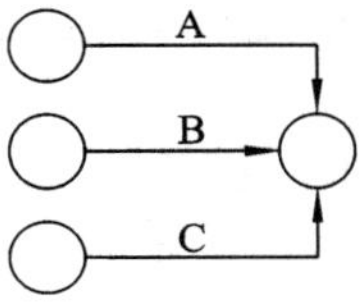	三项工作具有同样的结束节点
4	A 工作完成后进行 B 和 C 工作	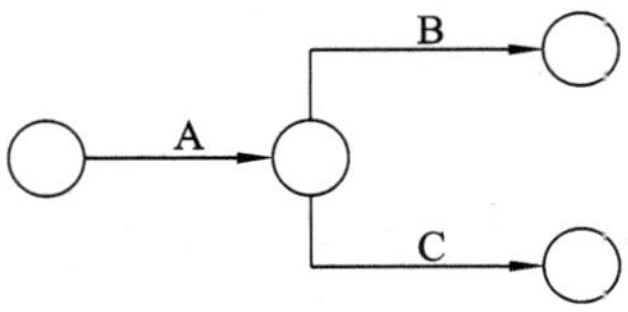	A 工作的结束节点是 B、C 工作的开始节点
5	A、B 工作完成后进行 C 工作	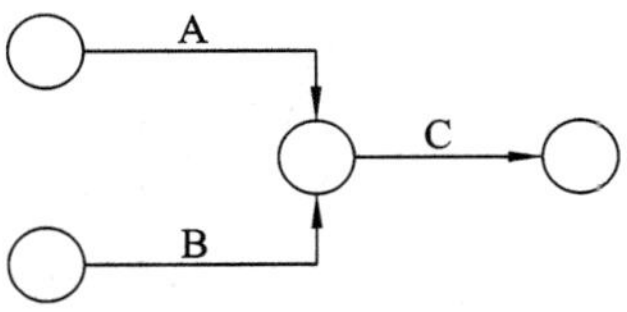	A、B 工作的结束节点是 C 工作的开始节点

序号	工作间的逻辑关系	网络图中的表达方法	说明
6	A、B工作完成后进行C、D工作	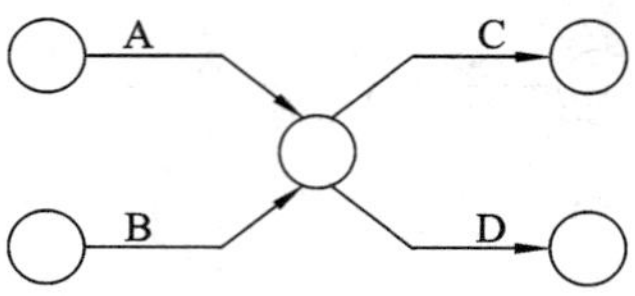	A、B工作的结束节点是C、D工作的开始节点
7	A工作完成后进行C工作； A、B工作完成后进行D工作	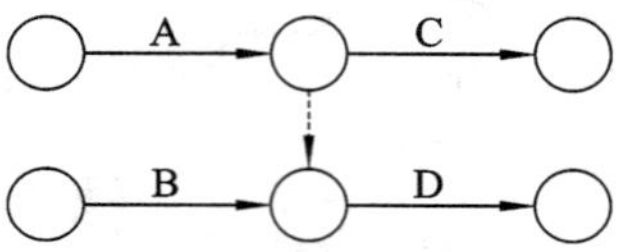	引入虚箭线，使A工作成为D工作的紧前工作 （紧前工作——紧排在本工作之前的工作）
8	B工作完成后进行D工作； B、C工作完成后进行E工作	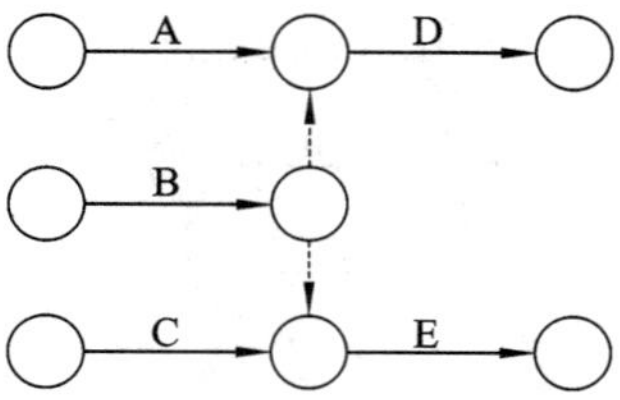	引入两道虚箭线，使B工作成为D、E工作的紧前工作
9	B、C工作完成后进行D工作； B、C工作完成后进行E工作	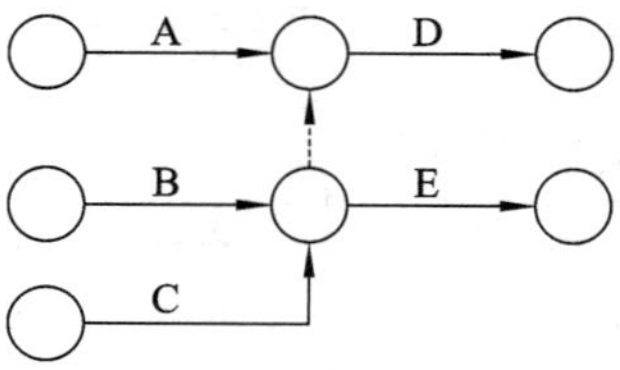	引入虚箭线，使B、C工作成为D工作的紧前工作
10	A、B两个施工过程按三个施工段流水施工	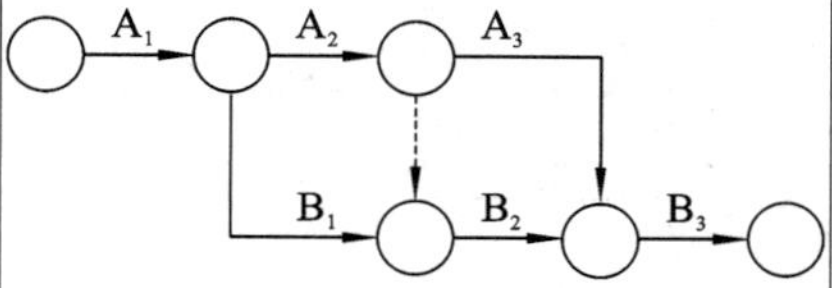	引入虚箭线，B_2工作的开始受到A_2和B_1两项工作的制约

（2）双代号网络图中虚工作的作用。

在双代号网络图中，虚工作一般起着联系、区分和断路的作用。

联系作用：引入虚工作，将有组织联系或工艺联系的相关工作用虚箭线连接起来，确保逻辑关系正确。如表 4-3 第 10 项所列，从组织联系上讲，B_2 工作须在 B_1 工作完成后才能进行；从工艺联系上讲，B_2 工作须在 A_2 工作结束后进行，引入虚箭线，表达这一工艺联系。

区分作用：双代号网络图中以两个代号表示一项工作，对于同时开始、同时结束的两个平行工作的表达，需引入虚工作以示区别，如图 4-4 所示。

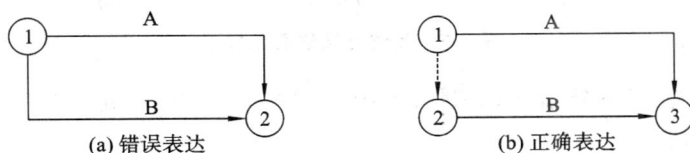

图 4-4　虚工作的区分作用

断路作用：引入虚工作，在线路上隔断无逻辑关系的各项工作。在同时有多条内向和外向箭线的节点处容易产生错误。

（3）双代号网络图的绘图规则。

双代号网络图必须正确表达已确定的逻辑关系。双代号网络图中应只有一个起始节点和一个终止节点（多目标网络计划除外），其他所有节点均应是中间节点。双代号网络图中严禁出现循环回路。所谓循环回路，是指从网络图中的某一个节点出发，顺着箭线方向又回到了原来出发点的线路，如图 4-5 所示。

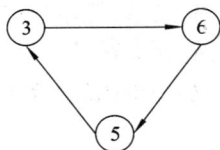

图 4-5　循环回路

双代号网络图中，在节点之间严禁出现带双向箭头或无箭头的连线。双代号网络图中严禁出现没有箭头节点或没有箭尾节点的箭线。当双代号网络图的某些节点有多条外向箭线或多条内向箭线时，为使图形简洁，可使用母线法绘制（但应满足一项工作用一条箭线和相应的一对节点表示），如图 4-6 所示。

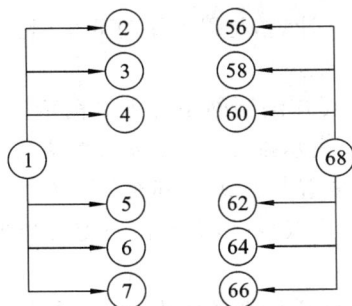

图 4-6　母线表示方法

绘制网络图时,箭线尽量避免交叉;当交叉不可避免时,可用过桥法、指向法或断线法,如图 4-7 所示。

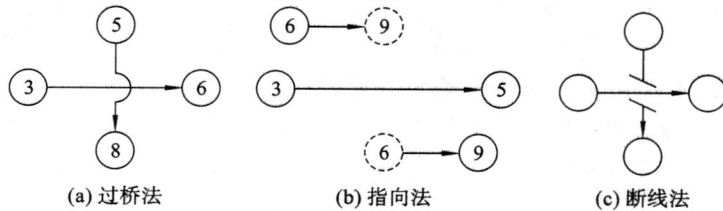

图 4-7   箭线交叉的表示方法

一对节点之间只能有一条箭线,如图 4-8 所示。网络图中,不允许出现编号相同的节点或工作。

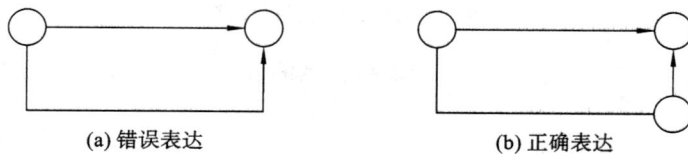

图 4-8   两节点之间箭线的表示方法

(4)双代号网络图的绘制方法与步骤。

绘制方法:为使双代号网络图简洁、美观,宜用水平箭线和垂直箭线表示。在绘制之前,先确定每个节点的位置号,再按照节点位置及逻辑关系绘制网络。节点位置号确定方法如下:无紧前工作的工作,开始节点位置号为 0;有紧前工作的工作,开始节点位置号等于其紧前工作的开始节点位置号的最大值加 1;有紧后工作的工作,结束节点位置号等于其紧后工作的开始节点位置号的最小值;无紧后工作的工作,结束节点位置号等于网络图中除无紧后工作的工作外,其他工作的结束节点位置号的最大值加 1。

绘制步骤:根据已知的紧前工作确定紧后工作;确定各工作的开始节点位置号和结束节点位置号;根据节点位置号和逻辑关系绘制网络图。在绘制时,若没有工作之间出现相同的紧后工作或者工作之间只有相同的紧后工作,则肯定没有虚箭线;若工作之间既有相同的紧后工作,又有不同的紧后工作,则肯定有虚箭线;到相同的紧后工作用虚箭线,到不同的紧后工作则无虚箭线。

3. 双代号时标网络计划

1)时标网络计划的坐标体系

时间坐标网络计划简称时标网络计划,是以水平时间坐标为尺度而编制的双代号网络计划。

(1)双代号时标网络计划的一般规定。

时间坐标的时间单位应根据需要在编制网络计划之前确定,可为季、月、周、天等;时标网络计划应以实箭线表示实工作,以虚箭线表示虚工作,以波形线表示工作的自由时差;时标网络计划中所有符号在时间坐标上的水平投影位置都必须与其时间参数相对应,节点中心必须对准相应的时标位置;虚工作必须以垂直方向的虚箭线表示,有自由时差时加水平波形线表示。

(2)双代号时标网络计划的特点。

时标网络计划兼有网络计划与横道计划的优点,能够清楚地表明计划的时间进程,使用方便;时标网络计划能在图中直接显示出各项工作的开始与完成时间、工作的自由时差及关键线路;在时标网络计划中可以统计每一个单位时间对资源的需要量,以便进行资源优化和调整;由于箭线受到时间坐标的限制,当情况发生变化时,对网络计划的修改比较麻烦,往往要重新绘图,但在使用计算机以后,这一问题较容易解决。

2)双代号时标网络计划的编制

时标网络计划宜按各个工作的最早开始时间编制。在编制时标网络计划之前,应先按已确定的时间单位绘制出时标计划表。双代号时标网络计划的编制方法有两种。

(1)间接法编制。

先绘制出时标网络图,计算各工作的最早时间参数,再根据最早时间参数在时标计划表上确定节点位置,连线完成,某些工作箭线长度不足以到达该工作的完成节点时,用波形线补足。

(2)直接法编制。

根据网络计划中工作之间的逻辑关系及各工作的持续时间,直接在时标计划表上绘制时标网络计划。

绘制步骤:将起始节点定位在时标计划表起始刻度线上;按工作持续时间在时标计划表上绘制起始节点的外向箭线;其他工作的开始节点必须在其所有紧前工作都绘出以后,定位在这些紧前工作最早完成时间最大值的时间刻度上,某些工作的箭线长度不足以到达该节点时,用波形线补足,箭头画在波形线与节点连接处;用上述方法从左至右依次确定其他节点位置,直至网络计划终止节点定位,绘图完成。

4. 单代号网络计划

1)单代号网络图的表示方法

单代号网络图是网络计划的另一种表示方法,用一个圆圈或方框代表一项工作,将工作代号、工作名称和完成工作所需要的时间写在圆圈或方框里面,箭线仅用来表示工作之间的顺序关系。图 4-9 所示是一个简单的单代号网络图及常见的单代号表示方法。

单代号网络图和双代号网络图所表达的计划内容是一致的,两者的区别仅在于绘图的符号不同。单代号网络图的箭线表示的是顺序关系,节点表示一项工作;而双代号网络图的箭线表示的是一项工作,节点表示联系。在双代号网络图中出现较多的虚工作,而单代号网络图中没有虚工作。

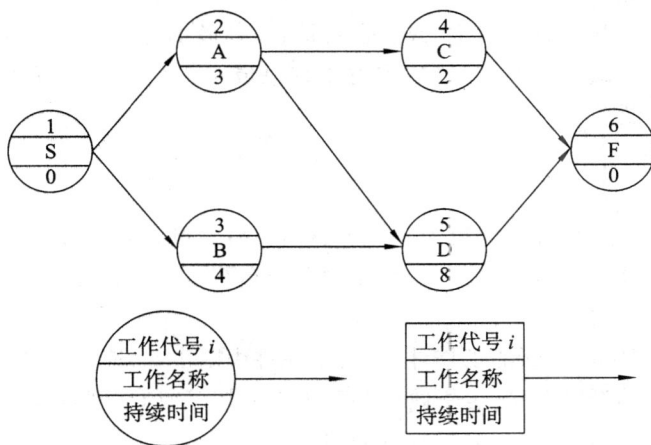

图 4-9　单代号网络图

2)单代号网络图的绘制

绘制单代号网络图需遵循以下规则:箭线应画成水平直线、折线或斜线。单代号网络图中不设虚箭线,箭线的箭尾节点的编号应小于箭头节点的编号。箭线水平投影的方向应自左向右,表达工作的进行方向。节点必须编号,严禁重复。一项工作只能有唯一的一个节点和唯一的一个编号。严禁出现循环回路。严禁出现双向箭头或无箭头的连线。严禁出现没有箭尾节点的箭线和没有箭头节点的箭线。箭线不宜交叉,当交叉不可避免时,可采用过桥法、断线法或指向法绘制。只应有一个起始节点和一个终止节点。当网络图中有多个起始节点或终止节点时,应在网络图的两端分别设置一项虚工作,作为该网络图的起始节点和终止节点。

5. 网络计划的优化

网络计划的优化,是在满足既定约束条件下,按某一目标,通过不断改进网络计划寻求满意方案。网络计划优化包括工期优化、费用优化和资源优化。

1)工期优化

(1)概念。

工期优化是指当网络计划的计算工期不满足要求工期时,通过压缩关键工作的持续时间以满足要求工期的过程,若仍不能满足要求,需调整方案或重新审定要求工期。

(2)优化原理。

压缩关键工作的持续时间,压缩时应注意保持其关键工作地位;选择压缩的关键工作应为压缩以后增加的投资费用少,既不影响工程质量,又不造成资源供应紧张,并能保证安全施工的关键工作;多条关键线路要同时、同步压缩。

2)费用优化

费用优化又叫时间成本优化,是寻求最低成本时的最短工期安排,或按要求工期寻求最低成本的计划安排过程。

(1)工程费用与工期的关系。

工程成本由直接费和间接费组成。直接费随工期缩短而增加,间接费随工期缩短而减少,需要确定一个总费用最少的工期,这便是费用优化所寻求的目标。

(2)费用优化的基本思路。

不断地在网络计划中找出直接费率(或组合直接费率)最小的关键工作,缩短其持续时间,同时考虑间接费随工期缩短而减少的数值,最后求得工程总成本最低时的最优工期安排或按要求工期求得最低成本的计划安排。

3)资源优化

(1)概念。

资源是指完成一项计划任务所需投入的人力、材料、机械设备和资金等。资源优化的目的是通过改变工作的开始时间和完成时间,使资源按照时间分布符合优化目标。

(2)资源优化的前提条件。

在优化过程中,除规定可中断的工作外,一般不允许中断工作,应保持工作的连续性;不改变网络计划中各项工作之间的逻辑关系,也不改变各项工作的持续时间;网络计划中各项工作的资源强度(单位时间所需资源数量)为常数,而且是合理的。

(3)资源优化的分类。

在通常情况下,网络计划的资源优化分为两种,即"资源有限、工期最短"的优化和"工期固定、资源均衡"的优化。前者是通过调整计划安排,在满足资源限制的条件下,使工期延长最少;后者是通过调整计划安排,在工期保持不变的条件下,使资源需用量尽可能均衡。

五、施工组织总设计

1.施工组织总设计概述

1)施工组织总设计的任务与作用

施工组织总设计的任务,是对整个建设工程的施工过程和施工活动进行总的战略性部署,并对各单项工程(或单位工程)的施工进行指导、协调及阶段性目标控制。其主要作用:为组织工程施工任务提供科学方案;为做好施工准备工作、保证资源供应提供依据;为施工单位编制生产计划和单位工程施工组织设计提供依据;为建设单位编制工程建设计划提供依据;为确定设计方案的施工可行性和经济合理性提供依据。

2)施工组织总设计的内容

施工组织总设计的内容一般包括:编制依据;工程项目概况;施工部署及主要项目的施工方案;施工总进度计划;总体施工准备;主要资源配置计划;施工总平面布置;目标管理计划及技术经济指标等。

3)施工组织总设计的编制程序

编制程序根据施工组织总设计中各项内容的内在联系而确定,其中,调查研究是编制施工组织总设计的准备工作,目的是获取足够的信息,为编制施工组织总设计提供依据。施工部署和施工方案是第一项重点内容,是编制施工总进度计划和进行施工总平面图设计的依据。施工总进度计划是第二项重点内容,必须在编制了施工部署和施工方案之后进行,且只有编制了施工总进度计划,才具备编制其他计划的条件。施工总平面图是第三项重点内容,需依据施工方案和各种计划需求进行设计。

4)施工组织总设计的编制依据

为了保证施工组织总设计的编制工作顺利进行,且能在实施中切实发挥指导作用,编制时必须密切地结合工程实际情况。其主要编制依据如下。

(1)计划文件及有关合同。

计划文件及有关合同主要包括:国家批准的基本建设计划、可行性研究报告、工程项目一览表、分期分批施工项目和投资计划;地区主管部门的批文、施工单位上级主管部门下达的施工任务计划;招投标文件及签订的工程承包合同;工程材料和设备的订货指标;引进材料和设备供货合同等。

(2)设计文件及有关资料。

设计文件及有关资料主要包括建设项目的初步设计、扩大初步设计或技术设计的有关图纸、设计说明书、建筑区域平面图、建筑总平面图、建筑竖向设计、总概算或修正概算等。

(3)施工组织纲要。

施工组织纲要也称投标(或标前)施工组织设计。它提出了施工目标和初步的施工部署,在施工组织总设计中要深化部署,履行所承诺的目标。

(4)现行规范、规程和有关规定。

现行规范、规程和有关规定包括与本工程建设有关的国家、行业和地方现行的法律、法规、规范、规程、标准、图集等。

(5)工程勘察和技术经济资料。

工程勘察资料包括建设地区的地形、地貌、工程地质及水文地质、气象等自然条件。技术经济资料包括:建设地区可能为建设项目服务的建筑安装企业、预制加工企业的人力、设备、技术和管理水平;工程材料的来源和供应情况;交通运输情况;水、电供应情况;商业、文化教育水平及设施情况等。

（6）类似建设项目的施工组织总设计和有关总结资料。

5）施工组织总设计的工程概况编写

工程概况是对整个工程项目的总说明,一般应包括以下内容。

（1）工程项目的基本情况及特征。

描述工程的主要特征和工程的全貌,为施工组织总设计的编制及审核提供前提条件。其主要内容包括:工程名称、性质、建设地点和建设总期限;占地总面积、建设总规模(建筑面积、管线和道路长度、生产能力)和总投资;建安工作量、设备安装台数或吨数;建设单位、承包和分包单位及其他参建单位等基本情况;工程组成及每个单项(单位)工程设计特点、新技术的复杂程度;建筑总平面图和各单项、单位工程设计交图日期及已定的设计方案等。

（2）承包的范围。

依据合同约定,明确总承包范围、各分包单位的承包范围。

（3）建设地区条件。

建设地区条件包括:气象、地形、地质和水文情况,场地周围环境情况;劳动力和生活设施情况,当地劳务市场情况,需在工地居住人数,可作为临时宿舍、食堂、办公用房、生产用房的数量,水、电、暖、卫设施情况,食品供应情况,邻近医疗单位情况,周围有无有害气体和污染企业,地方疾病情况,民族风俗习惯等;地方建筑生产企业情况;地方资源情况;交通运输条件;水、电和其他动力条件等。

（4）施工条件。

应说明主要设备供应情况,主要材料和特殊物资供应情况,参加施工的各单位生产能力、技术与管理水平情况等。

（5）其他内容。

其他内容包括:有关本建设项目的决议、合同或协议;土地征用范围、数量和居民搬迁时间;需拆迁与平整场地的要求等。

2. 总体施工部署

1）施工部署

施工部署主要内容包括明确项目的组织体系、部署原则、区域划分、进度安排、开展程序和全场性准备工作规划等。

（1）项目组织体系。

项目组织体系应包含建设单位、承包和分包单位及其他参建单位,明确各单位在本项目的地位及负责人。

（2）施工区域(或任务)划分与组织安排。

在明确施工项目管理体制、组织机构和管理模式的条件下划分各参与施工单位的任务,明确总包与分包的关系,建立施工现场统一的组织领导机构及职能部门,确定综合的和专业化的施工组织,明确各单位之间的分工与协作关系,确定各分包单位分期、分批的主攻项目和穿插项目。

（3）施工控制目标。

施工控制目标包括在合同文件中规定或施工组织纲要中承诺的建设项目的施工总目标,以及单项工程的工期、成本、质量、安全、环境等目标。

（4）确定项目展开程序。

根据建设项目施工总目标及总程序的要求,确定分期、分批施工的合理开展程序。

（5）主要施工准备工作规划。

做好全现场的准备，包括思想、组织、技术、物资等准备。首先，应安排好场内外运输主干道、水电源及其引入方案；其次，要安排好场地平整方案、全场性排水和防洪；最后，应安排好生产、生活基地，做出构件的现场预制、工厂预制或采购规划。

2）主要项目施工方案拟订

对于主要的单项或单位工程及特殊的分项工程，应在施工组织总设计中拟订其施工方案，其目的是进行技术和资源的准备工作，也为工程施工的顺利开展和工程现场的合理布局提供依据。主要单项或单位工程，是指工程量大、工期长、施工难度大，对整个建设项目的完成起关键作用的建筑物或构筑物，如生产车间、高层建筑等特殊的分项工程，桩基、大跨结构、重型构件吊装、特殊外墙饰面等重要工程。

3. 施工总进度计划

1）施工总进度计划的编制原则

（1）合理安排各单项工程或单位工程之间的施工顺序，优化配置劳动力、物资、施工机械等资源，保证建设工程项目在规定的工期内完工。

（2）合理组织施工，保证施工的连续、均衡、有节奏，以加快施工速度，降低成本。

（3）科学地安排全年各季度的施工任务，充分利用有利季节，尽量避免停工和赶工，从而在保证质量的同时节约费用。

2）施工总进度计划的编制步骤

（1）划分项目并计算工程量。

根据批准的总承建任务一览表，列出工程项目一览表并分别计算各项目的工程量。项目划分不宜过细，可按确定的工程项目的开展程序进行排列，应突出主要项目，可以合并一些附属的、辅助的项目及小型的项目。工程量只需粗略计算。可依据设计图纸及相关定额手册，分单位工程计算主要实物量。

（2）确定各单项或单位工程施工期限。

工程施工期限的确定，要考虑工程类型、结构特征、装修装饰的等级、工程复杂程度、施工管理水平、施工方法、机械化程度、施工现场条件与环境等因素。工期应控制在合同工期以内，无合同工期的工程，应按工期定额或类似工程的经验确定。

（3）确定各单项或单位工程开竣工时间和相互搭接关系。

根据建设项目总工期、总的开展程序和各单位工程的施工期限，进一步安排各施工项目的开、竣工时间和相互搭接关系。安排时应注意以下要求：保证重点，兼顾一般；尽量组织连续、均衡地施工；满足生产工艺要求；考虑经济效益，减少贷款利息；考虑个体施工对总体施工的影响；全面考虑各种条件的限制。

（4）编制可行施工总进度计划。

可行施工总进度计划可以用横道图或网络图形式表达。在工程实施过程中情况复杂多变，施工总进度计划只能起到控制性作用，不必过细，否则不便于优化。

（5）编制正式施工总进度计划。

可行施工总进度计划绘制完成后，应对其进行检查，检查内容包括是否满足总工期及起止时间的要求、各施工项目的搭接是否合理、资源需要量动态曲线是否较为均衡等，检查完善后形成正式施工总进度计划。

4. 施工准备工作与各项资源需用量计划

1) 劳动力配置计划

劳动力配置计划是确定暂设工程规模和组织劳动力进场的依据,是根据工程量汇总表、施工准备工作计划、施工总进度计划、概(预)算定额和有关经验资料,分别确定每个单项工程专业工种的劳动量工日数、工人数和进场时间,然后逐项按月或按季度汇总,得出整个建设项目劳动力配置计划。

2) 物资配置计划

(1)主要材料和预制品配置计划。

主要材料和预制品配置计划是组织材料和预制品加工、订货、运输,确定堆场和仓库的依据,是根据施工图纸、工程量、消耗定额和施工总进度计划而编制的。

(2)主要施工机具和设备配置计划。

主要施工机具和设备配置计划是组织机具供应、计算配电线路及选择变压器、进行场地布置的依据。主要施工机具可根据施工总进度计划及主要项目的施工方案和工程量,套定额或按经验确定。设备配置计划可根据施工部署施工方案、施工总进度计划、主要工种工程量和机械台班产量定额确定。运输机具的需要量根据运输量计算。

(3)大型临时设施计划。

大型临时设施计划应遵循尽量利用已有或拟建工程的原则,按照施工部署、施工方案、各种配置计划,并根据业务量和临时设施计算结果进行编制。

六、单位工程施工组织设计

1. 单位工程施工组织设计概述

1) 单位工程施工组织设计的作用

施工企业在施工前应针对每一个施工项目,编制详细的施工组织设计。其作用主要有以下两点。

(1)对施工准备工作做详细安排。施工准备是单位工程施工组织设计的一项重要内容。在单位工程施工组织设计中,应对各项施工准备工作提出明确的要求或做出详细、具体的安排。

(2)对项目施工过程中的技术管理做具体安排。单位工程施工组织设计是指导施工的技术文件,可以针对很多方面的技术方案和技术措施做出详细的安排,用以指导施工。

2) 单位工程施工组织设计的编写依据

(1)施工组织总设计。

(2)施工现场条件和地质勘查资料。

(3)工程所在地的气象资料。

(4)施工图及设计单位对施工的要求。

(5)材料、预制构件及半成品的供应情况。

(6)劳动力配备情况。

(7)施工机械设备的供应情况。

(8)施工企业年度生产计划对该工程项目的安排和规定的有关指标。

(9)本项目相关的技术资料。

(10)建设单位的要求。

(11)建设单位可能提供的条件。

(12)与建设单位签订的工程承包合同。

3)单位工程施工组织设计的编写原则

(1)符合施工组织总设计的要求。

(2)合理划分施工段和安排施工顺序。

(3)采用先进的施工技术和施工组织措施。

(4)专业工种的合理搭接和密切配合。

(5)应对施工方案做技术经济比较。

(6)确保工程质量、施工安全和文明施工。

4)单位工程施工组织设计的内容

根据工程性质、规模、结构特点、技术繁简程度的不同,单位工程施工组织设计的内容和深度、广度要求也应不同。但内容必须具体、实用、简明扼要、有针对性,使其能真正起到指导现场施工的作用。

(1)工程概况:工程概况包括拟建工程的性质、规模、建筑和结构特点、建设条件、施工条件、建设单位及上级的要求等。

(2)施工方案:施工方案的选择是施工单位在工程概况及特点分析的基础上,结合自身的人力、材料、机械、资金和可采用的施工方法等生产因素进行相应的优化组合,全面、具体地布置施工任务,再对拟建工程可能采用的几个方案进行技术和经济上的对比分析,从而选择最佳方案。

(3)施工进度计划:施工进度计划是工程进度的依据,反映了施工方案在时间上的安排。具体包括划分施工过程、计算工程量、计算劳动量或机械量、确定工作天数及相应的作业人数或机械台数、编制进度计划表及检查与调整等。

(4)施工准备工作计划与各种资源需求量计划:施工准备工作计划主要是明确施工前应完成的施工准备工作的内容、起止期限、质量要求等。各种资源需求量计划主要包括资金、劳动力、施工机具、主要材料、半成品的需求量及加工供应计划。

(5)施工平面图:施工平面图是施工方案和施工进度计划在空间上的全面安排。主要包括各种主要材料、构件、半成品堆放安排,施工机具布置,各种必需的临时设施及道路、水、电等的安排与布置。

(6)主要技术经济指标:应对确定的施工方案、施工进度计划及施工平面图的技术经济效益进行全面的评价。主要技术经济指标有施工工期、全员劳动生产率、资源利用系数、机械使用总台班量等。

2. 工程概况

1)工程特点

(1)工程建设概况:工程建设概况应说明拟建工程的建设单位,工程名称、性质、规模、用途和建设目的,资金来源及工程投资额,开竣工日期及工期要求,设计单位、监理单位、施工单位,施工图情况,工程合同,主管部门的有关文件及要求,组织施工的指导思想和具体原则要求等。

(2)工程设计概况:工程设计概况主要包括建筑设计特点、结构设计特点和设备安装设计特点等。

(3)工程施工概况:指出拟建工程的施工特点、施工重点与难点,以便在施工准备工作、施工方案、施工进度、资源配置及施工现场管理等方面制订相应的措施。不同类型的建筑、不同条件下的工程均有其不同的特点。

2）建设地点的特征

主要说明拟建工程的位置、地形,工程地质与水文地质条件,不同深度土壤结构分析;冬期冻结起止时间和冻结深度变化范围;地下水位、水质,气温;冬期雨期施工起止时间,主导风力、风向;地震烈度等。

3）施工条件

重点说明施工现场的道路、水、电及场地平整的"三通一平"情况,现场临时设施、施工场地的使用范围及周围环境等情况;当地交通运输条件,地材供应情况,预制构件生产、加工能力及供应情况,当地建筑业企业数量和水平;施工企业的机械、设备、车辆类型和型号及可供程度,施工项目组织形式,施工单位内部承包方式、劳动力组织形式及施工管理水平;类似工程的施工经历等。

3. 施工进度计划

单位工程施工进度计划是指控制工程施工进度和工程竣工期限等各项施工活动的实施计划,在确定施工方案的基础上,根据规定工期和各种资源的供应条件,按照施工过程的合理施工顺序及组织施工的原则,用网络图或者横道图的形式表示。

1）施工进度计划的分类

单位工程施工进度计划根据施工项目划分的粗细程度,可分为控制性施工进度计划和指导性施工进度计划两类。

（1）单位工程控制性施工进度计划。控制性施工进度计划是以分部工程作为施工项目划分对象,控制各分部工程的施工时间以及它们之间互相配合、搭接关系的一种进度计划,主要适用于工程结构比较复杂、规模较大、工期较长而需要跨年度施工的工程。

（2）单位工程指导性施工进度计划。指导性施工进度计划是以分项工程或施工过程为施工项目划分对象,具体确定各个主要施工过程施工所需要的时间及相互之间搭接、配合的关系的一种进度计划,适用于任务具体而明确、施工条件落实、各项资源供应正常、施工工期不太长的工程。编制控制性施工进度计划的单位工程,当各分部工程或施工条件基本落实以后,在施工之前应编制指导性施工进度计划。

2）施工进度计划的表示方法

施工进度计划的表示方法有多种,最常用的为横道图和网络图。其中,横道图格式最为实用,它由两大部分组成:左侧部分是以分部分项工程为主的表格,包括相应分部分项工程的内容及其工程量、定额（劳动效率）、劳动量或机械量等计算数据;右侧部分是根据左侧表格计划数据设计出来的指示图表。横道图用线条形象地表现了各分部分项工程的施工进度、各个工程阶段的工期和总工期,并且综合反映了各个分部分项相互之间的关系。

4. 施工准备工作计划与各种资源需求量计划

1）施工准备工作计划

单位工程施工前,应编制施工准备工作计划,施工准备工作计划是施工组织设计的一项重要内容。为使施工准备工作有计划地进行并便于检查、监督,各项准备工作应有明确的分工,由专人负责并规定期限。

2）劳动力需求量计划

劳动力需求量计划主要根据确定的施工进度计划提出。其编制方法是按进度表上每天所需人数分工种分别统计,得出每天所需工种及人数,按时间进度要求汇总,就可编制出主要工种劳动力需求量计划。它的作用是为施工现场的劳动力调配提供依据。

3）施工机械、主要机具需求量计划

根据单位工程分部分项施工方案及施工进度计划要求，提出各种施工机械、主要机具的名称、规格、型号、数量及使用时间。其编制方法是将施工进度计划表中每个施工过程、每天所需的机械类型、数量和施工工期进行汇总，以得出施工机械、主要机具需求量计划。

4）预制构件、半成品需求量计划

预制构件、半成品需求量计划主要用于落实加工订货单位，并按照所需规格、数量、时间，组织加工、运输和确定仓库或堆场，可根据施工图和施工进度计划编制。预制构件包括钢筋混凝土构件、木构件、钢构件、混凝土制品等。

5）主要材料需求量计划

根据工程量及预算定额统计、计算并汇总施工现场需要的各种主要材料需求量。主要材料需求量计划是组织材料供应、拟订现场堆放场地及仓库面积需求量和运输计划的依据。编制时，应提出各种材料的名称、规格、数量、使用时间等要求。

七、建筑工程项目管理

1. 建筑工程质量管理

1）质量管理的主要内容

（1）质量方针：质量方针是企业经营管理总方针的重要组成部分，是企业总的质量宗旨和方向，由企业的最高管理者（如集团总裁、企业总经理）批准并正式发布。

（2）质量目标：质量目标是企业经营目标的组成部分，是企业在质量方面所追求的目标，由企业管理层依据质量方针制订。质量目标通常根据企业的相关职能和层次分别进行规定。

（3）质量策划：质量策划是质量管理的一部分，致力于制订质量目标并规定必要的运行过程和相关资源以实现质量目标。企业通常针对质量目标、质量管理体系、工程项目和质量管理过程进行质量策划。质量策划是实施质量控制、质量保证和质量改进的前提和基础。

（4）质量控制：质量控制活动主要是企业内部的生产管理，是指为达到和保持质量而进行控制的技术措施和管理措施方面的活动。质量检验从属于质量控制，是质量控制的重要活动。

（5）质量保证：质量保证是质量管理的一部分，致力于提供质量要求会得到满足的信任。质量保证通过对质量要求和质量控制测量结果的系统化审核，确保符合合理的质量标准和操作性定义。

（6）质量改进：质量改进是在企业范围内所采取的提高活动和过程的效果、效率的措施，是对现有的质量水平在控制的基础上加以提高，使质量达到一个新水平、新高度。

2）影响建筑工程项目质量的因素

影响建筑工程质量的因素主要有人、材料、机械、方法和环境，对这五方面的因素予以严格控制是保证建筑工程质量的关键。

（1）人的因素：人是工程质量的控制者，也是工程质量的"制造者"，控制人的因素，可调动人的积极性，避免人的失误等，人是控制工程质量的关键因素。这里的"人"指的是项目的所有参与者，既包括项目的组织领导者，又包括一线的施工工人，任何人的错误都会直接或间接地影响工程质量。

（2）材料的因素：材料包括原材料、成品、半成品、构配件等，加强对材料的控制，是工程项目施工的物质基础，是工程质量的重要保证。材料质量不符合要求，就不可能有符合要求的工程质量。工程材料选用是否合理、产品是否合格、材质是否符合规范要求、材料运输保管是否得当等都将影响工程项目的质量。

（3）机械的因素：施工机械设备是实现施工机械化的重要物质基础，对工程项目的施工进度和质量均有直接影响。因此在施工阶段必须对施工机械的性能、选型和使用操作等方面进行控制。

（4）方法的因素：影响建筑工程项目质量的方法，包括所采取的技术方案、工艺流程、组织措施、检测手段、施工组织设计等，尤其是施工方案正确与否，是直接决定工程项目的进度控制、质量控制、成本控制的目标是否顺利实现的关键。

（5）环境的因素：影响工程项目质量的环境因素很多，主要包括工程技术环境，如工程地质、水文、气象等；工程管理环境，如质量保证体系、质量管理制度等；劳动作业环境，如劳动工具、工作面、作业场所等。

3）施工质量控制的基本环节

（1）事前质量控制：在正式施工前进行的事前主动质量控制，通过编制施工质量计划，明确质量目标，制订施工方案，设置质量管理点，落实质量责任，分析可能导致质量目标偏离的各种影响因素，针对这些影响因素制订有效的预防措施，防患于未然。

（2）事中质量控制：在施工质量形成过程中，对影响施工质量的各种因素进行全面的动态控制。事中质量控制包括质量活动主体的自我控制和他人监控的控制方式；事中质量控制的目标是确保工序质量合格，杜绝质量事故发生；控制的关键是坚持质量标准；控制的重点是工序质量、工作质量和质量控制点的控制。

（3）事后质量控制：事后质量控制也称为事后质量把关，是指使不合格的工序或最终产品（包括单位工程或整个工程项目）不流入下道工序、不进入市场。事后质量控制包括对质量活动结果的评价、认定；对工序质量偏差的纠正；对不合格产品进行整改和处理。控制的重点是发现施工质量方面的缺陷，并通过分析提出施工质量改进的措施，保证质量处于受控状态。

2. 建筑工程成本管理

施工成本是指在建设工程项目的施工过程中发生的全部生产费用的总和，包括所消耗的主辅材料、构配件、周转材料的摊销费或租赁费，施工机械的台班费，支付给生产施工人员的工资和奖金，以及项目经理部为组织和管理工程施工所发生的全部费用支出。建设工程项目施工成本由直接成本和间接成本组成。施工成本管理要在保证施工项目工期和质量满足要求的情况下，采取相关的管理措施，包括组织措施、经济措施、技术措施、合同措施，把成本控制在计划范围内，并进一步寻找最大限度节约成本的方法。

施工项目成本管理的目的：在保证工期和质量满足要求的前提下，通过不断改善项目管理工作，充分采用经济、技术、组织措施和挖掘潜力，以尽可能少的耗费，实现预定的目标成本。

施工项目成本管理的意义：可以促进改善经营管理，提高企业管理水平；合理补偿施工耗费，保证企业再生产的顺利进行；促进企业加强经济核算，不断挖掘潜力，降低成本，提高经济效益。

3. 建筑工程进度管理

施工项目进度控制是指在既定的工期内，编制出最优的施工进度计划，在执行该计划的过程中，经常检查施工实际进度情况，并将其与计划进度相比较，若出现偏差，便分析产生的原因及对工期的影响程度，找出必要的调整措施，修改原计划，如此循环，直至工程竣工验收。

1）施工项目进度控制的内容

（1）项目进度目标的确定：施工（分包）单位的主要工作内容是依据施工（分包）合同，按照建设单位对项目动工时间的要求进行工期目标论证，确定完成合同要求的计划工期目标及分解的各阶段工期控制目标。

（2）项目进度计划与控制措施的编制：明确项目的工期目标后，着手编制施工项目的进度计划，确定保证计划顺利实施和目标实现的控制性措施。施工单位的进度计划并不是一个计划，而是由多个相互关联的进度计划组成的项目进度。

（3）项目进度计划的跟踪检查与调整：施工项目是在动态条件下实施的，进度控制也必须是一个动态的管理过程，如果只重视进度计划的编制而不重视进度计划的调整，则进度就可能无法得到控制。进度控制的过程是在确保进度目标的前提下，在项目进展的过程中不断调整进度计划的过程。

2）施工项目进度控制的措施

进度控制的措施包括组织措施、技术措施、经济措施、合同管理措施等。

（1）组织措施：组织措施是目标能否实现的决定性因素，为了实现项目的进度目标，必须重视采取组织措施。组织措施包括建立健全项目管理的组织体系，设立专门的进度管理工作部门和符合进度控制岗位要求的专人负责进度控制工作。

（2）技术措施：技术措施不仅可以解决项目实施过程中的技术问题，而且对确定计划与纠正目标偏差具有重要作用。施工单位可以采取以下三个方面的技术措施进行进度控制：①通过分析与评价项目实施技术方案，选择有利于项目进度控制的措施；②编制项目进度控制工作细则，指导人员开展进度控制工作；③采用网络计划技术及其他科学、实用的计划方法，并结合计算机的应用实施项目进度动态控制。

（3）经济措施：经济措施是最常用的进度控制措施。施工项目进度控制的经济措施涉及资金需求计划、资金供应的条件和经济激励措施等。为确保进度目标的实现，应编制与进度计划相适应的资源需求计划，包括资金需求计划和其他资源（人力和物力资源）需求计划，以反映工程实施各时段所需要的资源。

（4）合同管理措施：合同管理措施是进度控制的最有力手段。合同管理应注重选择合理的合同结构、加强合同管理、加强风险管理等。

第二节　智能建筑施工组织与管理

一、智能建筑施工项目管理概述

1. 智能建筑施工的特点

1）系统集成度高

智能建筑施工的目标是以建筑为平台，兼备建筑设备、办公自动化及通信网络系统，集结构、系统、服务管理及它们之间的最优化组合，提供一个安全、高效、舒适、便利的建筑环境[18]。

2）工程施工技术难度大

智能建筑施工项目涉及计算机及其网络技术、信息通信技术、数据处理技术、视频监控技术，以及自动控制技术、传感器应用技术、结构化综合布线技术等多种专业技术，设备包括声学、光学及电子学等种类繁杂的大量声、光、电设备，技术复杂，需要形成多专业混合施工。

3）组织协调管理难度大

智能建筑工程施工项目由于子系统较多，可能会出现施工单位多、组织协调管理难的问题。为了避免和杜绝施工单位各自为政的状况，各子系统的承包单位应在总承包商的统一指挥下，建立完整的管理体系，在总施工综合进度计划的控制下，实行全面质量管理，按照统一的施工规范和标准进行施工。

4）设备种类多，选型量大

智能建筑施工项目的设备种类繁杂，涉及大量的软、硬件设备，声光电设备，施工材料及电子零配件。这些产品产自不同的国家、不同的企业，遵循不同的制造标准，用于不同的环境和条件，存在性能、质量、价格上的重大差异。

5）工程量大，施工周期较长

智能建筑工程项目包括深化设计、施工准备、施工管理、设备选购、安装、调试直至竣工验收，多项应用技术综合施工，各类终端距控制中心距离各异，造成桥架管线的数量多，设备种类多，使用线缆的品种多、数量大，安装工程量大，各施工单位之间交叉施工多，配合土建、装修、强电等专业施工的时间长，因此项目周期一般较长。

2. 智能建筑工程项目建设的管理体制

根据我国有关法律法规的规定，智能建筑工程项目建设实行"一个体系、两个层次、三个主体"的管理体制。

一个体系：指在智能建筑工程项目建设的组织上和法规上形成一个完整统一的系统。政府从组织机构和手段上加强和完善对智能建筑工程建设过程的监督和控制，同时把发包人自行管理项目的封闭式体制，改为由发包人委托专业化、社会化的信息系统工程监理单位管理工程项目建设的开放式体制[19]。

两个层次：指工程建设的宏观层次和微观层次。宏观层次指政府监管，微观层次指社会监理。政府监管是指我国政府有关部门对智能建筑工程项目建设实施强制性监管和对社会监理工作进行监督管理。社会监理是指信息系统工程监理单位受发包人委托，对智能建筑工程项目建设全过程或某一阶段实施监理。两者相辅相成，缺一不可，共同构成我国智能建筑工程项目管理的完整体制。

三个主体：智能建筑工程项目管理活动涉及发包人、承包人和监理单位，发包人、承包人和监理单位是智能建筑工程项目实施的主体。发包人和承包人是合同关系；监理单位和承包人没有合同关系，而是监理、被监理的关系，这种关系由发包人与承包人所签订的合同所确定；发包人和监理单位之间是委托合同关系。

3. 智能建筑工程项目管理的基本目标

智能建筑工程项目管理的基本目标主要是从项目微观角度出发，研究项目投资的规划决策、方案设计和实施、微观经济效果等问题。项目管理的任务是研究生产关系、运动规律在项目建设领域中的具体作用和表现形式，以及建筑智能化工程项目建设领域内特有的经济现象和规律[19]。还要相应研究智能建筑工程项目建设领域内生产力组织的规律性，核心是运用现代管理技术，对智能建筑工程项目建设进行有效的管理与控制，保证建设项目"质量、进度、费用"三大目标控制实现，从而提高建设项目的投资效益。

二、智能建筑工程项目组织机构与管理

1. 智能建筑工程项目管理组织的建立和管理原则

智能建筑工程项目管理组织是为了适应智能化工程项目实施项目管理的需要而建立的，由一组个体成员为完成智能建筑工程项目目标而组织起来的协同工作队伍。依据《建设工程项目管理规范》的规定，智能建筑工程项目管理组织的建立和管理应遵循下列原则。

（1）组织结构科学合理。

（2）有明确的管理目标和责任制度。

（3）组织成员具备相应的职业资格。

（4）保持相对稳定，根据实际需要进行调整。

（5）应确定各相关项目管理组织的目标、责任、利益和风险。

（6）企业管理层应对项目进行宏观管理和综合管理。

2. 智能建筑工程项目管理组织的特点

1）组织的目的性

智能建筑工程项目管理组织是为了完成该项目总目标和总任务而建立的，智能建筑工程项目目标和任务是决定其组织结构和组织运行的最重要因素。

2）组织的临时性

每一个具体的项目都是一次性的、暂时性的，所以智能建筑工程项目管理组织也是一次性的、暂时性的，具有临时组合性特点。任何类型的智能建筑工程项目管理组织和其项目本身一样有生命期，一般要经历建立、发展和解散的过程。智能建筑工程项目管理组织一般是伴随着该项目的结束而终结。

3）组织的柔性

智能建筑工程项目管理组织要有机动灵活的组织形式和用人机制，是一种柔性组织。与政府机关或企事业组织相比，智能建筑工程项目管理组织具有高度的弹性、可变性和灵活性。智能建筑工程项目管理组织的柔性还表现在各个项目利益相关者之间的联系都是有条件的、松散的，他们是通过合同、协议、法规及其他各种社会关系结合起来的。

3. 智能建筑工程项目管理的组织形式和特点

1）职能式组织形式

职能式项目组织形式是一个层次化的组织结构，每个成员有一个明确的上级。企业按职能及职能的相似性来划分部门，采用职能标准设计部门，是一种最自然、最方便、最符合逻辑的思维，大多数企业都采用这种项目组织。职能式组织结构见图 4-10。

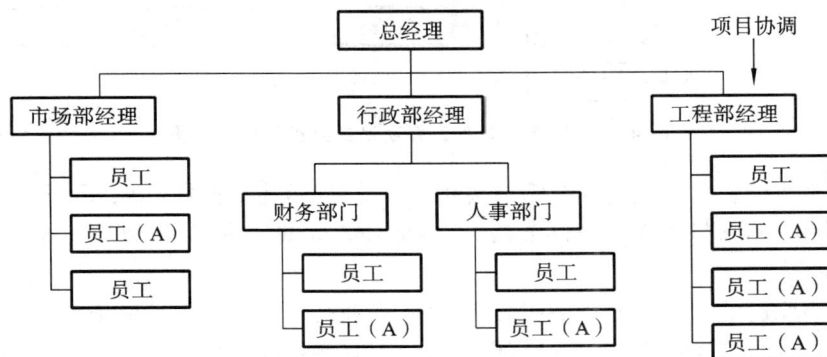

图 4-10 职能式组织结构示意图

带 A 的为去做项目的员工

（1）职能式组织的优点。采取职能式项目组织形式有利于充分发挥资源集中的优势，在人员使用上具有较大的灵活性；技术专家可同时被不同的项目使用；同一部门的专业人员在一起易于交流知识和经验；当有人离开项目时，仍能保持项目的技术连续性；可以为本部门的专业人员提供一条正常的升迁途径。

（2）职能式组织的缺点。职能部门更多考虑的是自己的日常工作，而不是项目和用户的利益；职能部门的工作方式是面向本部门的活动，必须面向问题；责任不明，容易导致协调困难和局面混乱；在项目和用户之间存在多个管理层次，容易造成对用户的响应迟缓；不利于调动参与项目人员的积极性；跨部门的交流沟通有时比较困难。

2）项目式组织形式

项目式组织是从公司组织分离出来的，是一种单目标的垂直组织方式，每个项目都任命了专职的项目经理。项目式组织结构如图 4-11 所示。项目式组织结构比较适用于大型、复杂项目。图 4-12 所示为某智能建筑工程项目式组织结构示意图。

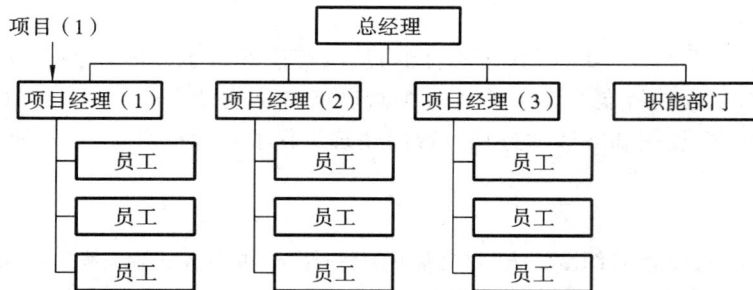

图 4-11　项目式组织结构示意图

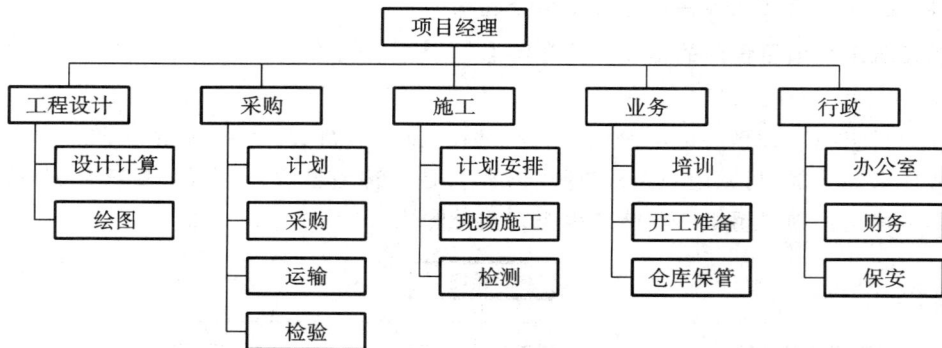

图 4-12　某智能建筑工程项目式组织结构示意图

（1）项目式组织的优点。项目式组织结构相对简单灵活，易于操作，便于组织内部的沟通协调。在这种类型的组织中，项目经理对项目全权负责，享有较大的自主权，可以较为方便地调用整个组织内外的资源。

（2）项目式组织的缺点。事物总是一分为二的，有利就有弊。每个采取项目式组织结构的项目都有自己独立的组织，容易产生一些弊病，例如机构重复及资源闲置、不利于项目与外界的沟通、机构有不稳定性等。

3）矩阵式组织形式

职能式组织形式和项目式组织形式各有其优缺点，要克服其中的缺点，就要在职能部门积累专业技术的长期目标和项目短期目标之间找到适宜的平衡点。矩阵式组织形式能较好地解决这一问题。矩阵式组织是在职能式组织的垂直层次上，叠加了项目式组织的水平结构，将按照职能划分的纵向部门与按照项目划分的横向部门结合起来，构成类似矩阵的管理系统。矩阵式组织结构示意图如图 4-13 所示。

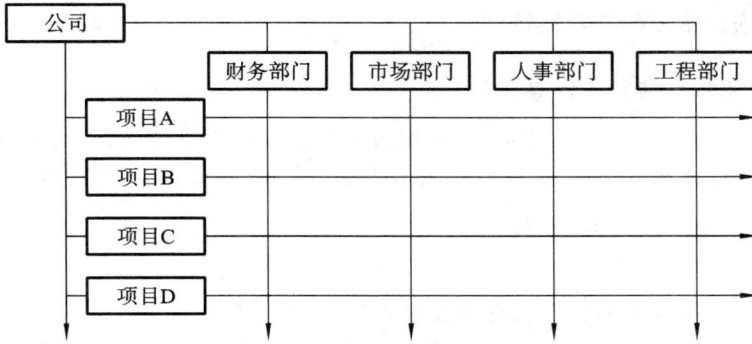

图 4-13 矩阵式组织结构示意图

(1)矩阵式组织的优点。矩阵式组织解决了传统模式中企业组织与项目组织的矛盾,能以尽可能少的人力,实现多个项目管理的高效率。项目是整个工作的焦点,有专门的人即项目经理负责管理整个项目,负责在规定的时间、经费范围内完成项目的要求,对用户的要求响应较快,因此,矩阵式组织具有项目式组织的长处。项目经理拥有对拨给的人力、资金等资源的最大控制权,每个项目都可以独立地制订自己的策略和方法,有利于人才的全面培养。当指定的项目不再需要时,项目人员有其职能归宿,大都返回原来的职能部门。通过内部的检查和平衡,以及项目组织与职能组织间经常性的协商,可以得到时间、费用以及运行的较好平衡,而且矛盾少,并能通过组织体系解决矛盾。

(2)矩阵式组织的缺点。项目成员来自职能部门,受职能部门控制,因而影响项目团队的凝聚力。由于管理人员身兼多职,管理多个项目,容易顾此失彼。项目成员接受双重领导,违反了命令单一性的原则,容易产生矛盾。此外,这种结构也可能导致不同项目经理之间产生冲突。

4)事业部式组织形式

事业部式组织结构形式是在企业内部成立事业部,事业部对企业来说是职能部门,对企业外部来说享有相对独立的经营权,可以是独立的单位。在事业部下面设置项目经理部,项目经理由事业部选派。事业部式组织结构如图 4-14 所示。

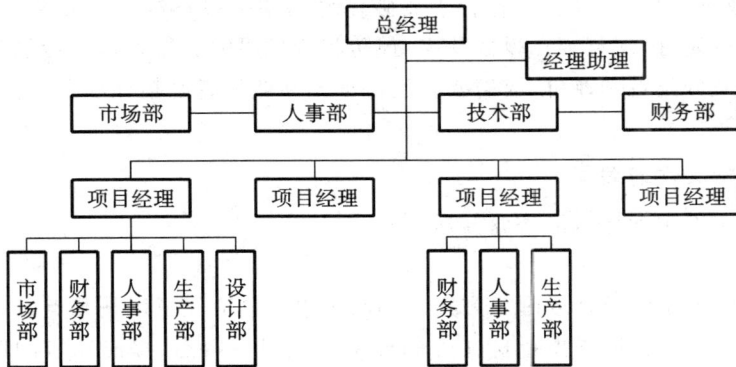

图 4-14 事业部式组织结构示意图

事业部式组织的优点主要体现在事业部式组织结构形式有利于企业的经营职能,扩大企业的经营业务,便于开拓企业的业务领域。项目经理有职有权,能迅速适应环境变化,提高应变能力。事业部式组织的缺点主要体现在企业对项目的约束力减弱,对项目的管理和协调难度较大。

三、智能建筑工程项目招投标与合同管理

1. 智能建筑工程招标应具备的条件

智能建筑工程招标应具备的条件有：智能建筑工程立项文件已被批准，智能建筑工程项目建设资金已落实到位，招标文件已经编写完毕，先招信息系统工程监理，后招工程建设承包人[20]。

2. 智能建筑工程的招标方式与方法

1）招标方式

按竞争开放程度，招标分为公开招标和邀请招标两种方式。

（1）公开招标。公开招标属于非限制性竞争招标，是一种充分体现招标信息公开性、招标程序规范性、投标竞争公平性，大大降低串标、抬标和其他不正当交易的可能性，最符合招标投标优胜劣汰和"三公"原则的招标方式，也是常用的招标方式。

（2）邀请招标。邀请招标属于有限竞争性招标，又称选择性招标。邀请招标适用于因涉及国家安全、国家秘密，商业机密，施工工期或货物供应周期紧迫，受自然地域环境限制，只有少量几家潜在投标人可供选择等条件限制而无法公开招标的项目；或者受项目技术复杂程序和特殊要求限制，且事先已经明确知道只有少数特定的潜在投标人可以响应投标的项目；或者招标项目较小，采用公开招标方式的招标费用占招标项目价值比例过大的项目。

2）招标方法

（1）两阶段招标。两阶段招标适用于一些技术设计方案或技术要求不确定，或一些技术标准、规格要求难以描述确定的招标项目。第一阶段招标，从投标方案中优选技术设计方案，统一技术标准、规格和要求；第二阶段按照统一确定的设计方案或技术标准，组织项目最终招标和投标报价。

（2）框架协议招标。框架协议招标适用于重复使用规格、型号、技术标准与要求相同的货物或服务，特别适用于一个招标人下属多个实施主体采用集中统一招标的项目。招标人通过招标对货物或服务形成统一采购框架协议，一般只约定采购单价，而不约定标的数量和总价，各采购实施主体按照采购框架协议分别与中标人分批签订和履行采购合同协议。

（3）电子招标。电子招标与纸质招标相比，将极大提高招标投标效率，符合节能减排要求，降低招标投标费用，有效贯彻"三公"原则，有利于突破传统的招标投标组织实施和管理模式，促进招标投标监督方式的改革完善，规范招标投标秩序，预防和治理腐败交易现象。特别对于一些技术规格简单、标准统一、容易分类鉴别评价，或需要广泛征求投标竞争者的招标项目，电子招标的效率优势更加明显。

3. 智能建筑投标文件的编写

智能建筑投标文件包括技术标和商务标。

1）技术标

技术标一般指施工组织设计或施工方案。编制技术标时应注意以下几点。

（1）有针对性。编制时，应根据招标文件的要求及项目的特点，提出相应的保证措施。在技术措施上，针对招标文件的要求，说明具体的子系统的施工方案以及选择施工方案的理由。

（2）有实用性。对施工总平面布置图，应力求与实际施工结合，若场地条件允许，应将职工生活区与施工管理区分开。平面布置图中，临时设施构筑、建筑机械安放、施工材料的堆置、临时管线安装及道路布置，均应考虑可行性，避免施工时引起平面立体交叉矛盾。进行施工网络进度计划编制时，关键线路应结合主要施工工序，按实际施工交叉、工序衔接来合理考虑各分部分项的逻

辑关系。

（3）进行技术标编制时，在保证响应招标文件的前提下，不应拘泥于固定的格式。尤其是在施工管理方面，可以结合本单位的先进管理模式，在技术标中增加叙述篇幅。例如在安全文明标准化施工、推广应用四新技术、技术创新等方面做重点论述。

（4）因投标文件的编制时间一般都比较短，业务部门为了提高工作效率，往往在计算机中套用已有标书的部分文档，这就给投标文件发生错误制造了机会，因为仓促之中，原标书的内容进入其中，未能及时修改而导致投标文件内容与招标文件要求不对应。如只有本地适用的标准、施工环境、地名及不同的施工工艺等，从而造成套用错误，使得标书得分降低，甚至废标。

（5）对于重大工程投标，在技术标编制过程中，应增加图示和表格内容，可根据需要增加现场文明标准化的设计方案。施工进度计划可按总控制、流水段、标准层、子系统等从粗到细绘制。涉及新工艺、新技术的施工方案应附图说明。

（6）有的技术标在招标文件中规定不得出现投标单位名称及单位特征，在编制标书时应特别注意。

2）商务标

商务标一般包括报价书、预算书、标函综合说明及承诺书等。编制商务标时应注意以下几点。

（1）应严格按招标人提供的投标文件格式要求填写，规定投标文件要求打印的就不得手写。未规定不允许更改的，更改处应加盖更改专用章。

（2）需承诺的投标文件，承诺书应对招标文件中需承诺条款逐项对口承诺。

（3）商务标不能忽视信誉分。应按规定完整附上企业所获荣誉资料，以便在与其他投标单位条件相当的情况下竞标，能凭借信誉分获取中标优势。

（4）商务标中需盖企业及法人印鉴的地方较多，盖章时千万不可遗漏。报价书因封标前可能改动，最好带空白备份以便应急。

（5）应招标文件规定封标，预先盖好章的封标袋应预留好标书厚度空间。投标文件封标前，应建立单独审核制度，以减少标书的失误。

投标书的编制涉及面广、专业性强，只有通过在实践中不断地探索和创新，才能提高标书的质量，从而提高中标率。

4. 智能建筑工程施工合同的签订

智能建筑工程施工合同属于经济合同的范畴，是指发包人与承包人或施工人为智能建筑工程施工达成的协议。承包人或施工人完成项目的建造，发包人接受工程项目并支付报酬。智能建筑工程施工合同的主要内容包括以下几项。

（1）工程范围。

（2）建设工期。

（3）中间交工工程的开工和竣工时间。智能建筑工程往往由许多中间工程组成，中间工程的完工时间影响着后续工程的开工，制约着整个工程的顺利完成，在施工合同中需对中间工程的开工和竣工时间做明确约定。

（4）工程质量。

（5）工程造价。工程造价因采用不同的定额计算方法，会产生巨大的价款差额。在以招标投标方式签订的合同中，应以中标时确定的金额为准；如按初步设计总概算投资包干，应以经审批的概算投资中与承包内容相应部分的投资（包括相应的不可预见费）为工程价款；如按施工图预算包干，则应以审查后的施工图总预算或综合预算为准。在建筑、安装合同中，能准确确定工程价款的，需予以明确规定。如在签订合同时尚不能准确计算出工程价款,尤其是按施工图预算加现场签证和按时结算的工程,在合同中需明确规定工程价款的计算原则,具体约定执行的定额、计算标准,以及工程价款的审定方式等。

(6)技术资料交付时间。工程技术资料,如勘察、设计资料等,是进行智能建筑工程施工的依据和基础,发包方必须将工程的有关技术资料全面、客观、及时地交付给施工人,才能保证工程的顺利进行。

(7)材料和设备的供应责任。

(8)拨款和结算。施工合同中,工程价款的结算方式和付款方式因采用不同的合同形式而有所不同。在智能建筑工程施工合同中,采用何种方式进行结算,需双方根据具体情况进行协商,并在合同中明确约定。对于工程款的拨付,需根据付款内容由当事人双方确定,具体有预付款、工程进度款、竣工结算款、保修扣留金等。

(9)竣工验收。对建设工程的验收方法、程序和标准,国家制定了相应的行政法规予以规范。

(10)质量保修范围和质量保证期。施工工程在办理移交验收手续后,在规定的期限内,因施工、材料等原因造成的工程质量缺陷,应由施工单位负责维修、更换。国家对建筑工程的质量保证期限一般都有明确要求。

(11)相互协作条款。施工合同与勘察、设计合同一样,不仅需要当事人各自积极履行义务,还需要当事人相互协作,协助对方履行义务,如在施工过程中及时提交相关技术资料,通报工程情况,在完工时及时检查验收等。

为规范建筑市场秩序,维护建设工程施工合同当事人的合法权益,我国住房和城乡建设部、工商行政管理总局制定了《建设工程施工合同(示范文本)》(GF—2017—0201)(简称《示范文本》)。

四、智能建筑工程项目资源管理

1. 人力资源管理

1)人力资源管理的工作内容

施工项目人力资源管理是指通过编制各种人力资源计划和管理制度,对从事工程项目活动的劳动者进行管理。

(1)编制人力资源管理计划。为完成生产任务,履行施工合同,施工项目的项目经理部应根据进度计划和项目自身特点优化配置相应的人力资源,编制人力资源需求计划,制订一系列的人员管理制度,对现有人员进行评价、组织、培训,以保证现场施工的人力资源[18]。

(2)建立管理与劳务作业队伍。为了保证施工项目进度计划的实现,需要充分利用人力资源,降低工程成本,建立有效的管理与劳务作业队伍。劳动力需要量计划是根据项目经理部的生产任务、劳动生产率水平的高低及项目施工进度计划的需要和施工项目自身特点进行编制的。施工项目管理人员的选择,是根据人力资源需求计划对管理人员数量、职务名称、知识技能等方面的要求,遵循公开、平等、竞争、全面等原则进行择优选取。劳动力主要来自企业固定工人、从劳务基地招募的合同制工人、其他合同工人。

(3)加强劳动纪律管理。项目施工是在集体协作下进行的,一方面,各工种联合施工,需要统一的管理来保证;另一方面,每一个工种有特定的操作规程和质量标准,要求每一个工人的操作必须规范化、程序化。因此,需要制定相应的劳动纪律规章制度,建立考勤及工作完成情况的奖励制度。

(4)人员的培训和持证上岗。施工人员的个人素质和专业技术直接影响到工程项目的质量、安全、成本和工期。提高施工人员综合素质的途径,是采取有效措施全面开展培训,通过培训使施工人员达到预定的目标和水平,并通过考核取得相应的合格证,持证上岗。培训内容如下。

现场管理知识的培训。随着社会经济的发展,要做到提高工程质量、降低工程成本、缩短工程工期、实现安全文明施工,就必须应用科学方法进行管理,统筹安排施工全过程。因此,需要对现场管理人员加强管理知识的培训。

文化知识的培训。理论是实践的基础,通过对文化知识的学习,提高施工人员的理论水平。

专业技术的培训。智能建筑工程施工的技术含量极高,施工人员必须具备丰富的专业知识和施工经验,因此,施工人员上岗前必须进行上岗培训并持证上岗。

(5)施工人员的劳动保护。劳动保护是保证施工人员的职业健康安全的一项重要措施。由于智能建筑工程自身的特点,施工现场劳动保护较其他行业更为具体,内容为建立劳动保护和安全卫生责任制,坚持劳保用品的发放和使用管理等。

2)人力资源管理的特点

(1)人力资源管理的具体性。

施工现场根据人力资源计划完成各项劳动经济技术指标,人力资源管理要落实到现场的每个人。

(2)人力资源管理的细致性。

在现场每一项工作、每一个具体问题都需要通过劳动者的劳动来完成,必须周密安排,稍有马虎,就会给施工项目带来损失。因此,人力资源的使用和管理必须慎之又慎。

(3)人力资源管理的全面性。

现场人力资源管理的内容相当广泛,涉及劳动者的各个方面,不仅要考虑其工作状况,还要考虑学习、生活和文化娱乐等。

3)施工项目作业人员的组织形式

为完成分项工程而将相互协作的有关个人组织在一起的施工劳动集体,称为施工班组。施工班组分为专业施工班组和混合施工班组两种。

(1)专业施工班组:按施工工艺由同一专业工种的技工组成的作业队,并根据需要配备一定数量的辅助工。其优点是生产任务专一,有利于工人提高技术水平,积累生产经验;缺点是分工过细,适用范围小,工种间搭接配合差。适用于专业技术要求较高或专一工程量较集中的工程项目。

(2)混合施工班组:将劳动对象所需的相互联系的工种工人组织在一起形成的施工队。其优点是便于统一指挥、协调生产和工种间的搭接配合,有利于提高工程质量,培养一专多能的多面手;但其组织工作要求严密,管理要得力,否则易产生干扰和窝工现象。

施工班组的规模一般应依工程大小而定,采取哪种形式,则应在有利于节约劳动力、提高劳动生产率的前提下,按照实际情况而定。智能建筑工程施工,一般采用专业施工班组。

2. 材料管理

施工项目材料管理是指对施工生产所需的全部材料,运用管理职能进行材料计划、订货、采购、运输、验收保管、定额供应、消耗管理。

1)材料管理的任务

(1)供应管理。供应管理包括物资从项目采购供应前的策划、供方的评审与评定、合格供方的选择、采购、运输到施工现场(或加工地点)的全过程。这一过程必须进行精心的组织协调、合理的计划安排、有效的监督控制,以降低流通过程的成本。施工项目所需物资应适时、适价进行合理配套,保证施工生产的顺利进行。

（2）消耗管理。消耗管理包括物资从进场验收、库存保管、出库、拨料、限额领料、耗用过程的跟踪检查、物资盘点到剩余物资的回收利用等全过程。这一过程是根据施工企业规定使用的消耗定额，合理控制施工现场的材料消耗，并通过采用新技术、新材料和先进的施工工艺，不断提高操作者的技术水平，避免返工浪费，降低单位工程消耗水平，使施工企业以最小的投入获得较大的经济效益。

2）材料管理的意义

加强材料管理对于施工项目的正常有序进行和取得较好的经济效益都具有重要意义。

（1）加强材料管理，是保证施工项目正常进行的重要条件。智能建筑工程施工项目的生产技术较为复杂，分工细致，协作关系广泛，各系统安装调试需要的物资数量庞大，品种、规格繁多，质量要求严格，供应渠道复杂，资源分布面广，使用的时间性、配套性强，供需之间的空间间隔等因素，给按时、按质、按量组织配套供应带来困难。如有任何一种物资不能满足要求，都有可能使施工生产中断。因此，要保证施工的顺利进行，就必须做好材料供应的组织管理工作。

（2）加强材料管理，正确组织核算，是管好、用好流动资金的主要环节。流动资金的占用情况是反映企业生产经营活动的一个重要方面。为了改进企业的管理工作，提高资金利用效果，必须管好、用好流动资金，力求在保证施工顺利进行的基础上，减少流动资金的占用。因此，加强储备资金的管理必须从加强材料管理着手。只有在材料物资的采购、存储和领发等各个环节上加强管理，实行严格的核算，才能在保证施工需要的前提下压缩库存材料的储备量，从而减少储备资金的占用，节约流动资金的使用。

（3）加强材料管理是减少材料消耗，降低产品成本的重要途径。材料费用是施工成本的重要组成部分。在施工项目中，材料费用在施工成本中所占比重较大，合理地使用材料对于降低施工成本有着举足轻重的作用。因此，要从材料的采购、运输、储存、保管、领发、使用等各环节加强经济核算，充分发挥管理职能，减少材料损耗，降低材料费用，从而降低工程成本。

总之，物资管理与企业各业务部门之间是密切联系、相互依存的。加强物资管理，对企业促进增产节约、文明施工、提高经济效益、增强竞争能力都具有十分重要的作用。

3）施工项目材料管理的分类

施工项目使用的材料品种较多，对工程成本和质量的影响也不尽相同。将所需材料进行分类管理，不仅能充分发挥各级材料管理人员的作用，也能尽量减少中间环节。有以下两种分类方法。

（1）根据材料对工程质量和成本的影响程度分类。

A类：主要材料，占工程成本较大（总成本 60％以上）的材料，对工程的质量有直接影响。例如线缆、各类管材、桥架、三通、弯头、各种应用软件、机柜、接线盒、各种探头等。

B类：一般材料，占工程成本较少（总成本 20％～30％）的材料，对工程的质量有间接影响。例如角钢等。

C类：辅助材料，占工程成本较小（总成本 10％以下）的材料，对工程的质量有间接影响。例如螺栓、垫片等。

（2）按照材料在生产中的作用分类。

主要材料：形成工程实体的各种材料，如线缆、桥架、各种管材、机柜、跳线架等。

周转材料：具有工具性的材料，如建筑用的架杆、模板、扣件等。智能建筑工程施工，周转材料较少。

其他材料：包括不形成工程实体，但是工程必需的材料，如螺栓、垫片等。

上述分类中的 A 类材料和主要材料是施工项目材料管理的重点研究对象。

4）施工项目的材料计划

施工项目的材料计划管理是通过运用计划的手段，来组织、指导、监督、调节、控制物资采购、运输、供应等经济活动的一种管理制度。编制物资计划前要切实查清需要量，查清企业的资源储备情况，了解外部资源，在认真综合平衡的基础上，编制出准确性较高的物资供应计划。按照计划和物资管理体制，分别编制物资申请、采购、加工等实施计划。通过计划，监督、控制项目物资采购成本和合理使用资金，以保证物资供应计划顺利实现。

施工项目的材料计划分为需用计划、申请计划、采购计划、供应计划、储备计划。其编制依据如下：

（1）工程投标书中该项目的材料汇总表；

（2）经主管领导审批的项目施工组织设计；

（3）工程工期安排和机械使用计划。

根据企业资源和库存情况，确定采购或租赁的范围。根据企业和地方主管部门的有关规定，确定供应方式（招标或非招标、采购或租赁），了解当前市场价格情况。结合本工程的施工要求、特点、市场供应状况和业主的特殊要求，对工程所需材料的供应进行策划，编制材料计划。

材料供应是施工前的一项重要准备工作，是保证顺利施工的必要条件，并贯穿在施工全过程中。因此，材料供应时间不能过早，也不能过晚，要符合施工进度要求；材料质量不能过高或过低，要符合设计要求；供应数量不能过多或过少，要满足工程需要，还要备齐配套供应到施工生产现场，保证施工生产顺利进行。

3. 机械设备管理

机械设备管理是指企业对选购机械设备、投入施工、磨损、修理直至报废全过程的管理。随着科学技术的进步，在施工过程中使用的机械设备数量、类型与技术含量在不断提升，因此必须加强现场施工机械设备管理，对施工所需要的机械设备进行合理配置，优化组合，使机械设备经常处于良好的状态，从而达到用少量的机械去完成尽可能多的施工任务，这对提高劳动生产效率、减轻劳动强度、节约资源、提高企业经济效益等都具有重要作用。

机械设备管理的任务是对设备进行综合管理，用养结合，科学地选好、管好、养好机械设备。在设备使用寿命期内，保持设备完好，不断提高企业的技术装备素质，尽可能降低工程项目的机械使用成本，充分发挥设备的效能，达到提高设备利用率、劳动生产率和工程质量的目的，取得良好的投资效益。

1）现场施工机械设备管理的内容

（1）对机械设备进行技术经济分析，选择满足生产要求、先进和经济合理的机械设备。

（2）根据项目施工的需要，做好机械设备的供应、平衡、调剂、调度等日常管理和技术档案工作；做好机务人员的技术培训工作，监督机务人员正确操作，确保安全。

（3）采用先进的管理方法和制度，加强保养维修工作，减轻机械设备磨损，使设备始终处于良好的技术状态。同时，定期检查和校验机械设备的运转情况和工作进度，发现隐患，及时采取措施，根据机械设备的性能、结构和使用状况，制订合理的维修计划，以便及时恢复现场机械设备的工作能力，预防事故的发生。

（4）遵照机械设备使用的技术规律和经济规律，合理、有效地利用机械设备，使其发挥较高的使用效率。

2）设备的选择

合理地选购设备，可以使企业以有限的设备投资获得最大的生产经济效益。选择设备的目的，是为生产选择最优的技术装备,也就是选择技术上先进、经济上合理的最优设备。企业获取机械设备的形式一般有自行制造或改造、购置和租赁三种形式。究竟采用哪种形式,则要依据技术经济分析和企业发展的内、外部条件分析来做决定。

(1)企业自行装备。施工企业根据本身的性质、任务类型和技术发展趋势需要购置部分机械设备。自有机械应当是企业常年大量使用的机械,这样才能达到较高的机械利用率和经济效果。其特点是初始投资大,但是质量可靠、维修费用低、使用效率稳定、故障率低。

(2)租赁。某些大型、专用的特殊机械,一般企业自行装备在经济上不合理时,就由专门的机械供应站(租赁站)装备,以租赁方式供施工企业使用。向租赁公司或有关单位租赁施工机具,特点是不必马上花费大量的资金,时间上比较灵活,租赁时间可长可短。

(3)机械施工承包。某些操作复杂或要求人与机械密切配合的机械施工,由专业机械化施工公司组织专业工程队承包。

4.资金管理

资金管理是指根据工程项目施工过程中资金运动的规律进行的资金收支预测、编制资金计划、筹集投入资金、资金使用、资金核算与分析等一系列资金管理工作。

1)资金计划

(1)资金的收入预测。

项目资金是按合同收取的,在实施项目合同过程中,应从收取预付款开始,每月按进度收取工程进度款,直到最后竣工结算。项目应按进度计划及合同编制出项目收入预测表,绘制出项目资金按月收入累计图。在做此项工作时应严格按照合同规定的结算办法来测算每月实际应收的工程进度款。同时还要考虑到收款滞后的因素,要注意力争尽量缩短这个滞后期,以便为筹措资金、加快资金周转、合理安排使用资金打下良好的基础。

(2)资金的支出预测。

项目资金支出的预测工作应该根据成本费用控制计划、施工组织设计和材料、设备等物资储备计划来完成。更好预测工程各阶段,每月的人工费、材料费、机械费等直接费用,以及其他直接费、管理费等各项支出,从而实现对项目整体支出的时序分布与规模的有效把控。

在做资金支出预测时应注意以下几个问题:根据工程的现状,使资金支出预测更符合实际,应从投标报价开始进行,在遇到不确定因素时再加以调整,使之与实际相符。必须重视资金的时间价值,要从筹措资金和合理安排调度资金两个方面进行考虑,一定要反映出资金支出的时间价值,以及合同实施过程中不同阶段资金的需要量。

通过收入预测和支出预测,形成资金收入和支出在整个项目中的具体安排情况,为筹集资金、管好资金、合理安排使用资金提供基础数据。在收支预测的基础上要做出年、季、月度收支计划,并上报企业财务部门审批后实施,做好收入和支出在时间上的平衡。

(3)资金管理计划。

项目资金计划的内容:包括收入方和支出方两部分。收入方包括项目本期工程款等收入、向公司内部银行借款,以及月初项目的银行存款。支出方包括项目本期支付的各项工料费用、上缴利税基金及上级管理费、归还公司内部银行借款,以及月末项目银行存款。

年、季、月度资金收支计划的编制:年度资金收支计划要根据施工合同工程款支付的条款和年度生产计划进行编制,预测年内收入的资金量,再参照施工方案,安排分阶段投入人机料等资金,做好收入和支出在时间上和数量上的平衡。编制时,关键是摸清工程款到位情况,测算筹集资金的额度,安排资金分期支付,平衡资金,确定年度资金管理工作总体安排。季度、月度资金收支计划的编制是对年度资金收支计划的落实与具体实施时的调整。结合生产计划的变化,安排好月、季度资金收支,重点是月度资金收支计划。以收定支,量入为出,根据施工月度作业计划,计算出主要人机料的费用及分项收入,结合材料月末库存,由项目经理部各用款部门分别编制人机料的费用及分包单位支出等分项用款计划,经平衡确定后报企业审批实施。

2)资金的筹措

(1)施工过程中所需要资金的来源。施工过程中所需要的资金来源,一般是在承包合同条件中予以规定的,由发包方提供工程备料款和分期结算工程款,但往往这部分资金由于种种原因不能及时提供或者提供额度不足。这时候需要项目采取垫支部分自有资金的办法,但这种占用在时间与数量上必须严格控制,以免影响整个企业生产经营活动的正常进行。施工项目资金来源的渠道是:预收工程备料款;已完成施工价款结算;由于增加工程量等原因而获得的索赔;银行贷款;企业自有资金;其他项目资金的调剂、占用等。

(2)在筹措资金时应遵循的原则。充分利用自有资金,可以灵活调度,不需支付利息,降低成本;必须在经过收支对比后,按差额来筹措,以免造成浪费;把利息的高低作为选择资金来源的主要标准,尽量利用低利率贷款。

3)资金的收支管理

资金的收支直接影响着施工项目的生命线和施工项目的顺利进展。如果项目资金回收不及时,将使项目收支出现困难。为了保证工程的有序进行,维护施工现场正常的秩序、压缩项目成本,必须要对项目资金的收支进行有效的管理。资金的收支管理的主要内容包括现金、银行存款、银行借款、银行票据及其他形式的货币资金。一般实行预算管理和计划控制原则,坚持收支两条线管理。在进行预算管理时,合理分配资金是很重要的,资金的使用有以下两个原则。

(1)以收定支原则。通过收入来确定支出。尽量控制施工项目资金成本,在遇到施工项目的进度和质量有变化时,应视具体情况进行区别对待。

(2)资金计划原则。根据施工项目进度、业主支付能力、企业垫付能力、分包商或供应商承受能力等制订相应的资金计划,按计划进行资金的回收和支付。

5. 施工技术管理

施工技术管理是指对各项技术工作要素和技术活动过程进行的管理。项目经理部应在技术管理部门的指导和参与下建立技术管理体系,具体工作包括:技术管理岗位与职责的明确、技术管理制度的制订、技术组织措施的制订和实施、施工组织设计编制及实施、技术资料和技术信息管理。

1)技术管理的基本内容

(1)技术管理的基础工作。技术管理的基础工作包括实行技术岗位责任制,贯彻执行技术规范、标准与规程,建立、执行技术管理制度,开展科学研究、试验,交流技术手段,管理技术文件等。技术管理控制工作应加强技术计划的制订和过程验证管理。

(2)施工过程中的技术管理工作。施工过程中的技术管理工作包括施工工艺管理、材料试验与检验、计量工具与设备的技术核定、质量检查与验收、技术处理等。

(3)技术开发管理工作。技术开发管理工作包括技术培训、技术革新、技术改造、技术开发创新等。

2)技术管理制度

(1)施工图深化设计制度。在建设过程中,特别是大型复杂工程的智能建筑工程设计,由于其专业化程度高,往往由工程主体设计单位进行方案设计或初步设计之后,再由弱电专业单位进行深化设计,才能完成真正满足施工要求的施工图。然而,进行深化设计的弱电专业单位往往正是智能建筑工程的施工单位。

（2）图纸审查制度。图纸审查要在开工前进行，包括会审和自审。会审一般是由建设单位、监理单位和施工单位一起对设计图进行审查。自审是指项目经理组织本项目部的管理人员，尤其是资深人员对图纸进行各方面的详细审查。

（3）技术交底制度。技术交底可以细分为施工技术交底和安全技术交底。两者的侧重点各有不同，共同点是两者都需要进行书面记录，并签字。

（4）施工组织设计（施工方案）审批制度。开工前，项目部编制的施工组织设计或者施工方案必须交由项目总监理工程师审批，未经审批的施工组织设计或者施工方案不得用来指导施工。

（5）材料的检验试验制度。进入工地现场的材料，必须收集齐有关出厂合格证等技术资料，连同材料一起交给监理工程师验收，一些主要材料还必须送至专门的检测机构进行复检，未经检验或检验不合格的材料，严禁用于工程。

（6）工程质量检查验收制度。智能建筑工程中的各分项和分部工程完工后必须进行施工单位自检，然后由监理单位（建设单位）进行质量检查验收，并填写有关验收记录，交由验收人员（单位）签字（盖章），工程竣工后填写竣工验收记录。

五、智能建筑工程项目风险管理

1. 智能建筑工程项目风险类型

不同类型的工程项目有不同的风险，相同类型的工程项目根据其所处的环境、客户与项目团队以及所采用的技术与工具的不同，其项目风险也是各不相同的。总的来说，智能建筑工程项目风险有以下两种分类方法。

1）按形成原因分类

按风险形成的主要原因来进行风险因素分析，体现的是风险形成的主观和客观原因，包括以下几个方面的风险。

（1）决策风险。决策风险是智能建筑工程项目最大、最可怕的风险，如果项目不可行、立项错误，造成根基不稳，就会全盘皆输，项目失败早成定局。项目决策风险包括：高层战略风险，如指导方针战略思想可能有错误而造成项目目标错误；环境调查和市场预测的风险；投标决策风险，如错误的项目选择，错误的投标决策、报价等。

（2）行为主体风险。智能建筑工程项目行为主体产生的风险也是常见的项目风险来源之一。如投资者项目资金准备不足，项目仓促上马，支付能力差，改变投资方向，违约不能完成合同责任等产生的风险；承包人（分包商、供应商）技术及管理能力不足，不能保证安全质量，无法按时交工等产生的风险；项目管理者和监理工程师的能力、职业道德、公正性差等产生的风险等。

（3）软件危机风险。软件是维持和增强智能建筑工程项目竞争力的基础，其好坏是决定智能建筑工程项目成败的关键性技术因素。软件危机是指在计算机软件的开发和维护过程中所遇到的一系列严重问题，包括用户需求不明确，变更过多；软件开发不规范，没有建立完整的文档管理制度；开发进度难以控制；软件质量差；软件维护困难等。

（4）项目管理风险。项目管理风险包括智能建筑工程项目过程管理的方方面面，如项目计划的时间、资源（包括人员、设备）分配，项目质量管理，项目管理技术（流程、规范、工具等）的采用及外包商的管理等，因项目计划不周、制度缺乏、经营不善、技术落后、用人不当、沟通不畅等项目管理混乱而造成的风险。

（5）项目组织风险。组织风险中的一个重要来源就是项目决策时所确定的项目范围、时间与费用三个要素之间的矛盾。三要素的关系是相互并存,相互制约的,不合理的匹配必然导致项目执行的困难,从而产生风险。智能建筑工程项目资源不足或资源冲突方面的风险同样不容忽视,如人员到岗时间、人员知识与技能不足等。组织中的团队精神和文化氛围同样会导致一些风险的产生,如团队协同合作和人员激励不当导致内部不团结、人员离职等。

(6)外部环境风险。智能建筑工程项目外部环境风险主要包括:政治、经济环境的变化,如政治风险、法律风险、经济风险、社会风险;与项目相关的规章或标准的变化、组织中雇佣关系的变化,如公司并购、自然灾害、外围主体(政府部门、相关单位)等产生的风险。这类风险因项目性质的不同而对其影响的程度也不一样。

2)按影响结果分类

按风险对目标的影响来进行风险因素分析,体现的是风险作用的结果,包括以下几个方面的风险。

(1)工期风险:如造成局部的(工程活动、分项工程)或整个工程的工期延长,工程项目不能及时竣工验收。

(2)成本风险:包括财务风险、资金链断裂、成本超支、投资追加、收入减少等。

(3)质量风险:包括系统不符合用户需求,设备、材料、工艺、工程等不能通过验收,项目试运行不合格,经过评价工程质量未达到标准或要求等。

(4)能力风险:项目建成后,功能和性能达不到用户要求,生产能力达不到设计要求等。

(5)市场风险:项目建成后,产品达不到预期的市场份额,销售不足,没有销路,没有竞争力。

(6)信誉风险:可能造成对企业的形象、信誉的损害。

(7)伤亡损失风险:项目实施或使用过程中人身伤亡以及设备的损坏。

(8)法律责任风险:因被起诉而要承担相关法律的或合同的责任。

2. 智能建筑工程项目风险特点

智能建筑工程项目所面临的风险种类繁多,各种风险之间的相互关系错综复杂,所以从立项到竣工后运行的整个生命期中都必须重视风险管理。归纳起来,其风险具有如下特点。

1)风险存在的客观性和普遍性

作为损失发生的不确定性,风险是不以人的意志为转移的,并超越人们的主观意识而客观存在。风险的普遍性表现在几乎所有的项目都存在着风险,特别是像智能建筑工程这样的高科技项目,把先进复杂的现代信息技术与建筑技术有机结合在一起。在项目的整个寿命周期内,自始至终风险是无处不在、无时不有的。这些说明为什么虽然人类一直希望认识和控制风险,但直到现在也只能在有限的空间和时间内改变风险存在和发生的条件,降低其发生的频率,减少损失程度,而不能也不可能完全消除风险。

2)风险发生的偶然性和必然性

智能建筑工程项目风险发生的偶然性表现在任何具体风险的发生都是诸多风险因素和其他因素共同作用的结果,是一种随机现象。智能建筑工程项目风险发生的必然性是指虽然个别风险事故的发生是偶然的、杂乱无章的,但对大量风险事故资料的观察和统计分析,发现其呈现出明显的规律,这就使人们有可能用概率统计方法及其他分析方法去计算风险发生的概率和损失程度,同时也使得风险管理技术方法迅猛发展。

3)风险的可变性

智能建筑工程项目风险的可变性是指在项目的整个实施过程中,各种风险在性质和数量上都是在不断变化的。随着工程项目的实施进展,有些风险可以规避,有些风险会得到控制,有些风险会发生并得到处理,同时在工程项目的每一阶段都可能产生新的风险。

4)风险的多样性和多层次性

一般大中型工程建设项目,特别是智能建筑工程项目要求高、周期长、技术新、涉及范围广、风险因素数量多且种类繁杂,致使其在整个寿命周期内面临的风险多种多样,而且大量风险因素之间的内在关系错综复杂,各风险因素与外界交叉影响又使风险显示出多层次性,这是智能建筑工程项目风险的主要特点之一。

3. 智能建筑工程项目全面风险管理

1)全面风险管理的含义

工程项目全面风险管理是运用系统科学的方法,在工程项目整个生命期内,采取全面的组织措施,对项目的全部风险进行全过程、全方位的管理,简称"一法四全"。它不仅使各层次的项目管理者建立风险意识,重视风险问题,防患于未然,而且在工程项目实施的各个阶段、各个方面执行有效的风险控制,形成一个前后连贯的管理过程,以减少项目实施过程中的不确定性。

智能建筑工程项目全面风险管理包括以下几方面的含义。

(1)用系统的观点、动态的方法进行风险控制:针对智能建筑工程项目具有工期长、不确定因素多、经济风险和技术风险大的特点,从全面、整体、系统和发展的观点出发,充分考虑到各子系统间相互依存、相互制约的联系和作用,以动态的方法对项目风险进行严格控制。

(2)项目全过程的风险管理:从项目的立项到项目的结束,都必须进行风险的研究与预测、过程控制以及风险评价,实行全过程的有效控制并积累经验。

(3)项目全部风险的管理:对各种类型的项目风险进行严密的监控管理。

(4)项目风险全方位的管理:从决策、技术、经济、组织、合同等各个方面采取有效措施尽量避免和减少项目风险的发生。

(5)项目风险全面的组织管理措施:建立良好的项目风险管理体制,发挥所有员工的积极能动作用,群策群力,采取健全的组织管理措施,防患于未然。

2)全面风险管理的任务

风险贯穿于智能建筑工程项目的整个生命期中,风险管理是个持续的过程,建立良好的风险管理机制和基于风险的决策机制是工程项目成功的重要保证。风险管理是工程项目管理流程与规范的重要组成部分,制订风险管理规则、明确风险管理岗位与职责是做好工程项目风险管理的基本保障。同时,不断丰富风险数据库、更新风险识别检查列表、注重项目风险管理经验的积累和总结更是风险管理水平提高的重要动力源泉。

一般地,智能建筑工程项目全面风险管理的主要任务有三方面。

(1)预报预防。在智能建筑工程项目工程实施过程中,要不断地收集和分析有关项目的各种信息和动态,捕捉项目风险的前奏信号,以便更好地准备和采取有效的风险对策,包括工程项目投保等措施,预防和避免可能发生的风险。加强风险预报预防工作是项目风险管理最重要的任务,预防措施的好坏,直接关系到风险发生的概率和风险损失的大小。

(2)防范控制。无论预防措施做得有多么周全严密,智能建筑工程项目的风险总是难以完全避免的。当风险发生时,要进行有效控制,防范风险损失范围和程度进一步扩大。在风险状态下,依然必须保证工程项目的顺利实施,如迅速恢复生产,按原计划保证完成预定的目标,防止工程项目中断和成本超支,唯有如此,才能有机会对已发生和可能发生的风险进行良好的控制。

(3)积极善后。在项目风险发生后,亡羊补牢,为时未晚,要迅速及时地采取各种有效措施以控制风险的影响,尽量降低风险损失,弥补风险损失,争取获得风险的赔偿,如向保险单位、风险责任者提出索赔,以尽可能地减少风险损失。

4. 智能建筑工程风险防范对策

1)风险防范计划

完成了智能建筑工程项目风险分析后,实际上就已经确定了工程项目中存在的风险,以及它们发生的可能性和对工程项目的冲击,因而可以对项目进行风险排序。根据风险性质和项目对风险的承受能力制订相应的防范计划,即风险防范对策。制订风险防范对策主要考虑可规避性、可转移性、可缓解性、可接受性因素。

风险防范对策总的目标是减小风险的潜在损失。风险防范对策在某种程度上决定了采用什么样的工程项目开发方案。对于应"规避"或"转移"的风险,在制订工程项目策略与计划时必须重视,加以仔细考虑。

2)风险控制对策

项目风险控制是对使风险损失趋于严重的各种条件采取措施进行控制,从而避免或减少发生风险的可能性及各种潜在的损失。项目风险控制对策有风险回避和损失控制两种形式。风险回避对策经常是一种规定,如禁止某项活动的规章制度。风险损失控制是通过减少损失发生的机会或通过降低所发生损失的严重性来处理项目风险。风险损失控制方案的内容包括:制订安全计划、评估及监控有关系统及安全装置、重复检查工程建设计划、制订灾难计划、制订应急计划等。

在参加智能建筑工程项目投标时,要权衡利弊、量力而行,要回避风险大的项目,选择风险小或适中的项目。对待工程项目风险,时时都要提高警惕,特别在项目决策过程中,一开始就应该掂量掂量风险和成功,谁重谁轻,冒险值不值。对于那些可能明显导致亏损的工程项目要坚决放弃,对于那些风险超过自己的承受能力,并且成功把握不大的项目也应该尽量回避,这是相对保守的项目风险防范对策。

3)风险自留对策

项目风险自留是一种重要的财务性管理技术,是指由自己承担项目风险所造成的损失。项目风险自留对策分计划性风险自留和非计划性风险自留两种。计划性风险自留是指项目风险管理人员有意识地不断地降低风险的潜在损失。非计划性风险自留是指当项目风险管理人员没有认识到项目风险的存在,因而没有面对和处理项目风险的思想准备、组织准备和物资准备,被动地承担风险,此时的风险自留是一种非计划性风险自留。项目风险管理人员通过减少风险识别失误和风险分析失误,避免这种非计划性风险自留。

4)风险转移对策

风险转移是工程项目风险管理中最重要、最常用的风险防范对策,主要有以下两种方式。

(1)合同转移:风险合同转移是指用合同方式规定签约双方的风险责任,从而将风险本身转移给对方以减少自身的损失。因此,合同中应包含责任和风险两大要素。

(2)项目投保:项目投保是全面风险管理计划中最重要的风险转移技术,目的在于将项目实施过程中发生的大部分风险通过保险对策进行转移,以减轻与项目实施有关方的损失负担和可能由此产生的纠纷。通过支付保险费,在项目受到意外损失后能够获得补偿。项目保险的目标是实现最优的工程保险费和最理想的保障效果。

5)风险分配对策

风险分配对策是从工程项目整体效益的角度出发,把项目风险合理分配给项目所有参与方,以最大限度地发挥各方的积极性。工程项目风险是时刻存在的,这些风险必须在工程项目所有参与者(包括投资者、发包人、项目管理者、承包人、供应商等)之间进行合理的分配,只有每个参与者都有一定的风险责任,他才有对项目管理的积极性和创造性;只有合理地分配风险,才能调动各方的积极性,才能有工程项目的高效益。

6)风险分散对策

采用多领域、多地域、多项目分散投资的办法,可以分散风险。适度扩大投资面及经营范围,扩大资本效用,与众多合作伙伴共同承担风险,可以达到降低总经营风险的目的。

项目风险分散是智能建筑工程建设常用的一种风险防范对策,特别是重大工程项目,其利润高,但风险也大,如果独家投资开发(发包人)或承建建设(承包人)冒险性太大,就可以寻找有实力的、可靠的、信誉好的合作伙伴,联合一起投资开发(发包人)或参加项目投标(承包人),在签订合作协议时要明确规定各方分配的风险比例。此外,发包人委托监理单位负责工程项目实施过程的监督管理,也是一种项目风险分散对策,发包人把项目管理的责任风险通过授权委托的方式分散给了监理单位。

7)风险保证金制度

要求对方提供合理的风险保证金,从财务的角度为防范风险做准备,在工程报价中增加一笔不可预见的风险费,以抵消或减少风险发生时的损失。

8)加强组织和技术措施

为了降低风险事件发生概率及减小风险产生的影响,可采取可靠先进的技术措施,加强和完善风险管理的组织措施。如选择有弹性的、抗风险能力强的技术方案,进行预先的技术模拟试验,采用可靠的保护和安全措施。对管理的项目选派得力的技术和管理人员,采取有效的管理组织形式,并在实施的过程中实行严密的风险监控,加强计划工作,抓紧阶段控制和中间决策等。

确定了智能建筑工程项目风险防范对策后,可编制工程项目全面风险管理计划,主要包括:已识别的项目风险及其描述、风险发生的概率、风险应对的责任人、风险防范对策、行动计划及处理方案、应急计划、项目保险安排等。

六、智能建筑工程项目范围管理

1. 范围管理的目标

范围管理以项目范围说明文件和项目规划作为分析活动的基本出发点,从系统角度对它们进行检查与调整,避免或尽早剔除早期错误,从而提高项目开发成功率,降低开发成本,改进项目质量。在项目范围管理中,项目经理的工作是采取适当的措施来保证实现项目目标,如将用户需求文档化,控制项目范围的变化,负责项目实施过程中充分实现和满足用户需求等。项目范围管理要解决的问题是让用户(发包人)和承包人共同明确将要实施的是一个什么样的项目。具体来说,范围管理目标主要有以下几点。

(1)通过对项目范围,包括用户需求及其环境的理解、分析和综合,建立分析模型,对项目范围进行识别,对于技术上目前无法实现或不合理的用户要求不要列入范围规格说明书。

(2)在完全弄清用户(发包人)对项目真实要求的基础上,用范围规格说明书把用户的需求表达出来,并建立项目管理使用的需求基线,使项目范围变更受到控制。

(3)使项目计划、活动和可交付成果与用户需求保持一致。在范围管理过程中,需要制订项目范围管理规划。为了实现第二个目标,必须控制需求基线的变动,按照变更控制的标准和规范的过程进行项目范围变更控制;为了实现第三个目标,则必须对项目范围进行跟踪,管理需求和其他联系链之间的联系和依赖,发包人、承包人和工程项目经理部三方之间必须就变更达成共识,对项目计划做出调整。

2. 智能建筑工程范围管理活动

智能建筑工程项目范围管理在用户需求调研分析的基础上进行，贯穿于整个项目实施过程，是项目管理的一部分。在项目实施过程中，无论处于哪个阶段，一旦有需求错误出现或任何有关项目范围的变更出现，都需要借助范围管理活动来解决相关问题。

进行范围管理的第一步是建立范围管理规划，范围管理规划的内容包括以下几个方面。

范围识别：给项目范围内的每一个工作包以唯一的标识，以便在文档上下文中引用。

范围变更管理：确定一个范围变更分析和决策的流程，所有的范围变更都要遵循。

范围跟踪：定义项目范围中所有子项或工作包之间的关系、需求和设计之间的关系，记录并维护这些关系。

自动化工具：选择合适的项目范围管理工具。对于简单的小项目，可能不必使用专业化的项目范围管理工具，项目范围管理过程用计算机文字处理工具、电子表格和个人电脑数据库就能支持。对于比较复杂的大型项目，最好能采用专业的范围管理工具，范围管理工具在存储、范围变更管理、范围跟踪等方面能起很大作用，能帮助项目承包人在数据库中存储不同类型的需求、为需求确定属性、跟踪其状态，并在需求与其他工作系统之间建立跟踪能力联系链。

3. 项目功能需求和性能需求

项目功能需求和非功能需求（性能需求）是确定项目范围的关键，也是最难搞清楚、最难圆满实现的两项需求。

1）功能需求

功能需求描述项目所应提供的功能，包括项目应该提供的服务、对输入如何响应，以及特定条件下项目行为的描述。有时，功能需求还包括项目不应该做的事情。功能需求取决于项目的类型、用户（发包人）及系统的类型等。

如何完整地刻画项目功能，是整个项目用户需求的核心。理论上，项目的功能需求应该具有全面性和一致性。全面性意即应对用户（发包人）所需要的所有服务进行描述，一致性是指功能需求不能前后自相矛盾。实际上，对于大型复杂的智能建筑工程项目来说，要真正做到功能需求表达全面和一致几乎是不可能的。原因有两点：其一是项目本身固有的复杂性；其二是用户（发包人）和工程项目经理部成员站在各自不同的立场上，导致他们对项目需求的理解有偏差，甚至出现矛盾。有些项目需求在描述的时候，其中存在矛盾并不明显，但在深入分析之后问题就会显露出来。为保证智能建筑工程项目的成功，不管是在项目范围评审阶段，还是在随后的其他任何阶段，只要发现问题，就必须修正项目需求文档。

2）性能需求

作为功能需求的补充，非功能需求是指那些与项目的具体功能相关的另一类需求，但它们只与项目的总体特性相关，即项目的性能，如可靠性、稳定性、安全性、响应时间、存储空间等。性能需求定义了对项目提供的服务或功能的约束，包括时间约束、空间约束、开发过程约束及应遵循的标准规范等。

与关心项目个别特性的功能需求相比，性能需求关心的是项目的整体特性，因而对于项目来说，性能需求更关键。一个功能需求得不到满足会降低项目的能力，但一个性能需求得不到满足则有可能使整个项目无法运行。

性能需求不仅与项目本身有关，还与项目的开发过程有关。与过程相关的性能需求的例子包括对在项目实施过程中必须要使用的设计标准、质量标准和项目管理规范的描述，设计中必须使用工具的描述及实施过程所必须遵守的原则的描述等。

按照性能需求的起源,可将其分为产品需求、机构需求、外部需求三大类,进而可以细分。产品需求对产品的行为进行描述;机构需求描述用户(发包人)与工程项目经理部所在机构的政策和规定;外部需求范围比较广,包括项目的所有外部因素和实施过程。

4.智能建筑工程项目范围验证过程

智能建筑工程项目范围验证是指验证项目范围说明文件的正确性和可行性,检验项目范围说明文件所列需求能否反映用户的意愿。它和需求分析有很多共性,都是要发现项目范围说明文件中的问题,但却是截然不同的过程。项目范围验证关心的是项目范围说明文件的完整性,需求分析关心的是项目范围说明文件中不完整的需求。

智能建筑工程项目范围验证很重要,在项目总体方案设计开始之前,验证用户(发包人)需求的正确性及其质量,可以大大减少项目实施后期的返工现象。而如果在后续的实施中或当项目投入使用时才发现项目范围说明文件中的错误,就会导致更大代价的返工现象,因为项目范围的变更总是会带来项目设计和实施的改变。项目范围验证可按如下四个步骤进行。

1)审查项目范围说明文件

对项目范围说明文件进行正式审查是保证项目质量的有效方法。组织一个由项目经理、用户(发包人)、开发人员、测试人员组成的小组,对项目范围说明文件及相关模型进行仔细检查。另外,在用户需求调研分析期间所做的非正式评审也是有裨益的。如果评审人员不懂得怎样正确地评审项目范围说明文件和怎样做到有效评审,则很可能会遗留一些严重的问题,因而要对参与评审的所有成员进行培训,请组织内部有经验的评审专家或外界的咨询顾问来讲授,以使评审工作更加有效。

2)依据需求编写测试用例

根据用户需求所要求的项目特性编写黑盒功能测试用例。用户通过使用测试用例确认是否达到了期望的要求。还要从测试用例追溯功能需求,以确保没有任何用户需求被疏忽,并且确保所有测试结果与测试用例相一致。同时,还可以使用测试用例验证需求模型的正确性,如在原型上检验项目是否满足用户(发包人)的真正需求。理想情况下,用户需求应是可测试的,可设计测试用例来验证。若测试的设计很困难或是不可能的,则说明用户需求的实现会很困难,应该重新考虑该项需求的合理性。

3)编写用户手册

在用户需求调研的早期即可起草一份用户手册,将它作为项目范围说明文件的参考,辅助进行需求分析,如质量属性、性能需求及对用户不可见的功能则可在项目范围说明文件中予以说明。

4)确定合格的标准

确定合格的标准是让用户描述什么样的项目能满足他们的要求和适合他们使用,合格的测试是建立在使用情景描述或测试用例的基础之上的。

七、智能建筑工程项目信息系统安全管理

信息技术是智能建筑工程项目的基础和关键技术,由于计算机网络的开放性、互联性等特征,网络易受黑客、病毒和其他计算机犯罪行为的攻击,而且信息化程度越高,就越容易受到攻击,所造成的损失就越大,智能建筑工程项目的系统安全面临新的、更严峻的挑战。

当前,信息技术在政务、金融和商务等方面的应用日益扩大,客观上为计算机犯罪提供了更多的机会;另一方面,计算机技术的普及,使人们从小就能接触、学习计算机,并且能够很容易地学到

实施网络攻击或利用网络进行犯罪的方法和技术。因而,具有实施计算机犯罪能力的人越来越多。相应地,计算机犯罪案件也不可避免地随之增多。计算机犯罪将在一定时期内继续存在、发展,并在犯罪数量、危害程度及表现形态等方面呈上升势头。

1. 信息系统安全的概念

信息系统安全是指要保障系统中的人、设备、设施、软件、数据等要素避免各种偶然的或人为的破坏或攻击,使它们发挥正常,保障系统能安全可靠地工作。信息系统安全管理是指为了确保信息系统安全而采取的一系列管理和技术措施,其目的就是要保障信息系统的如下性能。

信息系统运行稳定可靠性:硬件不出故障,包括信息的真实性和完整性、数据单元完整性、数据单位序列完整性。

信息的可用性:保障系统中数据无论在何时,无论经过何种处理,只要需要,信息必须是可用的。

信息的保密性:系统中的数据必须按照数据拥有者的要求,保证一定的秘密性,防止信息的非授权访问或泄露。

信息的合法使用性:系统中合法用户能够正常得到服务,能正常合法地访问资源和信息,而不至于因某种原因遭到拒绝或无条件阻止。

2. 智能建筑工程项目信息系统安全风险分析

智能建筑工程项目信息系统安全风险由多种因素引起,与网络结构和系统的应用、服务器的可靠性等因素密切相关。针对智能建筑工程项目可能存在的安全隐患,在进行安全方案设计时必须要认真考虑下述安全风险,并采取防范措施。

1)物理安全风险

智能建筑工程项目信息系统物理安全一般指的是计算机硬件及外部设备不受环境物理的损坏。统计资料表明:随着信息技术的不断发展和计算机系统的广泛使用,信息系统物理安全隐患越来越多,所造成的破坏也越来越严重。智能建筑工程项目信息系统物理安全的风险是多种多样的,包括地震、水灾、火灾、台风、雷击等环境事故,断电和电源故障,人为破坏、操作失误或错误,设备被盗、被毁,电磁和静电干扰,线路截获等。

2)网络平台的安全风险

网络结构的安全风险涉及网络拓扑结构、网络路由状况及网络的环境等。没有安全保障的信息资源无法实现自身的价值,作为信息的载体,计算机网络亦然。智能建筑工程项目局域网内公开服务器区(WWW 等服务器)作为用户的信息共享、传输和发布平台,要对外界保持开放相应的服务,与此同时,黑客试图闯入互联网节点,这些节点如果不保持警惕,可能连黑客怎么闯入的都不知道,甚至会成为黑客入侵其他站点的跳板。

3)系统安全风险

系统安全是指网络操作系统、网络硬件平台是否可靠且值得信任。实际上,目前世界上所有的操作系统都存在着安全漏洞,这是造成系统安全风险大的主要原因。

4)应用系统的安全风险

应用系统的安全与具体的应用有关,主要涉及以下两个方面。

(1)应用系统的安全是动态的、不断变化的:应用系统的安全涉及面广,随着应用类型在不断增加,其结果是安全漏洞也在不断增加且隐藏越来越深。

(2)应用系统的安全性涉及数据的安全性:数据安全问题涉及机密信息泄露、未经授权的访问、破坏数据完整性和真实性、破坏系统的可用性等。

5）管理的安全风险

管理是网络安全最重要的部分。责权不明、管理混乱、安全管理制度不健全，以及缺乏可操作性等，都可能引起管理安全风险出现。

6）黑客攻击

黑客的攻击行动是无时无刻不在进行着的，而且会利用系统和管理上的一切可能利用的漏洞，骗过公开服务器软件，得到系统口令文件并将其送回。黑客侵入服务器后，有可能修改特权，从普通用户变为高级用户，一旦成功，黑客可以直接进入口令文件。黑客还能开发欺骗程序，将其装入服务器中，用以监听登录会话，窃取他人的账户和口令。

7）通用网关接口（CGI）漏洞

有一类风险涉及通用网关接口（CGI）脚本。通常，这些CGI脚本只能在这些所指WWW服务器中寻找，但如果进行一些修改，就可以在WWW服务器之外进行寻找。黑客可以修改这些CGI脚本以执行他们的非法任务。

8）病毒的传播

计算机病毒一直是计算机安全的主要威胁。目前病毒的种类和传染方式正在增加，病毒总数已达6万以上。

9）内部不满员工的破坏

内部不满的员工可能会对系统进行恶意破坏。无论如何，他们最熟悉服务器、小程序、脚本和系统的弱点。对于已经离职的不满员工，可以通过定期改变口令和删除系统记录减少这类风险。还有一些心怀不满的在职员工，这些员工比已经离开的员工能造成更大的损失，例如他们可以泄露重要的安全信息，进入数据库删除数据等。

3. 信息系统安全方案设计原则

在进行智能建筑工程项目信息系统安全方案设计、规划时，应充分考虑信息系统安全保障问题，采取有力措施，确保系统安全。信息系统安全方案设计应遵循以下原则。

1）综合性、整体性原则

应用系统工程的观点、方法，分析网络安全及具体保障措施。安全保障措施主要包括：行政法律、各种管理制度、人员审查、工作流程、维护保障制度等，以及专业技术措施，如身份识别技术、存取控制、密码、低辐射、容错、防病毒、采用高安全产品等。好的安全保障措施往往是多种方法适当综合的结果，只有从系统、综合、整体的角度去看待、分析，才能得出有效、可行的保障措施。

2）需求、风险、代价平衡的原则

对智能建筑工程项目而言，不可能有信息系统的绝对安全，安全总是相对的，并且是有代价的。对智能建筑工程项目进行实际整体研究，包括任务、性能、结构、成本、可靠性、可维护性等，并对系统面临的威胁及可能承担的风险进行定性与定量相结合的分析，然后制订安全规范和保障措施，确定信息系统的安全策略。

3）一致性原则

一致性原则主要是指信息系统安全问题应与整个智能建筑工程项目的生命期同时存在，制订的安全体系结构必须与系统的安全需求相一致。在智能建筑工程项目实施过程中，从方案设计，包括初步、详细设计和实施计划，到实际实施、测试验证、竣工验收、正式运行等，都要有信息系统安全的内容及安全保障措施。在项目方案论证阶段就应当考虑信息系统安全对策，这比在项目建设好以后再考虑信息系统安全保障措施更容易，且花费更小。

4）易操作性原则

信息系统安全保障措施需要人去完成,如果措施过于复杂,对人的要求过高,本身就降低了安全性。其次,采用的信息系统安全保障措施不能影响项目的正常运行。

5）分步实施原则

由于智能建筑工程项目及其应用扩展范围广泛,随着规模的扩大及应用的增加,其信息系统脆弱性也会不断增加。一劳永逸地解决信息系统安全问题是不现实的。同时实施信息系统安全措施需要有相当的费用支出。因此,分步实施既可满足信息系统安全的基本需求,又可节省项目费用开支。

6）多重保障原则

任何信息系统安全保障措施都不是绝对安全的,都可能被攻破,因而要建立一个多重保障体系,各层次保护相互补充,当一层保护被攻破时,其他层保护仍可保障信息系统的安全。

7）可评价性原则

预先评价一个信息系统安全设计方案并验证其安全性,需要通过国家有关信息安全测评认证机构的评估来实现。

4. 信息系统安全体系结构

1）物理安全管理

保证智能建筑工程项目各种设备的物理安全是整个信息系统安全的前提,物理安全管理是指保护计算机网络设备、设施及其他软、硬件免遭地震、水灾、火灾等环境事故,人为操作失误或错误,以及各种计算机犯罪行为导致的破坏过程。

物理安全管理主要包括以下三个方面。

环境安全:对信息系统所在环境的安全保护,如区域保护和灾难保护等。

设备安全:主要包括设备的防盗、防毁、防电磁辐射、防止信息泄露、防止线路截获、抗电磁干扰及电源保护等。

软件安全:包括数据的安全及软件本身的安全。

2）网络结构安全管理

计算机网络结构安全是智能建筑工程项目信息系统安全保障体系成功建立的基础。在整个网络结构安全管理方面,主要考虑网络结构、系统和路由的优化。

计算机网络结构的建立要考虑环境、设备配置与应用情况、远程联网方式、通信量的估算、网络维护管理、网络应用与业务定位等因素。成熟的计算机网络结构应具有开放性、可靠性、先进性和实用性,并且应有结构化的设计,充分利用现有资源,具有运营管理的简便性和完善的安全保障体系。计算机网络结构采用分层的体系结构,有利于维护管理,有利于更高的安全控制和业务发展。计算机网络结构的优化,在网络拓扑上主要考虑到冗余链路、防火墙的设置和入侵检测的实时监控等。

3）网络安全控制

(1)访问控制。制订严格的计算机网络安全管理制度,包括《用户授权实施细则》《口令字及账户管理规范》《权限管理制度》,配备相应的安全设备,如在内部网与外部网之间设置防火墙和网闸,实现内外网的隔离与访问控制。

(2)不同网络安全域的隔离及访问控制。利用虚拟网划分技术来实现对内部子网的物理隔离。通过在交换机上划分虚拟网可以将整个网络划分为几个不同的域,实现内部各个网段之间的物理隔离。

(3)网络安全检测。计算机网络安全检测工具通常是一个网络安全性评估分析软件,其功能是用实践性的方法扫描分析计算机网络系统,检查报告系统存在的弱点和漏洞、建议补救措施、安全策略,达到增强网络安全性的目的。

4)安全审计与监控

安全审计是记录用户使用计算机网络系统进行所有活动的过程,它是提高安全性的重要工具。它不仅能够识别谁访问了系统,还能看出系统正被如何使用。对于确定是否有网络攻击的情况,安全审计信息对于确定攻击源很重要。通过对计算机网络安全事件的不断收集与积累,并且加以分析,有选择性地对其中的某些站点或用户进行审计跟踪,可以为发现或可能产生的破坏性行为提供有力证据。

除使用一般的网管软件和系统监控管理软件外,还应使用目前较为成熟的网络监控设备或实时入侵检测设备,以便对进出各级局域网的常见操作进行实时检查、监控、报警和阻断,从而防止针对计算机网络系统的攻击与犯罪行为。

5)反病毒技术

智能建筑工程项目信息系统反病毒技术包括预防病毒、检测病毒和消除病毒三种技术。

(1)预防病毒技术。通过自身常驻计算机系统内存,优先获得系统的控制权,监视和判断系统中是否有病毒存在,进而阻止计算机病毒进入计算机系统和对系统进行破坏。这类技术有加密可执行程序、引导区保护、系统监控与读写控制、防病毒软件等。

(2)检测病毒技术。通过对计算机病毒的特征进行判断,如自身校验、关键字、文件长度变化等,扫描并发现计算机病毒的存在、类型和危害,为最终清除病毒打下基础。

(3)清除病毒技术。通过对计算机病毒的分析,开发出具有删除病毒程序并恢复原文件的软件。

网络反病毒技术的具体实现方法包括对网络服务器中的文件进行频繁的扫描和监测;在工作站上用防病毒芯片和对网络目录及文件设置访问权限等。

6)数据备份

数据备份的目的是一旦计算机网络系统受到损坏,尽可能快地恢复计算机网络系统的数据和系统信息。数据备份不仅可以在计算机网络系统硬件故障或人为失误时起到保护作用,也可以在入侵者非授权访问或攻击网络及破坏数据完整性时起到保护作用,同时亦是系统灾难恢复的前提。

数据备份按工作方式分类有冷备份和热备份两种。热备份是指"在线"的备份,即下载备份的数据还在整个计算机系统和网络中,只不过传到另一个非工作的分区或非实时处理的业务系统中存放。冷备份是指"不在线"的备份,即下载的备份存放到安全的存储媒介中,而这种存储媒介与正在运行的整个计算机系统和网络没有直接联系,在系统恢复时重新安装,有一部分原始的数据长期保存并作为查询使用。

常用的冷备份方式有以下几种。

(1)定期备份:定期使用磁带设备备份数据,异地存放,并在磁带存放地点配置一套完整的备用计算机设备、网络通信设备、电源设备。当备份系统未启动时,与应用设备、终端用户之间没有通信线路;而一旦发生灾难,就可在备份机上恢复数据,在备份系统与终端用户之间建立通信线路,并启用备份系统恢复终端服务。

(2)远程磁带库、光盘库备份:将数据传送到远程备份中心,制作成完整的备份磁带或光盘。一旦发生灾难,则在备份系统与终端用户之间建立通信线路,启用备份系统恢复。

(3)远程关键数据+磁带备份:采用磁带方式备份数据,应用机实时向备份机发送关键数据,一且应用机发生故障,在备份机上通过关键数据及备份磁带恢复数据和应用系统运行环境,营业终端用户将切换到备份机上,继续提供服务。

(4)远程数据库备份:在备份机上建立主数据库的一个拷贝,通过通信线路将应用机的数据库日志传到备份机,使备份数据库与主数据库保持同步。备份机与终端用户之间预留通信线路。一旦发生灾难,备份数据库则变成主数据库,接替应用机恢复向终端用户服务。数据库复制技术只能处理数据库数据,对非数据库数据则无能为力。

(5)网络数据镜像:对应用系统的数据库数据和所需跟踪的重要目标文件的更新进行监控与跟踪,并将更新日志实时通过网络传送到备份系统,备份系统则根据日志对磁盘进行更新,以保证应用系统与备份系统的数据同步。

(6)远程镜像磁盘:通过高速光纤通道线路和磁盘控制技术将镜像磁盘延伸到远离应用机的地方,镜像磁盘数据与主磁盘数据完全一致,更新方式为同步或异步。一旦应用磁盘出现故障,备份机即可接替应用机运行,快速恢复终端用户服务。

7)数据加密技术

数据加密是使信息不可解读的过程,其目的是保护信息,尤其是在传输或储存期间免于未授权查看或使用,加密依据是一种算法和至少应有一种密钥,即使知道了算法,没有密钥,也无法解读信息。

数据加密技术是信息系统采取的主要安全措施之一,用户可根据需要在信息交换阶段使用。根据密码算法所使用的加密密钥和解密密钥是否相同、能否由加密过程推导出解密过程或者由解密过程推导出加密过程,可将密码体制分为对称密码体制和非对称密码体制两类。

对称密码体制的优点是有很高的保密强度,可以经受较高级破译力量的分析和攻击。缺点是对称加密方法的密钥必须通过安全可靠的途径传递,密钥管理成为影响系统安全的关键性因素,使它难以满足系统的开放性要求。非对称密码体制的优点是可以适应开放性的使用环境,密钥管理相对简单,可以方便、安全地实现数字签名和验证。

8)数字签名

数字签名是公开密钥加密技术的另一类应用,主要方式是:报文的发送方从报文文本中生成一个128位的散列值(或报文摘要)。发送方用自己的专用密钥对这个散列值进行加密来形成发送方的数字签名。然后,这个数字签名将作为报文的附件和报文一起发送给报文的接收方。报文的接收方首先从接收到的原始报文中计算出128位的散列值(或报文摘要),接着再用发送方的公开密钥来对报文附加的数字签名进行解密。如果两个散列值相同,那么接收方就能确认该数字签名是发送方的。通过数字签名能够实现对原始报文的鉴别和不可抵赖性。

9)身份认证技术

国际上基于公开密钥体系的数字证书解决方案已被普遍采用。通信伙伴间可以使用数字证书(公开密钥证书)来交换公开密钥。数字证书通常包含有唯一标识证书所有者的名称、唯一标识证书发布者的名称、证书所有者的公开密钥、证书发布者的数字签名、证书的有效期及证书的序列号等。数字证书能够起到标识通信方的作用。

证书管理机构(certificate authority,CA)负责数字证书的颁发和管理,是通信各方都信赖的机构。在数字证书申请被审批部门批准后,CA通过登记服务器将数字证书发放给申请者,即每个用户可以获得CA中心的公开密钥,验证任何一张数字证书的数字签名,从而确定证书是否由CA中心签发、数字证书是否合法,以保证在网上传送数据的安全性及网上支付的安全性。

证书管理机构对含有公钥的证书进行数字签名,使证书无法伪造,从而为建立身份认证过程的权威性框架奠定了基础,为交易的参与方提供了安全保障,为网上交易构筑了一个相互信任的环境,解决了网上身份认证、公钥分发及信息安全等一系列问题。

10)安全管理制度

面对智能建筑信息系统安全的脆弱性,除了在系统设计上增加安全服务功能,完善系统的安全保密措施外,还必须花大力气加强信息系统安全管理制度的建立,因为诸多的不安全因素恰恰反映在组织管理和人员录用等方面,而这又是信息系统安全所必须考虑的基本问题。

(1)根据工作的重要程度,确定系统的安全等级。

(2)根据确定的安全等级,确定安全管理的范围。

(3)制订相应的机房出入管理制度,对于安全等级要求较高的系统,要实行分区控制,限制工作人员出入与己无关的区域。出入管理可采用证件识别或安装自动识别登记系统,采用磁卡、身份卡等手段,对人员进行识别、登记管理。

(4)制订严格的操作规程,根据职责分离和多人负责的原则,各负其责,不能超越自己的管辖范围。对工作调动和离职人员要及时调整授权。

(5)制订完备的系统维护制度,对系统进行维护时,应采取数据保护措施,如数据备份等。维护时要首先经主管部门批准,并有安全管理人员在场,故障的原因、维护内容和维护前后的情况要详细记录。

(6)要制订信息系统在紧急情况下尽快恢复的应急措施,以使损失降到最低。

八、智能建筑工程项目收尾管理

1. 项目收尾管理的定义

项目收尾阶段是项目实施过程中的最后一个阶段,与此相对应,项目收尾管理是项目管理全过程的最后阶段。没有通过这个阶段,项目就不算结束,不能投入使用。通常,项目收尾管理是一项既烦琐零碎,又费力费时的工作,它包括竣工验收、结算、决算、项目审计和项目后评价等方面的管理工作。

智能建筑工程项目收尾既是项目实施过程中的最后一个阶段,同时也是项目投入使用,进入运营期的开始。如果项目没有一个圆满的收尾交接过程,必将严重影响项目今后的运作,项目的维修保养也无法进行,项目的商业目的不可能实现,因此,必须做好项目的收尾管理工作。

智能建筑工程项目施工任务结束后,需要对项目的范围进行核实,确保项目计划完成的工作都圆满完成;需要对项目的可交付成果进行测试和试运行,确保其功能和性能符合用户的要求;需要对项目的可交付成果进行验收,确保项目的责任主体得到完全移交。另外,还要进行项目文档整理归档,终止项目合同,总结经验教训,安排项目移交后的培训、质保等活动。

2. 项目验收的基本原则

智能建筑工程项目验收可以分为两大部分:系统配置审核和验收测试。大致顺序为:文档审核、系统配置审核、源代码审核、测试程序或脚本审核和可执行程序测试。按照项目承包合同审查承包人提供的各种审核报告和测试报告内容是否齐全,再根据平时对承包人工作情况的了解,可以初步判断开发单位是否已经进行了足够的正式测试。

根据《智能建筑工程质量验收规范》(GB　50339—2013)的规定及实际需要,项目验收的基本原则如下。

(1)智能建筑工程质量验收应包括工程实施及质量控制系统检测和竣工验收。

(2)智能建筑工程质量验收应按"先产品,后系统;先各系统,后系统集成"的顺序进行。

(3)火灾自动报警及消防联动系统、安全防范系统、通信网络系统的检测验收应按国家相关现行标准和国家及地方的相关法律法规执行。

(4)《智能建筑工程质量验收规范》(GB 50339—2013)中以黑体字标示的条文为强制性条文,必须严格执行。

(5)验收测试和配置审核是验收评审之前必须完成的两项主要检查工作,由验收委员会主持。

(6)验收测试组在认真审查项目范围说明文件或用户需求分析报告、确认测试计划、系统测试计划以及相应的分析结论的基础上,制订验收测试计划。

(7)系统配置审核组在项目范围说明文件或用户需求分析报告、确认测试、系统测试等过程中形成的产品变更控制及审核工作的基础上,开展审查工作。

(8)项目承包人自检自测过程中原有的测试和审核结果凡可用的就利用,验收委员会可不必重做该项测试或审核。与此同时,还可根据发包人的要求临时增加一些测试和审核内容。

(9)验收测试组在完成验收测试的同时,要完成功能配置审核,即验收项目功能和接口与项目承包合同的一致性。

(10)系统配置审核组在完成物理配置审核后,要检查程序和文档的一致性、文档和文档的一致性、交付产品与承包合同要求的一致性及符合有关标准的情况。

3. 项目验收的程序

一般项目验收分为子系统验收和整体验收。子系统按专业特点分为两种情况,像国家专控子系统,如安保、消防、电视系统应由相应的政府管理部门(公安局技防办、消防局、广电局)负责验收;其他子系统验收可由发包人、监理单位、承包人三方联合验收,对于一些比较重要复杂的子系统,还可以聘请外单位的专家加入子系统的竣工验收委员会。

项目竣工验收前,承包人首先要进行系统的外观检查,完成项目文档的收集整理,然后要进行项目技术性能和工程质量的自检自测。

外观检查主要观察系统设备和各种接口的外观是否完好无损,接头连接是否牢固,特别是网络系统信息端口、各配线区对绞电缆与配线连接硬件交接处应注有清晰、永久性的编号。对绞电缆在各配线区的不同区域,应根据用途的不同标注不同的色标。色标应清晰、永久、便于区分,整个系统的色标应一致。光缆布线各配线区内光端口也应编号,上一级与下一级配线区内各相应端口的编号应一致。当配线区位于楼层电信间时,应对配线架和其他配线连接硬件采取防尘措施。

项目文档的收集、整理工作主要是提供智能建筑工程项目招标文件、投标文件、项目范围说明文件、用户需求分析报告、系统技术规格书、系统设计方案和图纸、网络拓扑结构图、信息端口分布图、各配线区布局图、路由图、采购产品合格证明、使用说明书、系统操作手册、系统维护手册、系统开发文档、软件源程序,以及各子系统和系统总体性能和质量自测报告等。

当承包人完成了项目性能质量的自检自测,并自认为达到了发包人的要求时,承包人可向监理和发包人正式提交项目验收方案和项目验收申请。在得到批准认可后,由发包人组织项目验收。

项目整体验收程序分为初验和复验。初验的目的在于全面检查工程质量,督促承包人按照验收标准尽善尽美地完成后期工作,尽可能地发现工程中存在的问题,包括技术细节问题,并为下一步的复验(正式验收)一次通过奠定良好的基础。复验一般是在系统试运行期(按合同规定一般为1个月)结束后进行。验收正式开始后的第一道工序一般是文档验收,内容包括项目范围说明文件、需求分析、总体设计方案、图纸、概要设计和详细设计报告、竣工图、变更资料、会议纪要、施工文档、测试记录、分部工程验收记录等。其后,按专业分组分头逐项验收,并按验收标准的规定,抽查适当比例的测试数据,并做好抽查测试记录。在此基础上由验收委员会或专家组对工程的整体质量做出优、良、及格、不及格的评价结论,并写出相应的鉴定意见。如果验收未予通过,验收机构应当指出存在的问题,提出解决办法,限期解决,约定下次验收日期。

4. 项目验收测试的基本类型

项目验收测试的方法和技术是多种多样的,可以从不同的角度加以分类。从测试是否针对系统的内部结构的角度来看,可分为白盒测试和黑盒测试。

1)黑盒测试

黑盒测试也称功能测试,是已知系统所应具有的功能,通过测试来检测每个功能是否都能正常使用。在测试时,把系统看作一个不能打开的黑盒子,在完全不考虑内部结构和内部特性的情况下,针对系统界面和功能进行测试。测试者只检查系统功能是否能按照规格说明书的规定正常使用,是否能适当地接收输入数据、产生正确的输出信息,并且保持外部信息的完整性。

黑盒测试是一种穷举输入测试方法,测试时只有把所有可能的输入都作为测试情况使用,才能以这种方法查出系统中所有的错误。实际上测试情况有无穷多种,人们不仅要测试所有合法的输入,而且还要对那些不合法但是可能的输入进行测试。

黑盒测试方法主要用于系统确认测试。黑盒测试用例设计包括以下几点。

(1)等价类划分:划分等价类,以确立测试用例。

(2)边界值分析:通过分析,考虑如何确立边界情况。

(3)错误推测法:靠经验和直觉来推测系统中可能存在的各种错误,从而有针对性地编写用例。可以列举出可能的错误和可能发生错误的地方,然后选择用例。

(4)因果图:在因果图上标明约束和限制,转换成判定表,然后设计测试用例。这适合于检查系统输入条件的各种组合情况。

(5)功能图:通过形式化地表示系统功能说明,生成功能图的测试用例。

2)白盒测试

白盒测试也称结构测试,允许测试人员根据系统内部逻辑结构及有关信息来设计和选择测试用例,对系统的逻辑路径进行测试。测试用例设计的好坏直接决定了测试的效果和结果。它是按照系统内部工作过程,通过测试来检测系统内部动作是否按照规格说明书的规定正常进行,按照系统内部的结构测试系统中的每条通路是否都能按预定要求正确工作,而不必顾及其功能。

白盒测试是在全面了解系统内部逻辑结构的情况下对所有逻辑路径进行测试的方法。它是一种穷举路径测试方法。在使用这一测试方法前,测试者必须检查系统的内部结构,从检查系统的逻辑着手,得出测试数据。

白盒测试主要用于系统验证。白盒测试用例设计包括以下两点。

(1)逻辑覆盖。以系统内在逻辑结构为基础的测试,包括以下5种类型。①语句覆盖:每一条可执行语句至少覆盖一次。②判定覆盖(分支覆盖):设计若干个测试用例,运行所测系统,使系统中每个判断的取真分支和取假分支至少执行一次。③条件覆盖:设计足够多的测试用例,运行所测系统,使系统中每个判断的每个条件的每个可能取值至少执行一次。④判定条件覆盖:设计足够多的测试用例,使系统中每个判断的每个条件的所有可能取值至少执行一次,每个可能的判断结果也至少执行一次。⑤条件组合测试:设计足够多的测试用例,运行所测系统,使系统中每个判断的所有可能的条件取值至少执行一次。

(2)基本路径测试。设计足够多的测试用例,运行所测系统,要覆盖系统中所有可能路径。在系统控制流图的基础上,通过分析控制构造的环路复杂性,导出基本可执行路径集合,从而设计测试用例。内容包括以下 5 个方面。①系统的控制流图：描述系统控制流的一种图示方法。②系统环路复杂性：从系统的环路复杂性可导出系统基本路径集合中的独立路径数，这是确定系统中每个可执行语句至少执行测试用例数目的上限。③导出测试用例。④准备测试用例：确保基本路径集中的每一条路径的执行。⑤图形矩阵：是在基本路径测试中起辅助作用的软件工具，利用它可以自动确定一个基本路径集。

白盒测试的主要缺点是测试工作量大，且不能检查出系统中所有的错误。贯穿系统的独立路径数是个天文数字，即使每条路径都测试了，仍然可能有错误。主要原因是如果系统本身是错误的，穷举路径测试查不出系统违反了设计规范的情况；穷举路径测试不可能查出系统中因遗漏路径而出错的情况；穷举路径测试可能发现不了一些与数据相关的错误。

九、智能建筑工程施工组织设计

1. 智能建筑工程施工组织设计的内容

1）工程概况及编制说明

工程概况包括工程名称、地点、施工内容等基本工程信息。编制依据主要是指国家及本地区有关建筑智能化工程的现行施工、验收规范、规定、标准。编制说明一般需要阐述本施工组织设计的编制出发点和编制意图。

2）施工部署

施工部署一般包括施工准备、图纸的深化设计及会审、施工阶段的划分及各阶段的主要工作安排。

3）主要施工方法

主要施工方法包括拟建的智能建筑工程涉及的各个子系统的工艺流程、施工要点等内容。

4）施工进度计划及进度控制措施

施工进度计划主要包括工期目标、施工进度计划的编制说明及进度计划表、进度控制方法和保证措施。因为智能建筑工程各子系统的施工相对独立，各工序之间的逻辑关系并不复杂，所以其进度计划一般编制成横道图。

5）安全、文明施工与环境保护措施

安全、文明施工与环境保护措施一般包括：安全生产目标与文明施工目标；安全管理的原则及安全保证体系；智能建筑工程施工的安全保证措施、文明施工措施和环境保护措施。

6）施工资源管理

（1）人力资源管理方面包括智能建筑工程施工项目经理部的组织机构图、管理人员的配置及各自的简历概况、岗位职责、各种管理制度、工人的劳动力投入计划等。

（2）材料与设备管理方面包括工程需投入的主要材料和设备的规格、品种、数量；材料的采购、验收、检验、库存管理及发放。

（3）施工机具管理方面主要包括施工机具的选用、检测、维修与保养。

7）现场管理

现场管理一般与以下内容有关：劳动力的进退场、劳动组织、技术交底；材料设备和施工机具的进场、验收、存放等；本单位内部及与在现场作业的外单位之间的协调配合。

8）质量保证措施

质量保证措施包括建立完善的质量保证体系，从施工准备、过程控制到竣工验收，通过严格的材料管理、工序质量把控、现场监督、质量记录及质量事故处理等措施，确保智能建筑工程施工质量符合标准要求。

9）工程施工重点、难点分析及解决方法

工程施工的关键工作和部位、薄弱环节是施工管理的重点；难点一般来自不利的气候和交通运输条件、不同单位之间的沟通协调、需要用到的新设备和新技术等，施工组织设计中需要提出相应的解决方案。

10）新材料、新设备、新工艺和新技术的运用

由于智能建筑工程涉及的材料、设备更新换代比较快，与之有关的施工工艺和技术也必须及时更新。新技术的运用不会像常规技术那样娴熟，所以如果拟建工程涉及此种情况，往往需要在施工组织设计中交代清楚，在管理上引起重视。

2. 智能建筑工程的竣工验收

1）智能建筑工程竣工验收的目的

智能建筑工程建设项目是集现代建筑技术、计算机技术、控制技术、图像显示技术于一体的系统工程，因此，必须根据建筑智能化系统的特点，科学合理地组织和实施系统工程的竣工验收。其目的主要有以下几个方面。

（1）对工程施工质量全面考察。建筑智能化工程竣工验收将按规范和技术标准通过对已竣工工程进行检查和试验，考核承包人的施工质量、系统性能是否达到了设计要求和使用能力，是否可以正式投入运行。通过竣工验收可及时发现和解决系统运行和使用方面存在的问题，以保证系统按照设计要求的各项技术、经济指标正常投入运行。

（2）明确和履行合同责任。系统能否顺利通过竣工验收，是判别承包人是否按系统工程承包合同约定的责任范围完成工程施工义务的标志。圆满地通过竣工验收后，承包人可以与业主办理竣工结算手续，将所施工的工程移交业主或物业公司使用和照管。

（3）竣工验收是系统交付使用的必备程序。系统工程竣工验收，是全面考核工程项目建设成果，检验项目决策、规划与设计、施工、管理综合水平及工程项目建设经验的重要环节。系统只有通过竣工验收，才能正式交付业主或物业公司使用，办理设备与系统的移交。

2）智能建筑工程竣工验收的方式

智能建筑工程竣工验收应采用分系统、分阶段多层次和先分散后集中的验收方式，整个系统验收按施工和调试运行阶段分为管线验收（隐蔽工程验收）、单体设备验收、单项系统功能验收、系统联动（集成）验收、第三方测试验收、系统竣工交付验收六个层次。采用分阶段多层次验收方式有以下优点。

（1）便于及时有效地实施质量控制、进度控制。智能建筑工程施工周期、试运行周期均很长，由于各种原因，有些系统的竣工交付验收可能要在建筑正常运营数年以后。分系统、分阶段多层次验收方式可在系统建设和试运行的每个关键环节实施监控，确保工程质量与进度；同时，也把复杂的验收工作分散在工程的各个阶段分步完成，加强每一施工阶段的验收任务。系统采用分阶段及时验收，使系统验收的技术数据、工程图纸、设备资料等更完整、更实际，同时也有利于系统验收工作细化，更具有可操作性。

（2）有利于已建系统及时投入运行。智能建筑系统包括许多子系统，通常整个施工、调试、试运行、验收周期很长，但一些特殊的系统如消防、安保、通信等，应建成后及时验收和投入使用。分阶段多层次验收方式可将系统验收内容进行有效的分解，只要系统使用功能达到设计和规范要求，即可进行系统的功能性验收，而后系统即可投入试运行。而一些非功能性的验收工作如竣工资料审核、设备清点、工作量核算等，可随后在系统试运行至系统交付前进行。

(3)适合不同的工程承包模式。智能建筑系统工程项目是一种技术先进、涉及领域广、投资规模大的建设项目,目前主要有工程总承包、系统总承包安装分包、总包管理分包实施和全分包实施四种模式。分阶段多层次验收方式因系统验收工作分阶段、分层次具体化,可在每个施工节点及时验收并进行工程交接,故能适合各种工程承包模式,有利于形成规范的随工验收、交工验收、交付验收制度,便于划清各方工程界面,有效地实施整个项目的工程管理。

3)智能建筑工程竣工验收的主要内容

智能建筑工程竣工验收过程可分为管线验收(隐蔽工程验收)、单体设备验收、单项系统功能验收、系统联动(集成)验收、第三方测试验收、系统竣工交付验收六个阶段,每个阶段验收的主要内容如下。

(1)管线验收(隐蔽工程验收)。智能建筑工程的管线验收是指对系统的电管和线缆安装、敷设和测试完成后进行的阶段验收。管线验收是管线施工和设备安装、调试的工作界面,只有通过管线验收才可进一步进行设备通电试验。管线验收可以作为机电设备施工管线隐蔽工程验收的一部分,由监理组织业主、施工单位、系统承包人、设备供应商等共同参加。管线验收报告应包括管线施工图,施工管线的实际走向、长度与规格、安装质量、线缆测试记录等。在施工期内,验收报告可用于核算工作量和支付工程进度款,同时也是工程后期制作系统竣工图和竣工决算的依据。若设备安装与调试是由其他工程公司承担的,也可依此办理管线交接。

(2)单体设备验收。智能建筑工程的单体设备验收是指系统设备安装到位、通电试验完成后,对已安装好的设备进行的验收,通常以现场安装设备为主。如卫星接收与有线电视(cable television,CATV)系统的天线、分支分配器和终端等,安保系统的摄像机、探测器,楼宇自动化系统(building automation system,BAS)的传感器、执行器等。

通过单体设备验收是进行系统调试的必要条件,同时也可对设备安装质量、性能指标、产地证明、实际数量等及时核实和清点。单体设备验收可由监理组织业主、安装公司、系统承包人、设备供应商等共同参加。验收报告应包括设备供货合同,设备到场开箱资料,进口设备产地证明,设备安装施工平面图和工艺图,安装设备名称、规格、实际数量,试验数据等。单体设备验收报告可用于核算设备安装工作量和支付工程进度款,同时也是工程后期竣工决算的依据。若设备供应、安装与调试由多家工程公司承担,也可依此办理设备的移交或以此作为相互间的产品保护依据。

(3)单项系统功能验收。智能建筑工程的单项系统功能验收是指对调试合格的各子系统及时实施功能性验收(竣工资料审核、费用核算等可在后续阶段进行),以便系统及早投入试运行发挥作用。单项系统功能验收可由监理组织业主、系统承包人、物业管理部门等共同参加。验收报告应包括系统功能说明(方案)、工程承包合同、系统调试大纲、系统调试记录、系统操作使用说明书等。通过单项系统功能验收是系统进入试运行的必要条件,系统承包人还应及时对物业人员做相应技术培训。系统试运行期间,系统运行与维护由系统承包人与物业管理部门共同照管。

(4)系统联动(集成)验收。智能建筑工程的系统联动(集成)验收也是一种对系统的功能性验收。其区别在于,系统联动(集成)验收对象是各子系统正常运行条件下的系统间联动功能,或者是各子系统的集成功能。系统联动(集成)验收可由监理组织业主、系统承包人、物业管理部门等共同参加。具体可根据系统联动(集成)的内容和规模以不同的方式操作,例如子系统间联动验收(如消防和安保、消防和门禁等)可在单项系统功能验收后补充验收内容,建筑管理系统(building management system,BMS)类的系统集成可以作为 BAS 系统功能的补充内容组织验收,而智能建筑管理系统(intelligent building management system,IBMS)类的系统集成则应作为单独的上层子系统组织验收。

（5）第三方测试验收。智能建筑工程通过系统功能和联动（集成）验收，并经过一定时间的试运行后，应由国家有关部门组织竣工验收。但因智能建筑工程的特殊性，尚无统一的部门来完成整个系统的验收。目前必须由行业监管部门组织的验收主要有消防部门负责的消防报警与联动控制系统工程，公安部门负责的安全防范系统工程，广电部门负责的闭路电视系统工程，电信部门负责的电话、程控交换机系统工程，无线电管委会负责的楼宇通信中继站的验收等。另外，技术监督部门还要组织综合布线系统验收、楼宇自控系统验收、智能建筑的检验和评估等。上述系统验收都必须先经过有资质的第三方测试，第三方资质由行业主管部门或权威机构认定。

（6）系统竣工交付验收。智能建筑工程交付验收由国家有关部门和业主上级单位组成的验收委员会主持，业主、监理、系统承包人及有关单位参加。主要内容有：听取业主对项目建设的工作报告；审核竣工项目移交使用的各种档案资料；对主要工程部位的施工质量进行复验、鉴定，对系统设计的先进性、合理性、经济性进行鉴定和评审；审查系统运行规程，检查系统正式运行准备情况；核定收尾工程项目，对遗留问题提出处理意见；审查前阶段竣工验收报告，签署验收鉴定书，对整个项目做出总的验收鉴定。

整个工程项目竣工验收后，业主应迅速办理系统交付使用手续，并按合同进行竣工决算。

第三节　智能建筑创新管理

一、质量、成本、进度创新管理

1. 质量创新管理

1）智能建筑工程项目质量管理程序

智能建筑工程项目质量管理与单纯的工程质量验收不一样，它不仅是最后的检验，而且是对智能建筑工程项目实施全过程的质量控制，要求承包人从提出开工申请到工程验收合格证书的签发，都应严格执行质量管理程序。

质量管理程序是用来指导、约束项目实施过程中的所有工作，协调发包人（或监理）和承包人工作关系的规范性文件，拟订的依据主要是合同文件和技术规范。质量管理程序按项目的目标管理可分为：工程开工、进度管理程序；质量监测工作程序；计量与支付程序；合同管理工作程序；信息管理工作程序；工程竣工验收程序等。其中，质量监测工作程序主要包括质量控制检查程序、质量缺陷与事故处理程序、检测试验工作程序等。为了保证智能建筑工程项目质量，项目经理在质量管理工作中应做到四不准：①设计方案、施工计划未经审批，以及人力、材料、设备准备不足不准开工；②未经检查验收认可的设备材料不准使用；③安装程序、施工工艺未经批准不准采用；④前项工程或工序未经验收，后项工程或工序不准进行。

2）智能建筑工程项目质量控制措施

（1）事前控制。

质量事前控制的目的是在工程施工开始之前，就把工程质量问题放在一切工作的首位，并采取相应的措施，确保工程质量第一。主要工作包括：掌握和熟悉质量控制的技术依据；进行施工场地的质量检验验收；审查施工队伍的资质和施工人员的从业资格证书；工程所需原材料、半成品的质量控制；施工工具、机械和设备的质量控制；编制施工组织设计或施工方案；制订改善施工环境、生产环境的措施；建立和完善质量保证体系；主动与当地质量监督站联系，汇报在智能建筑工程项目中开展质量监督的具体方法，争取当地质量监督站的支持和帮助；建立并执行关于材料制品试件取样及试验的方法或方案;制订成品保护措施和方法;审核项目经理部制订的系统方案,设备、材料的选型和价格表等;了解中心机房位置、信息点数、电力供应、建筑物接地情况等;建立和完善质量报表、质量事故的报告制度等。

(2)事中控制。

质量事中控制是指项目实施过程中的质量控制,主要由项目经理、质量师或质量检查员和监理方负责,必要时会同质检站共同开展工作。在工程施工过程中,为了保证施工质量,应执行工序交接检查制度,上道工序完成后,先由质量师或质量检查员进行自检、专职检验,认为合格后再通知监理工程师到现场会同检验。检验合格,签署认可后,方能进行下道工序。坚持上道工序不经检查验收,不准进行下道工序的原则。

(3)事后控制。

质量事后控制是指项目竣工验收后质保期的质量控制。

定期检查:当智能建筑工程项目投入运行和使用后,开始时每月检查一次。如果3个月后未发现异常情况,则可每3个月检查一次。如有异常情况出现时,则缩短检查的间隔时间。检查内容主要是检查工程运行状况、鉴定质量责任及进行维护保修工作。

质保期内监理工作的依据:有关建设法规、合同条款(项目承包合同及承包人提供的质保证书)、竣工技术档案资料。

恶劣天气检查:当地经受台风、地震、暴雨后,工程维护人员应及时赶赴现场进行观察和检查。

检查的方法:通常采用访问调查法、目测观察法、仪器测量法三种。每次检查不论采用什么方法,都要详细记录。

检查的重点:对项目质量影响较大的主要设备及其重要部位。

保修工作:保修工作的主要内容是对项目质量缺陷的处理。各类质量缺陷的处理方案一般由责任方提出,监理方审定执行。如责任方为发包人,则由监理工程师代拟,征求承包人同意后执行。

2. 成本创新管理

1)智能建筑工程项目成本管理的特点

(1)成本管理与工程环境密切相关。智能建筑工程项目属于工程商品类,工程商品与很多其他普通类型的商品不同,任何一个智能建筑工程项目都是在不同的地点、不同的环境下开发建设的不同系统,每次开发建设都面临不同的要求和情况,最终产品是独特的、不同的。因此,工程商品只能每次单独设计、施工生产,不能整体批量制作。在智能建筑工程项目实施过程中,由于内、外部环境不断变化,项目费用也随之变化。因此,智能建筑工程项目成本管理,必须根据项目内、外部环境的变化,对项目成本管理措施做出调整,以保证项目成本的有效控制和监督。

(2)项目成本管理过程长。智能建筑工程项目通常按月计工作进度,不仅工程建设周期长,而且中间变数多,项目变更多。这就造成智能建筑工程项目成本管理是一个动态管理过程,即项目成本管理要根据用户需求变更、设计变更、合同变更和人员变更等变化,修正其项目资源计划、成本估算和成本计划等,不断对项目费用的组织、控制做出调整,以便对项目成本进行有效控制。

(3)项目费用分期分阶段支付。智能建筑工程项目建设工期长、资金量大等特点,首先决定了它不可能作为现货出售,而是一种期货商品,必须预先定价,做成本估算和预算、签订合同价格等;其次作为工程商品,其建设过程与支付过程统一,即边建设边支付,同很多其他普通类型的商品的"一手交钱一手交货"不同,智能建筑工程项目费用要根据分期分阶段支付的特点进行管理和控制。

(4)项目成本管理是一项系统工程。智能建筑工程项目成本管理横向可分为项目的资源计划、成本估算、成本计划、财务决算、统计、质量、信誉等；纵向可分为组织、成本控制、成本分析、跟踪核实和考核等，由此形成一个智能建筑工程项目成本管理系统。

2）智能建筑工程项目成本管理方法

（1）开源与节流。

通过开源和节流两条腿走路，工程项目的净现金流（现金流入减去现金流出）可以实现最大化。开源是增大项目的现金流入，节流是控制项目的现金流出。开源和节流是工程项目成本控制最基本的方法。在智能建筑工程项目建设期，开源表现为扩大项目融资渠道，保证项目能够筹集足够的建设资金；节流是使融资成本或代价最低，最节省地实现项目的必要功能。在智能建筑工程项目经营期，开源表现为增加主营业务收入、其他业务收入以及投资收益等；节流就是控制项目经营成本。

（2）项目全面成本管理责任体系。

根据《建设工程项目管理规范》（GB/T 50326—2017）的规定，企业应建立、健全项目全面成本管理责任体系，明确业务分工和职责关系，把管理目标分解到各项技术工作、管理工作中。项目经理部的成本管理应是全过程的，包括成本计划、成本控制、成本核算、成本分析和成本考核。

项目全面成本管理责任体系包括两个层次。

企业管理层：负责项目全面成本管理的决策，确定项目的合同价格和成本计划，确定项目管理层的成本目标。

项目管理层：负责项目成本管理，实施成本控制，实现项目管理目标责任书中的成本目标。

（3）全方位的成本管理和控制。

智能建筑是一个复杂的综合系统，包含有几十个子系统，如通信网络系统、信息网络系统、建筑设备监控系统、火灾自动报警及消防联动系统、安全防范系统、综合布线系统、智能化系统集成等，需要充分考虑各子系统的协同动作、信息共享和集成。

智能建筑工程项目实施过程一般是有许多单位参与、协同合作工作的过程。发包人、设计单位、承包人、施工单位、监理单位、供货单位、制造单位等都在工程项目成本控制中发挥自己的作用，并建立各自的项目成本管理责任制。

智能建筑工程项目全面成本管理的做法是：从工程项目建设整体的、系统的角度出发，将项目成本管理的责任和措施落实到每一个子系统及其涉及的所有单位，由项目监理单位负责各个子系统相关单位之间的协调作用，以及项目整体的综合管理。通过请示、汇报、审核、签证、协商、会议等方式将项目成本管理工作纳入规范化的渠道。

（4）全过程的成本管理和控制。

项目成本管理贯穿于智能建筑工程建设的全过程，项目费用的全过程控制要求成本控制工作要随着项目实施进展的各个阶段连续进行，既不能疏漏，又不能时紧时松，应使智能建筑工程项目费用自始至终置于有效的控制之下。在项目策划阶段、用户需求调研阶段、总体方案设计阶段、详细设计阶段、开发施工阶段、检测调试阶段、试运行阶段和保修阶段，项目监理单位通过运用组织措施、技术措施、经济措施、合同措施等，将各阶段的各项成本控制在规定计划目标内，从而实现整个项目成本管理和控制的目标。

组织措施包括明确项目组织结构，建立各单位成本管理制度，明确有关人员的职责和权限。技术措施包括认真审查项目可行性研究报告、用户需求分析报告、系统设计方案和图纸、施工组织、检测设备等，研究和推广新技术、新工艺、新材料、新结构，最大限度地节约费用。经济措施包括动态地比较项目费用的计划值和实际值，严格审核各项费用支出，采取经济奖惩措施等。合同措施包括严格审核工程承包合同、各类供货合同、施工安装合同中的标的和付款方式等条款,在发现有关质量问题时,发包人依据合同据理力争,挽回损失。

3. 进度创新管理

1)智能建筑工程项目进度控制的主要措施

进度控制是指在既定的工期内,编制出合理的工程项目实施进度计划,报经监理工程师审批后,按计划进行项目实施。在项目实施过程中,要经常检查项目实施实际进度情况,并将其与计划进度进行比较。若出现偏差,应分析产生偏差的原因和对工程工期的影响程度,采取一定的措施,加强进度管理和调整后续进度计划。如此不断地循环,直到工程竣工。

在智能建筑工程项目实施过程中,项目经理应编制好符合客观实际、符合承包合同条件及技术规范的项目进度计划,并在计划执行过程中,通过计划进度与实际进度的比较,定期地、经常地检查和调整项目进度计划。

智能建筑工程项目进度管理的主要方法和措施包括以下四个方面。①组织措施:落实进度控制的责任,建立进度控制协调制度。②技术措施:建立承包人作业计划体系;增加同步作业的施工面;采用高效能的施工工具和机械设备;采用新工艺、新技术,缩短工艺过程间和工序间的技术间隙时间。③经济措施:因承包人的原因拖延工期,要进行必要的经济处罚,对工期提前者实行奖励。④合同措施:按合同要求及时协调有关各方的进度,以确保项目进度的要求。

2)智能建筑工程项目进度管理技术

(1)甘特图。

甘特图(横道图)通过日历形式列出项目活动及其相应的开始和结束日期,为反映项目进度信息提供了一种标准格式。计划中的每项工作用沿时间坐标轴延伸的横条表示,横条的长度相当于工作的持续时间,横条相对于时间坐标轴的位置,其左端对应工作的开始时间,其右端对应工作的完成时间。

甘特图的最大优点在于它为显示智能建筑工程项目计划与实际的项目进度信息提供了一种标准格式,简单明了,易于创建与理解,容易掌握。甘特图的主要缺点在于,它通常不能反映任务之间的关系,不能清楚地表明为了保证不延误工期,哪些工作是关键;当项目的实际进度与计划有差别时,很难查明对工期会有多大影响。

(2)项目里程碑图。

项目里程碑图包括智能建筑工程在内的信息化工程项目里程碑图形方法在管理层中用得最多,主要是列出项目的关键节点及这些节点的完成或开始时间。

(3)项目网络图。

项目网络图应用网络模型发展起来的网络计划技术为智能建筑工程项目计划管理提供了新的有效手段,克服了甘特图所存在的一些不足,使项目计划制订、进度安排和实施控制提高到一个新的水平,在技术先进国家中得到大力推广,是管理数量化方法中应用最广泛的方法之一。

二、数据驱动创新管理

随着城市化和人口增长的加速,建筑行业正经历着巨大的变革。传统的建筑方法已经不能满足现代社会对高效、可持续和智能建筑的需求。因此,装配式智能建筑设计和管理创新变得至关重要。

1. 装配式建筑与智能系统一体化设计

装配式建筑作为一种快速、高效的建筑方式,正迅速崭露头角,并改变着现代建筑的面貌[21]。

其中一个关键挑战是如何在装配式建筑的框架内融入智能系统,以满足当代社会对高效、可持续和智能建筑的需求。装配式建筑的优势在于它可以快速、精确地将主体建筑结构搭建起来,但这只是建筑的第一步。为了实现智能建筑的目标,必须考虑各种系统,包括电气、通信、安全、照明、能源管理等,以确保建筑的高效运行和用户的舒适体验。

一方面,装配式建筑的设计需要考虑到各种智能系统的集成,需要与智能系统供应商密切合作,确保建筑结构和系统之间的协调和兼容性。例如,电气和通信线路可以在建筑模块中预先安装,以减少后续安装工作。安全系统、照明系统和智能控制系统需要与建筑的结构相结合,以确保它们能够有效地满足建筑的需求。另一方面,装配式建筑设计的创新方法之一是数字化建模技术的广泛应用。通过使用先进的建模工具,设计师可以在设计阶段模拟各种智能系统的性能,以便更好地优化其布局和功能。这有助于减少设计错误,提高设计的精度,并确保系统的有效运行。另一个创新方法是模块化设计的推广。模块化设计将建筑划分为独立的模块,每个模块包含一组特定的功能,如电气、通信或能源管理。这些模块可以在工厂中预制,并在建筑现场快速组装。这不仅提高了施工效率,还使得智能系统的维护和升级变得更加容易。如果需要更新或升级某个系统,只需更换相应模块,而无须对整个建筑进行大规模改动。装配式建筑与智能系统一体化设计是现代建筑创新的一个重要方向。通过将智能系统融入装配式建筑的设计和施工过程中,我们可以实现更高效、更可持续、更智能的建筑解决方案。这将有助于满足当代社会对于建筑的新需求,并推动建筑行业朝着更可持续的未来迈进。

2. 智能建筑技术的整合

1)自动化系统与智能控制

随着科技的不断进步,自动化系统与智能控制在现代智能建筑中扮演着至关重要的角色。这些技术的整合不仅提高了建筑的舒适性和运行效率,还有助于降低能源消耗,实现可持续发展目标。自动化系统包括智能照明、空调、安全系统等,这些系统能够根据建筑内部和外部的环境条件自动调整,以提供最佳的用户体验。例如,智能照明系统可以根据光线强度和室内活动自动调节亮度,从而节省能源并提高舒适度。智能空调系统可以监测室内温度和湿度,实时调整温控系统,降低了能源消耗,提供了更健康的室内环境。

智能控制则包括建筑内部设备的远程控制和监测。通过互联网连接,建筑管理人员可以随时随地监视建筑设备的状态,进行远程维护和故障排除。这不仅提高了建筑的运行效率,还降低了维护成本。

此外,自动化系统与智能控制还有助于建筑的节能和可持续性。例如,智能控制系统可以根据实际需求调整能源的使用,避免浪费。它们可以集成可再生能源系统,如太阳能电池板和风力发电机,以提供清洁能源,降低对传统能源的依赖,减少温室气体排放。

2)可持续能源的集成

在追求可持续建筑的道路上,可持续能源的集成是至关重要的一环。建筑业正逐渐意识到,转向可再生能源是减少对有限资源的依赖,降低环境影响的关键。一种常见的可持续能源集成方法是太阳能系统的安装。太阳能电池板可以安装在建筑的屋顶或墙壁上,将阳光转化为电能。这些系统不仅为建筑提供清洁能源,还可以将多余的电能存储在电池中,以备不时之需。此外,如果建筑产生的太阳能超过了需要,多余的电能还可以卖回电网,为建筑赚取收益。

另一种可持续能源的集成方式是风力发电系统。尤其是在高楼大厦或海岸地区,风力资源非常丰富,可以用来产生电能。风力发电机可以安装在建筑顶部或附近的地方,捕捉风能并将其转化为电能。这种方法不仅减少了建筑的碳足迹,还为建筑提供了稳定的电力供应。

自动化系统与智能控制及可持续能源的集成是现代智能建筑的关键组成部分。它们不仅提高了建筑的运行效率和舒适性,还有助于减少能源消耗,降低环境影响,实现可持续发展目标。在未来,我们可以期待这些技术的进一步发展和应用,以建造更智能、更可持续的建筑。

3. 智能建筑创新管理

1)项目创新管理

(1)可视化项目管理。可视化项目管理工具,如看板和VR,有助于项目团队更好地跟踪项目进展、资源分配和任务分配。

(2)项目管理软件。高度定制化的项目管理软件和平台可以帮助项目经理更好地规划和分配资源、监控进度,并进行沟通。这有助于提高项目的整体效率。

(3)可持续建筑管理。可持续性在建筑管理中的重要性不断增加。采用绿色建筑标准和可持续设计原则,以降低环境影响,是一种重要的革新方法。

(4)项目预测和大数据分析。利用大数据分析和预测建模,可以更好地预测项目风险、资源需求和成本控制,以做出更明智的决策。

(5)虚拟协作和远程协作。远程协作工具和虚拟协作平台使项目团队能够跨地理位置协同工作,提高了团队的灵活性和响应速度。

2)数据驱动的决策

在现代建筑管理中,数据扮演着越来越重要的角色。数据驱动的决策是一种基于实际数据的分析,而不是主观判断的方法,它可以帮助建筑项目管理人员做出更明智的决策,提高项目的成功率。建筑项目生成大量数据,包括设计文件、施工进度、质量检查、材料采购和成本数据等。这些数据可以通过现代技术进行收集、存储和分析,从而提供有关项目状态和性能的深入见解。例如,传感器技术在建筑中的应用可以实时监测建筑物的温度、湿度、能耗等数据。这些数据可以用于优化建筑的运行,提高能源效率,降低运营成本。数据分析工具和AI也可以用于预测和模拟建筑项目的进展。通过历史数据和模型,项目管理人员可以更好地了解可能出现的问题,并采取预防措施,从而降低风险。此外,数据驱动的决策还可以帮助项目管理人员优化资源分配。通过分析数据,可以确定资源的最佳配置,以最大限度地提高生产力并降低成本。总之,数据驱动的决策在建筑管理中具有巨大潜力。它可以帮助项目管理人员更好地理解和控制项目,提高项目的效率和质量,从而实现更成功的建筑项目。

三、绿色施工创新管理

为了更好地适应智能建筑的新形势,我们必须进行创新,绿色施工、节能环保就是当前建筑工程管理工作中需要重点关注和解决的问题之一,并且当前绿色建筑越来越受到更多国家政府及人民群众的重视与青睐。建筑智能化工程是在信息化时代背景下的产物,它不仅能够满足人们对于现代化生活环境、居住条件以及工作效率等多方面的需求,还具有环保节能和绿色施工管理方面的特点。

1. 绿色施工管理的定义

绿色施工管理是一种全新理念,它需要在建筑行业中不断创新发展并对其进行深入研究,从而实现可持续发展目标。所谓绿色施工管理,就是在建筑行业的发展过程中,为了保证工程质量而对其进行改造、改善和提高。这一方式能够有效地降低能源消耗及环境污染,同时也能促进企业经济效益与社会效益的共同提升,还可以为人们提供一个舒适健康且安全环保的生活空间,这些都是非常重要而且有意义的[22]。建筑智能化工程管理应该在整个施工过程中把绿色理念贯彻到每个环节之中,让各个部门、人员都参与进来。在整个项目中应该把保护生态环境放在首位,将生态效益、社会效益和经济效益三者结合起来考虑,首先是对环境进行优化和保护,其次是提高资源利用率以及减少能源消耗等,最后是加大节能减排工作力度。

2. 建筑绿色施工管理的特点

绿色施工管理的特点是在建筑行业中应用了大量先进技术和手段,这也使得我国建筑企业发展得越来越好,并且得到了人们的广泛认可。目前我国对环境问题日益重视,绿色工程建设已经成为一种潮流趋势,并且随着国家经济快速增长与环境保护意识不断提高,社会对建筑物节能方面提出了更高的要求及标准,即不仅要在建筑设计中使用新型技术和先进材料,还要充分利用可再生资源来减少施工过程中产生的废弃物。

建筑智能化工程管理中,我们要充分利用先进技术,提高资源回收率,在设计阶段就要考虑节能、节材等因素,避免出现不必要的损失。

3. 建筑智能化工程管理创新及绿色施工管理的意义

由于科技水平不断地提高及人们对生活品质的要求越来越高,智能建筑产品逐渐受到人们的青睐并且不断被应用于各个领域中。现下智能建筑在我国的发展时间并不长,由于技术、资金等各方面因素,出现了很多问题,比如施工现场管理混乱、材料质量不合格、工程进度缓慢和资源浪费严重等。所以,我们要从实际出发制订合理有效的措施来解决这些难题并对其进行改进与创新。

建筑智能化工程管理创新及绿色施工是现代建筑工程发展的必然趋势,也是我国经济可持续健康快速发展、建设绿色家园和生态文明的重要组成部分。在当今社会信息化不断推进的时代背景下,建筑行业与互联网技术相结合已经成为一种新形势。因此,要实现现代化城市建设,就应该将传统意义的管理向创新型人才培养机制改革等方面进行转变,从而提高我国建筑工程施工单位的竞争力和适应能力。

4. 建筑智能化工程管理创新及绿色施工管理的对策

1)重视智能化工程管理的应用

建筑智能化工程管理的应用,旨在提高建筑工程的施工效率,减少浪费并降低工程成本。在进行管理工作时应该做到以下两方面:一方面,加强对现场材料、设备以及施工人员等资源配置进行科学合理的分析,并制订详细、可行、有效、系统规范性强且符合实际要求的施工方案与配套管理制度;另一方面,应严格把控智能化工程管理应用中的各个环节,确保其顺利开展并达到预期效果,从而使建筑企业在激烈的市场竞争环境下脱颖而出。

实际建筑智能化工程管理应用中,要充分利用先进的计算机网络技术,提高施工企业对信息资源和数据的处理能力。在进行建筑工程项目建设时要注重信息化、数字化及互联网等方面的运用,通过对数据采集系统与传输系统进行有效整合,为相关工作人员提供更加便利的工作环境;同时还要实现建筑行业内部资源共享机制,与智能工程管理软件平台之间形成良好互补关系,从而促进整个行业发展水平的提高;最后还要加强施工企业和管理人员的信息素养及专业知识技能培训。

2)智能化管理过程中保证环境得到保护

绿色施工管理是建筑工程的重要组成部分,它要求建筑企业在进行工程项目建设时,充分考虑社会发展和环境因素对其带来的影响。同时绿色施工管理的核心是以人为本,提高人们对保护环境、节能节水等方面工作的重视程度,使社会与人类共同发展进步、和谐稳定。

建筑智能化施工管理过程中，要想保证工程的质量，就要注重对环境的保护，在进行建筑工程建设之前要做好相应措施。首先是加强材料采购工作，因为原材料质量问题会影响整个项目工程进度和最终产品价值；其次就是在施工前严格按照设计要求、规范标准来实施相关操作流程；最后需要注意的一点是施工人员必须遵守有关规章制度并认真落实执行到位，这些都是非常重要的事情。

3）保证管理方式的专业性

在建筑智能化工程的施工过程中，为了保证管理方式能够更加专业，我们需要从多方面入手，比如对施工人员进行培训、加强安全意识教育及提高施工人员的技术水平。通过对人员的技术培训和操作技能培训，保证整个项目的顺利运行，同时也要不断地提升管理人员的综合素质，以确保施工过程中不会出现质量问题。

四、建筑物业创新管理

1. 楼宇智能化建筑物业管理现状

1）设备管理与维护

楼宇智能化建筑所使用的设备几乎都是高科技产品，都能够通过网络进行统一管理。对于物业管理软件设备，应该建立相应的维护与管理措施，定期对所有设备进行检修及维护，这些维护都可以通过物业管理系统进行建账，所有的维修明细及日期都要进行记录，用户一旦发现设备有问题，就可以通过物业管理系统进行保修，这有利于效率的提升[23]。但目前，在大部分智能建筑中并没有建立完善的保修及建账机制，对物业管理软件的重视程度也不够，导致设备不能得到有效的保养，缩短了使用周期，也带来了安全隐患。

2）机电设备的远程监控及管理

楼宇智能化给物业管理带来了很多便利，楼宇自动化程度较高，因此可以利用总监控系统对整座大厦的机电设备进行有效的远程监控，其中包括中央空调、照明线路及电梯设备等，对于发生的各种故障，能够做到及时发现并采取措施，通过算法设计实现对机电设备的智能化管理是如今智能建筑物业管理的一个特征。

3）安防管理智能化

智能建筑的安防管理方面引入了各种计算机技术及多媒体手段，如给住户提供电子卡进行身份识别，在进入小区时设立门禁进行限制，还可以通过集中管理系统对所有安防手段进行集成管理，使得措施能够有效地结合起来。但是，目前存在的一个问题是对科技的过度依赖使得管理人员放松了警惕，经常出现有人跟着住户进入大楼得不到限制的状况，这对整个建筑的安保防护是一个不小的威胁。安防应当做到确保住户的安全，并且对所有的突发事件做出及时反应并正确处理，目前还需要改进。

2. 楼宇智能化建筑物业创新管理应用

1）楼宇智能化建筑的设备维护更加完善

楼宇智能化建筑的管理部门应当培训对各种设备做到了如指掌的专业工程师，并且根据智能管理系统的各项数据分析得到相应的设备运行状况。但工程师也应当自己做出有效的判断，毕竟AI是比较死板的，还得依靠人力。维修人员需要熟悉各种维护的要点，并且编写出维修保养的时间及计划，按照此进行一定周期的维护，保证设备的完好性。同时，需要对子系统的各项软件进行备份，以防出现故障时设备瘫痪。

2）物业管理创新技术的有效落实

体现楼宇智能化的优越性，需要在物业管理中落实各种创新型技术，使这些技术能在物业管理中发挥作用。比如可以在物业管理中引入停车场的车牌自动识别技术，之前在临时车辆进入小区时需要由管理人员亲自进行车牌号的监管及录入，时间成本很高；而引入自动识别技术后，系统就可以对进入车辆是否属于业主所有进行判别，如果是临时车辆，就自动进行识别并记录，节省了时间成本，提高了工作效率。同时对于小区内的摄像机，监控系统也需要进行升级。目前的摄像机技术在光线较暗或者成像条件不好的情况下，无法清晰地监控。在智能化楼宇中，可以在摄像机系统中引入红外补光技术，这一创新型技术的使用使小区业主的安全得到了保障，而且节省了一定的用电量。目前，多数小区里使用的数据传输系统也需要改善，因为传统的传输线路受天气的影响较大，而且在雷雨天有安全隐患。采用先进的光纤传输系统能够有效解决上述各种问题，实现信号的有效控制并延长设备的使用时间。

3）一卡通服务的完善升级

楼宇智能化建筑应当做到尽量提高住户的便捷性，而建立一卡通的服务对于完善各种服务都具有便利性。停车或者进出小区都可以采取刷卡的形式，而且这张卡绑定着楼宇住户的个人信息，是不可仿制的，这对于安保水平的提高和实现便捷化管理都有好处。

五、基于 BIM 技术的建筑施工创新管理

BIM 技术是近年来在建筑工程领域迅速发展的一种数字化工具，其在施工管理中的优势日益显现。BIM 技术通过建立三维模型，整合项目各个阶段的数据和信息，为施工管理带来了许多创新和改进。以下是 BIM 技术在施工管理中的优势与实践。

1. 立体化规划与协同

BIM 技术可以将项目的各个组成部分以三维模型的形式呈现，使项目规划更加立体化和直观化。通过 BIM，项目团队可以实时协同工作，共享模型和数据，从而提高团队之间的沟通和协作效率。各个专业的设计和施工过程可以在同一个平台上进行整合和优化，减少冲突和重复工作，提高项目的整体效率。

2. 精准地预测和优化

BIM 技术不仅可以在项目规划阶段进行模拟和预测，还可以在施工过程中进行实时的优化和调整。通过 BIM 模型，项目团队可以模拟不同施工方案的效果，评估不同决策对项目的影响，从而做出更加精准和科学的决策，提高项目的质量和效率[24]。

3. 施工冲突检测与预防

BIM 技术可以帮助项目团队在规划阶段及时发现施工冲突，并进行冲突检测与解决。通过对模型进行碰撞检测，可以及早发现构件之间的干涉和冲突，避免在施工过程中出现问题，降低施工风险和变更成本。

4. 进度管理与资源优化

BIM 技术可以用于项目的进度管理和资源优化。通过将施工进度、资源信息与 BIM 模型相结合，项目团队可以实时监控施工进度，预测资源需求，优化资源调配，从而提高施工的效率和资源利用率。

5. 施工现场安全管理

BIM 技术可以应用于施工现场的安全管理。通过 BIM 模型，可以在虚拟环境中模拟施工过

程,评估施工活动对人员和设备的安全影响,从而提前识别潜在的安全风险,并采取相应的预防措施,保障施工现场的安全。

实践上,越来越多的建筑工程项目开始采用 BIM 技术进行施工管理。项目团队可以通过 BIM 软件进行模型构建和数据输入,建立全面的信息数据库。在项目实施过程中,BIM 模型不断更新和优化,与施工进度同步,保持数据的准确性和实时性。同时,项目团队也需要进行 BIM 技术培训,提高团队成员对 BIM 软件的熟练程度,以充分发挥 BIM 技术在施工管理中的作用。

参 考 文 献

[1] 中华人民共和国住房和城乡建设部. 智能建筑设计标准:GB 50314—2015[S]. 北京:中国计划出版社,2015.

[2] 黄良辉. 建筑工程智能化施工技术研究[M]. 北京:北京工业大学出版社,2019:10.

[3] 胡广田. 智能化视域下建筑工程施工技术研究[M]. 西安:西北工业大学出版社,2022:03.

[4] 王福林. 智能建筑的现状及创新发展[J]. 智能建筑,2018(2):37-41.

[5] 王鑫,杨泽华. 智能建造工程技术[M]. 北京:中国建筑工业出版社,2021:11.

[6] 于海祥. 建筑业智能建造10项新技术[M]. 北京:中国建筑工业出版社,2023:11.

[7] 贾宝荣. BIM技术在上海中心大厦工程中的探索应用[C]//第五届全国钢结构工程技术交流会,珠海,2014.

[8] 赵斌. BIM技术在上海中心项目中的实践[J]. 绿色建筑,2015(4):23-25.

[9] 张巍. BIM技术在造价咨询服务中的应用研究——以上海中心大厦项目为例[J]. 建筑经济,2017(5):56-58.

[10] 李彦贺,王鸿章,林丽思,等. 深圳平安金融中心BIM技术综合应用[J]. 施工技术(中英文),2017(6):27-30,45.

[11] 丁一民. 谈深圳平安金融中心大厦BIM绿色技术在机电专业设计管理中的实践应用[J]. 建筑设计管理,2017(6):93-96.

[12] 王同琛,王丽欣,刘恒飞. 从北京大兴国际机场谈GIS的发展前景[J]. 测绘与空间地理信息,2019(12):149-151.

[13] 施鸿鑫,钟恩,潘光诚,等. 厦门翔安国际机场航站楼智能建造系统施工应用实践[J]. 施工技术(中英文),2024,53(5):17-21.

[14] 徐彬卿,潘光诚,王岩龙,等. 倾斜摄影在厦门翔安国际机场航站楼中的应用[J]. 施工技术(中英文),2024(5):22-25,31.

[15] 于金海. 建筑工程施工组织与管理[M]. 北京:机械工业出版社,2017.

[16] 雷平. 建筑施工组织与管理[M]. 北京:中国建筑工业出版社,2019.

[17] 闫超君,费家仓,蒋红. 施工组织与项目管理(工作手册式)[M]. 武汉:华中科技大学出版社,2024.

[18] 颜凌云,刘渊. 楼宇智能化工程造价与施工管理[M]. 北京:中国建筑工业出版社,2014.

[19] 符长青,毛剑瑛. 智能建筑工程项目管理[M]. 北京:中国建筑工业出版社,2007.

[20] 王建玉. 建筑智能化工程施工组织与管理[M]. 北京:机械工业出版社,2018.

[21] 宋玮. 装配式智能建筑设计创新及管理创新的探讨[J]. 百科论坛电子杂志,2023(19):136-138.

[22] 申家玉. 建筑智能化工程管理创新及绿色施工管理方法探究[J]. 数码精品世界,2023(3):223-225.

[23] 刘天,沈诗怡. 楼宇智能化建筑物业管理的创新型应用探讨[J]. 中国标准化,2018(24):34-35.

[24] 王星凡. 建筑工程项目施工管理要点与创新[J]. 电脑爱好者(普及版),2023(11):274-276.